Experiências metodológicas em textualidades midiáticas

Experiências metodológicas em textualidades midiáticas

Bruno Guimarães Martins
Maria Aparecida Moura
Sônia Caldas Pessoa
Graziela Mello Vianna
(Orgs.)

Relicário

CIP –Brasil Catalogação-na-Fonte | Sindicato Nacional dos Editores de Livro, RJ

E96

Experiências metodológicas em textualidades midiáticas / organizado por Bruno Guimarães Martins, Maria Aparecida Moura, Sônia Caldas Pessoa, Graziela Mello Vianna. - Belo Horizonte, MG : Relicário, 2019.

288 p. : il. ; 15,5cm x 22,5cm.
Inclui bibliografia e índice.
ISBN: 978-85-66786-90-3

1. Comunicação. 2. Textualidades. 3. Mídias. 4. Métodos jornalísticos. I. Martins, Bruno Guimarães. II. Moura, Maria Aparecida. III. Pessoa, Sônia Caldas. IV. Vianna, Graziela Mello. V. Título.

CDD 302.2
2019-420 CDU 316.77

COORDENAÇÃO EDITORIAL Maíra Nassif Passos
PROJETO GRÁFICO & DIAGRAMAÇÃO Ana C. Bahia
REVISÃO Lucas Morais

RELICÁRIO EDIÇÕES
Rua Machado, 155, casa 1, Colégio Batista | Belo Horizonte, MG, 31110-080
relicarioedicoes.com | contato@relicarioedicoes.com

III. Textualidades digitais

IV. Desafiando as materialidades

Uma palavra antes destas leituras

Júlio Pinto

Já é lugar comum dizer-se que descobertas, achados, novas ideias ou perspectivas diferentes costumam fazer com que a ciência – qualquer que seja a interpretação que se dá a essa atividade – tenha que ir repensando seus métodos. E esta é a situação que este volume vai nos apresentar.

Acostumados que estamos a trabalhar dedutivamente, herdeiros de nossa formação essencialmente europeia, nós, habitantes das chamadas ciências humanas e sociais, temos sido radicais aplicadores de teorias. O mundo empírico é exemplar do que já se pensou e nosso trabalho é, portanto, o de demonstração. Basta examinarmos a produção da maioria de nossos programas de pós-graduação e veremos sempre o mundo segundo Fulano tal como demonstrado na brilhante dissertação ou tese Tal.

Não obstante a argúcia teórica de nossos mentores intelectuais, parece que o mundo circundante está sempre alguns passos à frente, num constante desafio a nossos métodos de análise. Tal situação forçosamente nos leva a ter que questionar a dedução: novos arranjos tecnológicos, novos fenômenos sociais, acomodações e conflitos de forma vária, súbitas mudanças de rumo da empiria obrigam-nos a utilizar aquilo que nossos mentores nos ensinaram – e esses mentores não são sumariamente descartáveis, como pensam os que poderíamos chamar de yuppies epistemológicos, sempre à cata de um novo guru – para formular palpites ousados que nossa própria experiência permite e nos encoraja a emitir.

E aí tem forte papel a percepção de que a racionalidade pura que costuma governar a ciência precisa ser impura e dar ênfase àquilo de *pathos* que está sempre presente nas nossas decisões e deliberações, na nossa socialidade, nas nossas escolhas semânticas, na nossa coragem de procurar conceder frescor às observações que fazemos do pedaço de mundo que nos cabe.

E tem forte papel a constatação de que o objeto de estudo da Comunicação sempre se coloca além do que permitem nossos esforços de circunscrevê-lo, porque o que pensamos ser o Real não tem membranas nem muros e não é natural que nosso pensamento use tornozeleiras eletrônicas para ficar sempre dentro das cercas epistemológicas. O real é contínuo e nosso fatiamento dele nunca corresponderá ao que ele é. O real é mutante. O real é heraclitiano. Tal é o caso, para dar um exemplo, dos esforços netnográficos tão em evidência atualmente. Os novos arranjos tecnológicos e o alto nível de hibridação da experiência comunicativa, as percepções do visível que nunca são mais as mesmas, a velocidade, a digitalidade dos nossos fazeres cotidianos, tudo isso nos deixa em constante estado de perplexidade que, cá entre nós, é a postura mais saudável para quem quer saber, porque é o desconforto da perplexidade que nos leva a buscar alguma perspectiva que nos coloque entre a sincronia e a diacronia, entre a estase e o movimento, entre a ciência-fotografia e a realidade-vídeo, isto é, enroscados no meio do sentir, do agir e do pensar.

Aqui a empiria está sob os holofotes. Daí os esforços abdutivos dos pesquisadores que compõem este volume, daí seu grande mérito: propor olhares já sabendo, de antemão, que são olhares fragilizantes das supostamente monolíticas abordagens tradicionais. E aí está sua força: a fuga da dedução produtora de obviedades e platitudes disfarçadas de sabedoria na direção de olhar as novas tessituras constituintes dessa complexa textualidade contemporânea.

Apresentação

Corroborando com o que elaborou Michel Foucault em sua célebre genealogia, a vocação crítica das ciências humanas deve ser exercida em meio ao discurso científico no qual também se encontram inseridas. Neste sentido, no primeiro capítulo deste livro se apresentam "desafios metodológicos implicados na tarefa de desnaturalizar as ciências a partir das suas interconexões com o mundo social". Para tanto, Carlos Alberto de Carvalho, Luiza Lages, Marcelle Louise e Verônica Soares destacam exemplos de pesquisa quando se observam "textualidades como processo necessário à desnaturalização das ciências e dos seus modos de divulgação pública". Dando sequência a este movimento epistemológico que já foi chamado de "virada afetiva", Carlos Mendonça, Ettore de Medeiros e Mauro Silva focam práticas sociodiscursivas e semióticas que conformam redes textuais em um aplicativo de encontro *gay*, aproximando o fenômeno pesquisado e a escrita da pesquisa como desvio para o método afetivo. Na mesma trilha dos afetos, para "compreender a mobilidade de pessoas com deficiência", as pesquisadoras Sônia Pessoa, Camila Mantovani e Stephanie Boaventura perguntam-se: "O quão envolvido pode - ou deve - ser um pesquisador com seu objeto de estudo?". Nestes três primeiros capítulos, não se apresentam respostas simples, mas reflexões teóricas e exemplos que destacam as textualidades midiáticas como algo que estimula autoconsciência afetiva do pesquisador, assim como implicam seus próprios corpos e seus gestos no ato de pesquisar.

Para compreender os processos jornalísticos contemporâneos, Bruno Leal, Phellipy Jácome e Nuno Manna observam os fenômenos jornalísticos enquanto textualidades midiáticas dinâmicas e historicamente situadas. Para tanto, os autores problematizam os modos de conhecer o jornalismo com foco no entrecruzamento entre historicidade e intertextualidade e no desafio de transformar os objetos empíricos do campo em objetos de conhecimento. Por sua vez, *Bárbara Caldeira, Elton Antunes, José Antônio Cirino e José Cristian Góes,* amparados nas referências da fenomenologia e da hermenêutica, promovem articulações diversas entre percepção, experiência e narrativa ao tematizar o visível e os processos de invisibilização como dimensões estruturantes do jornalismo.

Em "Percursos teórico-metodológicos em dinâmica transmídia" de Geane Alzamora, Lorena Tárcia, Luciana Andrade e Vitória Barros somos conduzidos por princípios semióticos e pragmáticos, especialmente relacionados aos conceitos de mediação e engajamento, para descrever especificidades midiáticas, institucionais, políticas, culturais e sociais em dinâmicas transmídias. Destacando o exercício de mapear "controvérsias algorítmicas", Carlos d'Andréa, Amanda Jurno e Silvia DalBen revelam como a mediação do algoritmo estabelece um labirinto das incertezas desencadeadas pelas inovações tecnológicas no jornalismo. "Semiótica e ativismo hashtag" de Maria Aparecida Moura analisa as dimensões metodológicas da epistemologia semiótica em interface com o ativismo digital. A autora dedica atenção especial ao conceito de semiose e à primeira tricotomia do interpretante dinâmico. Para a efetivação do método semiótico toma como referência empírica o ativismo digital gerado em torno do assassinato da vereadora do PSOL do Rio de Janeiro, Marielle Franco, em 14 de março de 2018. Para finalizar este conjunto de capítulos dedicados a desvendar a complexa tessitura dos processos comunicativos contemporâneos observados nas textualidades digitais, em "Entre hashtags e textos visuais", Joana Ziller, Maiana Abi-Sâmara e Bruno Furtado indicam abordagens metodológicas quantitativas e qualitativas para entender os textos visuais, seguindo as pistas deixadas por dois conjuntos de imagens que circularam no Tumblr e no Instagram.

"Desafiando as materialidades" é menos a parte final do livro e mais um convite para que o nosso leitor siga refletindo sobre outras tantas inquietações de pesquisas. Em "Desafios da 'escuta' das (inter) textualidades sonoras de um dispositivo midiático", Graziela Mello Vianna e Elias Santos abordam o percurso metodológico para a investigação das entidades sonoras que se relacionam para compor o texto audioverbovisual em programa televisivo de auditório. "Como compreender as transfigurações digitais da mídia literatura? Trilhando o caminho dos afetos", de Bruno Guimarães Martins e Mickael Braga Barbieri, buscam caminhos para compreender as reconfigurações contemporâneas da circulação da literatura em face às mídias digitais e apontam opções metodológicas de pesquisa para compreender processos e estratégias comunicacionais utilizados por membros da chamada comunidade *booktube*. Elton Antunes, Paulo Bernardo Vaz e Vanessa Costa Trindade pensam modos de compreender a capa de revista, em versões impressa e digital, enquanto um dispositivo midiático que inscreve um texto verbo-visual que diz do mundo e que é afetado por ele. Em "A capa em camadas: Pensando a materialidade da primeira página das revistas", os autores desvelam uma materialidade viva produzida pelas forças culturais.

Que a experiência do leitor com o nosso livro seja uma oportunidade de se afetar com um conjunto de reflexões propiciadas por materialidades distintas. Compartilhar nossas inquietações, percursos e por que, não, descobertas, é um modo de convidá-los a dividir conosco caminhos inesgotáveis por Textualidades Midiáticas.

Boa leitura!

Bruno Guimarães Martins
Maria Aparecida Moura
Sônia Caldas Pessoa
Graziela Mello Vianna

I. Ciência, comunicação e afetos

Desnaturalizar as ciências, um desafio metodológico para pensar estratégias textuais de sua divulgação

Carlos Alberto de Carvalho
Luiza Lages
Marcelle Louise
Verônica Soares

Um problema metodológico

Desnaturalizar as ciências no plural, e não no singular que mascara a diversidade dos seus pressupostos: eis o desafio metodológico que pouco tem motivado quem se debruça sobre os meandros da divulgação das ciências, seja essa atividade investigada segundo taxonomias (jornalismo científico, divulgação científica, divulgação pública da ciência), seja por meio de análises de conteúdo, de discurso ou de narrativas, quando não combinando alguns desses métodos. De importância metodológica também aparecem polêmicas em torno de tratar-se a divulgação das ciências como uma atividade de tradução de linguagem ao estilo "caixa preta", enigmática, para iniciados, fazendo-a compreensível para um público leigo, desprovido não somente de repertório cognitivo sobre aquilo que a ciência produz, como também sobre o que, afinal, significam as próprias ciências. Em torno dessa polêmica, alimentando-a, ou dela se alimentando, estão as noções sobre déficit de conhecimento que a divulgação das ciências poderia suprir e, no limite, prover melhores ferramentas a pessoas leigas para que elas tanto pudessem se interessar mais pelas ciências, como se precaverem dos eventuais efeitos indesejáveis delas derivados.

É inegável que as dimensões metodológicas acima listadas, com suas preocupações teóricas equivalentes, foram não somente importantes para a constituição de um rico campo de investigações sobre a divulgação das ciências, como muitos dos pressupostos ainda oferecem questões cujas respostas, por serem insatisfatórias, exigem novos investimentos. Inegável também é que, com as honrosas exceções de praxe, as pesquisas realizadas segundo aquelas premissas têm naturalizado e mitificado as ciências, por tal mecanismo entendendo o não questionamento das suas imbricações com o mundo social e a utilização do singular sugerindo uma unidade extremamente fraturada. Quais são as relações das ciências com dimensões culturais, políticas, econômicas, éticas, morais, ideológicas, religiosas, comportamentais e outras constitui, consequentemente, uma constelação de questões de fundo metodológico, posto que são capazes de trazer as ciências para a arena das disputas de sentido e jogos de poder a que estão sujeitas todas as atividades humanas. Para isso, são insuficientes constatações como "a ciência habita uma torre de marfim", para dizer do seu distanciamento com a sociedade. Mais danosas ainda podem ser as pressuposições, admitidas explicitamente ou aceitas pela negligência de problematização, de que a ciência é legítima *a priori*, pelo importante papel que desempenharia socialmente. Em ambos os casos, novamente utilizando-se o singular simplificador.

Entendemos que a desnaturalização das ciências, naquilo que implica os processos da sua divulgação, contempla a necessidade de retirar-lhes a aura mitológica e, simultaneamente, a busca das suas interconexões com o mundo social e, no estudo de casos concretos, os modos como as textualidades construídas deixam a ver ou negligenciam tais dimensões. Um ponto de partida metodológico necessário está na compreensão, tal como propõe Boaventura Sousa Santos (1989), que a ciência implica valores socioculturais que têm sido fundamentais para a sua constituição. É assim que a ciência alcançou prestígio a partir da luta contra o senso comum e o pensamento religioso, processo que acaba por expulsar os valores humanitários como princípio metodológico e guia teórico. Não por acaso, o autor reivindica que uma nova ciência é necessária, exatamente ao modo de uma virada epistemológica em que os conhecimentos do senso comum sejam incorporados na construção dos problemas das ciências e na solução dos seus desafios. Sairíamos, assim, da perspectiva das "ciências naturais" para as "ciências sociais", implicando tal gesto à incorporação de dimensões éticas e metodológicas caras aos princípios humanistas, aí inclusas estratégias de tornar acessíveis ao conjunto das sociedades e das pessoas que as compõem os conhecimentos e soluções que as ciências e as tecnologias delas derivadas ou que a elas têm sido fundamentais em processos de solução de problemas produzem. Sairíamos do singular que ainda domina a linguagem de Boaventura Sousa Santos para o plural metodologicamente requerido.

Aproximemos um pouco mais dos desafios metodológicos implicados na tarefa de desnaturalizar as ciências a partir das suas interconexões com o mundo social e das textualidades que materializam a sua divulgação pública. Um bom exemplo do que aqui denominamos desnaturalização das ciências está em estudos que denunciam as hierarquias de gênero que historicamente têm criado obstáculos à presença mais efetiva de mulheres em diversos campos científicos, com consequentes prejuízos salariais, dificuldades de contratação por universidades e demais centros de investigação, dentre uma série de outros constrangimentos e estratégias de inferiorização. Estudos sobre sexismo nas ciências são ainda reveladores de outras vinculações sociais que não somente indicam relações de gênero, como podem contaminar as próprias interpretações científicas sobre a importância das mulheres na constituição da humanidade (Adovasio, Soffer & Page, 2008). Outros prejuízos às mulheres são ainda visíveis quando se desnaturaliza as ciências, caso de medicamentos testados exclusivamente em homens, sem considerar interferências hormonais que tanto podem inibir efeitos esperados quanto mesmo trazer problemas às mulheres quando a elas ministrados (Schiebinger, 2001). O quanto as textualidades são fundamentais para identificar o sexismo nas ciências, no entanto, não faz problema metodológico nas duas investigações.

Por seu turno, encontramos preocupações com as textualidades em estudos focados na análise do discurso (Zamboni, 2001) ou centrados em análises argumentativas (Liakopoulos, 2002). Em comum, os dois estudos adotam como pressuposto teórico-metodológico a constituição de um *corpus* de textualidades de divulgação de uma determinada temática científica e exploram as dimensões discursivas, num caso, e argumentativas, no outro, a favor das questões linguísticas, deixando de lado, exceto pela necessidade de exemplificação, o que propriamente de específico faz problema do ponto de vista textual na divulgação das ciências. A naturalização das ciências, nos dois estudos referidos, ocorre tanto pela ausência de um conceito de ciência que sustentaria as perspectivas dos discursos e das ações argumentativas que lhe seriam próprias, como pela ausência de indicações das relações entre ciências e mundo social.

As pesquisas sintetizadas a seguir constituem tentativas de romper com a dicotomia naturalizar/desnaturalizar as ciências e investigar suas textualidades nos processos de divulgação. Desse modo, a preocupação metodológica de fundo consiste em, simultaneamente, indicar as imbricações das ciências com o mundo social e compreender as especificidades textuais que lhes são próprias, considerando as estratégias de divulgação pública. Ou dito de modo talvez mais claro: tomar as dimensões teórico-metodológicas das textualidades como processo necessário à desnaturalização das ciências e dos seus modos de divulgação pública.

A tessitura da ciência nas revistas *Ciência Hoje das Crianças*, *Ciência Hoje* e *Superinteressante*

As revistas *Ciência Hoje das Crianças*, *Ciência Hoje* e *Superinteressante*, cada uma com as próprias linhas editoriais, lógicas produtivas e visões de mundo e do saber, propõem-se a falar de assuntos da ciência para um público leigo. O objeto de pesquisa aqui contemplado envolve os textos que abordam as temáticas de astronomia e suas tecnologias e aplicações, publicados de janeiro a dezembro de 2009, nas três revistas. O período de análise se deu em função do Ano Internacional da Astronomia, momento marcado por uma maior exposição do fazer astronomia, da história, da caracterização e de novas atividades e possibilidades na área. Foram selecionadas matérias e reportagens que tratam dos temas astronomia, astrofísica, exploração espacial e tecnologia de exploração espacial: 16 textos da revista *Superinteressante*; 25 da revista *Ciência Hoje*; e 27 da *Ciência Hoje das Crianças*.

A *Superinteressante* é uma revista mensal que nasceu em 1987, a partir de um projeto da Editora Abril, baseado na revista espanhola de divulgação científica *Muy Interesante*, que abordava as temáticas de ciência e tecnologia pelo viés da curiosidade, com forte uso de recursos imagéticos, como infografia e fotografia. A *Ciência Hoje* consiste em uma revista mensal de divulgação científica criada em 1982 pela Sociedade Brasileira para o Progresso da Ciência (SBPC). Os temas abordados passam por diversas áreas da ciência – como a biologia, a matemática, a física, a química, a filosofia e a sociologia. A *Ciência Hoje das Crianças* surgiu como suplemento da revista *Ciência Hoje* em 1986 e passou a existir como publicação independente em 1990, editada também pelo Instituto Ciência Hoje, dentro da SBPC. Foi o primeiro periódico integral nacional, de circulação mensal, voltado para a divulgação da ciência para o público infantil. Os textos, assim como na *CH*, são, em sua maioria, escritos por pesquisadores e adaptados em tamanho, linguagem e forma de abordagem por jornalistas especializados. As duas publicações do ICH estão atualmente fora de circulação impressa, com produção de conteúdo *online*.

O foco da distribuição, que reflete diretamente na produção das publicações, também atribuía às narrativas intenções diferenciadas. Por exemplo, por haver uma ligação muito estreita com a produção científica (pensando na associação à SBPC), instaura-se a preocupação em expressar visões majoritariamente positivas da ciência e do fazer ciência – ou ainda a intenção de inspirar o leitor a seguir carreira como cientista. A *Superinteressante*, por sua produção e distribuição mercadológica, convoca outras questões, como a produção de narrativas que remetam mais a atualidades, tecnologia e curiosidades, explorando de forma mais ampla recursos textuais e visuais atrativos.

A análise dos textos das publicações leva à percepção das discussões sobre a ciência e a astronomia sob três grandes prismas: o cientista; a ciência entre construção e conclusão; e o lugar da cultura na ciência. O primeiro diz do protagonismo do cientista e da construção da astronomia como uma rede. O segundo, da história, das definições e percepções acerca da astronomia, onde e como se dispõem as caixas-pretas e a dicotomia ciência pronta/ciência em construção (Latour, 2000). O último tópico é colateral da discussão que abarca a história da astronomia e a dimensão ideológico-cultural das narrativas da ciência, passando por todo o trabalho e a dimensão social da ciência.

Para tal, o instrumento de verificação e reflexão é narrativo. Toda a análise parte e se encerra nas textualidades selecionadas, estudadas em suas dimensões narrativas, a partir da compreensão da conformação narrativizada da experiência. É com as textualidades que se configura a experiência com a ciência – e com a sua história, com os seus protagonistas, sua rede, suas caixas-pretas (abertas ou fechadas), com sua relação com o senso comum, com a cultura, com sua comunicação. A narrativa é convocada à análise das publicações sob a perspectiva de Paul Ricoeur (2010; 2011), que rompe com análises estruturalistas, sistemas textuais e categorizações mais explícitas.

E, na leitura do objeto, a ciência é narrativa. Pode ser tanto o contar sobre a vida comum – e a ciência é próxima, tão confusa e subjetiva quanto esta – como os modos de dizer segundo os pressupostos da verdade, da exatidão – aparentemente forte, porém, cada vez mais deslegitimada, como apontam Boaventura dos Santos (1989) e Lyotard (2002), ao falar da crise da ciência moderna. Ou a narrativa de um herói, que revoluciona o mundo sozinho, como aquela identificada com a rede tecnocientífica, bem como as estratégias de tornar visíveis os resultados ou a produção da ciência e da tecnologia, ressaltando o contexto (Latour, 2000). E a ciência pode até ser todas as narrativas ao mesmo tempo. Não é uma a conformação do narrar nas três revistas. Existem variações, entre produções internas às publicações e dentro dos próprios textos. São várias as ciências que emergem. Umas mais recorrentes ou significativas que outras.

Nas revistas, o cientista ora aparece como personagem central dos textos; ora como o narrador, que condiciona uma representação própria da área em que se insere e das atividades que desenvolve; ora como personagem secundário que, mesmo não sendo foco dos textos, os fundamenta e é caracterizado em função dos outros elementos textuais. Em determinados momentos, o pesquisador é convocado a falar e transmite ele mesmo uma visão sobre quem é o cientista. Nas revistas do Instituto Ciência Hoje, a divisão leigo/cientista fica atenuada pela abertura que editorias das revistas proporcionam ao trazer perguntas do público. Nesses espaços, a linguagem adotada pelos autores fica também mais afastada de uma conformação textual típica dos trabalhos científicos, e até mesmo do jornalismo.

Observa-se também diversidade de temas trabalhados pelos pesquisadores nas editorias em questão, entre os textos e no interior das narrativas. Os cientistas falam tanto do uso expressivo de tecnologias como da importância de se observar o céu, mesmo que sem aparatos tecnológicos – e, consequentemente, do papel dos astrônomos amadores; falam das influências físicas dos astros no nosso planeta, como as marés e radiação; das tecnologias disponíveis para exploração espacial; da história da astronomia e sua influência cultural. Aponta-se, assim, para uma gama de possibilidades de carreiras, práticas e formas de encarar o fazer científico dentro da astronomia.

Na leitura, nota-se um grande esforço da revista *Ciência Hoje das Crianças* em construir certa imagem do cientista – geralmente positiva e fundamentada em narrativas que procurem surpreender o leitor. Há, na publicação, uma preocupação pelo engajamento do jovem no fazer ciência. Ao falar da astronomia como uma profissão interessante, diversa, por meio da exploração de recursos narrativos variados, o objetivo do texto passa a ser também de despertar o interesse da criança e do adolescente pela profissão, mais que meramente enquanto temática, como possibilidade de carreira no futuro.

No balanço construído pelos textos, pesquisadores são convocados à narrativa. De acordo com suas especialidades, eles ocupam posição importante, ao validar ou invalidar argumentos textuais, posicionados como figuras de credibilidade. No texto fica ainda marcante a relação da ciência e do cientista com o dinheiro, pela necessidade de investimentos e de barateamento de custos produtivos para permitir e justificar pesquisas científicas – o que remete às relações propositivas entre capital e ciência de Lyotard (2002). São muitas as referências a investimentos, projetos, especulações futuras de resultados e potenciais fins a que pode servir a ciência, particularmente a voltada para os encantos e desafios da astronomia. Para as revistas, esta é considerada a era dos grandes telescópios, dos observatórios, de grandes projetos desenvolvidos em esquema de cooperação internacional. A astronomia, ainda que em alguns momentos abra espaço para o amador e para observação mais despretensiosa, é descrita como uma ciência cara, que exige investimentos, empreendimentos e, em muitos casos, a coletivização de pesquisas.

Nos textos, é nesse momento em que se enxerga com clareza as atribuições conferidas à rede tecnocientífica. Em meio às discussões sobre a instrumentação, o pano de fundo é tematizado por pesquisas e áreas em que se divide a astronomia, em que se apresentam as principais questões tensionadas hoje pelos estudos e observações: aquelas das quais ainda pouco se sabe (matéria escura, energia escura, vida extraterreste etc.), e as mais anteriores, não menos problemáticas (como os sistemas planetários e a vida das estrelas).

Essa perspectiva coletiva e transitória das teorias astronômicas se mostra mais bem resolvida nas três revistas. É comum às construções textuais – pelo menos dos textos de cunho didático – o desenho histórico dos sujeitos narrativos, a contextualização do lugar que ocupam dentro de subconjuntos das narrativas da astronomia e que se inserem, em outra instância, no amplo conjunto da ciência. Evidenciam-se os conflitos, o drama, as correlações e as mudanças – talvez sem a reflexão, proposta por Latour (2000), Durant (2005) e outros autores, necessária para compreender a ciência em construção, o entendimento do "real processo do fazer ciência" – mas está lá, a história da astronomia apresentada com suas impurezas, construções e desconstruções, associada aos interesses vigentes e às histórias e visões dos homens atrelados a esta.

Na revista *Superinteressante*, o caráter dúbio ciência pronta/ciência em construção se acentua, particularmente entre as temáticas brevemente discutidas nas notas, que ocupam entre meia e uma página da revista. Apesar de pontos teóricos e observacionais historicamente estáveis – portanto, mais consolidados – serem pouco ou nada discutidos, há o esforço narrativo em apresentar múltiplas visões e as incertezas relativas aos temas abordados, mesmo com a pouca profundidade dos textos, por meio das polêmicas existentes no meio científico. Essa característica fica mais evidente nas narrativas referentes a novas descobertas e atualidades. A revista dá muito espaço às novidades no meio científico, mas o presente parece ser também associado à ideia de construção, de ainda estar à prova.

Entrando na faixa etária infantil, a *CH das Crianças* tende, na balança entre construção e conclusão, a uma ideia de ciência pronta. Tal perspectiva se liga a dois elementos: o primeiro associado à linha editorial da publicação, cujos textos buscam tratar de temáticas não atuais, frias, e, consequentemente, mais estáveis entre os pares científicos; segundo, à maior dimensão pedagogizante da revista, que pode caracterizar narrativas menos contestadoras da ciência, mais assertivas sobre o seu lugar e consequência da noção de que ensinamos aquilo que sabemos. Apesar de lidar com fatos fechados, parece ser interessante à *CH das Crianças* uma interação mais aberta do leitor com a narrativa, a partir de um engajamento imaginativo lúdico que coloca a criança na posição de refletir e produzir as próprias conclusões a partir de observações próprias. É uma forma de inserir narrativamente a metodologia, o processo de construção da astronomia. E, assim, revela-se aquilo que é importante para o estudo dos astros, como a observação, os mecanismos, os instrumentos e a matemática.

As representações lúdicas e as construções nem tão (ou nada) exatas das temáticas se configuram como um esforço para não trair a criança e o adolescente em sua leitura, esta ainda pertencente a este, na tensão do seu mundo referencial pelas narrativas, conduzidas à sua interpretação e produtoras de uma experiência própria (Cavalcanti, 2002; Cunha, 1999). Se considerarmos que as narrativas das revistas *Superinteressante*,

Ciência Hoje e *Ciência Hoje das Crianças* não estão próximas dos livros literários, mas dos livros didáticos, elas surgem como alternativa ao extremo caráter pedagogizante destes, pois trabalham a curiosidade como gancho para as temáticas, não a obrigatoriedade.

A curiosidade ocupa um lugar onde transitam o leitor, a ciência e uma construção narrativa da ciência. A revista *Superinteressante* se apresenta como uma espécie de balcão das curiosidades, onde encontramos aquilo que levanta (e propõe resposta a) o característico "mas por quê?"; e aquilo que só institui um fenômeno ou fato curioso. Mas a curiosidade não é distante das revistas do Instituto Ciência Hoje. O que emerge nas narrativas é, no mínimo, uma curiosidade, mas uma curiosidade que indica a necessidade de expressar como e para que serve a ciência. Apresenta-se a ciência, assim, sob o prisma da utilidade, da praticidade: a que propósito ela serve? Por que e para que perguntamos? Por que e para que investimos?

Quando Hawking (2005) diz para tentarmos nos despir de todas as ideias e representações que já conhecemos e olhar para o céu como pela primeira vez; e quando Castelfranchi (2003) lembra que um leigo hoje pode saber tanto ou mais que um estudioso, centenas de anos atrás, sobre os astros e os fenômenos astronômicos, eles apontam duas questões. A primeira, que o nosso olhar sobre o céu é marcado culturalmente, como qualquer outra coisa que vivenciamos. A segunda, consequência da primeira, que enxergamos aquilo que sabemos ou pensamos saber e damos atenção – enquanto, para um astrônomo que olha para o Sol e vê a Terra se movimentando, existe também uma pessoa que, ao sair do trabalho para almoçar, pensa em como o Sol está a pino, mas que, mais tarde, quando for embora para casa, ele já vai ter se movido para oeste, até se pôr.

Olhar da Terra para o céu implica em métodos, instrumentação e problemas para os cientistas, e, para a as narrativas de tradução, implica em um cuidado com aquilo que parece ser/o que é (ou pelo menos pensa-se que é). Nota-se nas três publicações um esforço de contar histórias, comparar, ressignificar as teorias e situações previstas pela ciência em um universo referencial do leitor (uma série de TV, uma música, um evento, uma sensação ou situação compartilhada etc.). Aliar senso comum e astronomia/física é recorrente às narrativas dessas revistas, notadamente um esforço de tradução, além de um indicativo do lugar da ciência como o lugar da cultura – e das referências comuns.

Comunicação pública da ciência na Copa do Mundo de 2014

A dissertação *Potencialidades Metafóricas do Exoesqueleto: Comunicação pública da ciência no pontapé inicial da Copa do Mundo de 2014*, a partir da página do neurocientista Miguel Nicolelis no Facebook (Alves, 2016), traz uma reflexão sobre a comunicação pública da ciência pelo viés narrativo. A pesquisa estabelece uma ponte entre ciência e comunicação pela perspectiva da tradução intercultural ou mimética de Paul Ricoeur (2011). O objetivo principal é perceber como o grande idealizador do Projeto Andar de Novo (em inglês, Walk Again Project) lidou com os critérios e as perspectivas da comunicação pública da ciência como estratégia para divulgar a demonstração do exoesqueleto na abertura da Copa, antes e após o evento.

Desde que a ideia de fazer com que um paraplégico utilizando uma veste robótica desse o pontapé inicial de um dos maiores eventos esportivos do mundo foi anunciada, em agosto de 2010, quando o cientista falou sobre a proposta para o então presidente da República, Luís Inácio Lula da Silva, o projeto esteve envolvido em diversas polêmicas. Nicolelis foi muito criticado dentro da comunidade científica e a validade de sua pesquisa também foi questionada, muito devido à maneira midiática que o neurocientista escolheu para divulgá-la. Algumas críticas também faziam referência às questões políticas – o montante de R$ 33 milhões foi concedido pela Financiadora de Estudos e Projetos (Finep), agência vinculada ao Ministério da Ciência, Tecnologia e Inovação, para o desenvolvimento do projeto e a realização dos testes clínicos no Brasil. Além disso, Nicolelis cultivava, na época, uma estreita relação com o governo petista. A relevância social da pesquisa, com potencial para mudar vidas de pessoas com deficiência motora, também foi alvo de julgamentos.

Concomitante às polêmicas, criou-se, tanto por parte do neurocientista como da mídia, uma grande expectativa pelo momento da demonstração. Sentimento esse que foi frustrado após os poucos segundos dedicados a ela, entre cinco e sete, variando de acordo com o canal em que se acompanhava a transmissão ao vivo da abertura. E, vale lembrar, com direito a tela dividida na Rede Globo para mostrar a chegada da seleção brasileira à Arena Corinthians, sendo narrada por Galvão Bueno. A pouca visibilidade inflamou as críticas e revelou ainda mais os aspectos éticos, políticos, econômicos, sociais, entre outros, diretamente relacionados às próprias dinâmicas de produção e divulgação do conhecimento científico e tecnológico, naquela situação comunicacional específica.

Os meios de comunicação desempenham um importante papel na produção e difusão do conhecimento e na interpretação da ciência, além de serem um espaço para a sua discussão pública e a sua legitimação (Hjarvard, 2012). Desse modo, a presença e o papel da mídia na divulgação do exoesqueleto é evidente, tanto no que diz respeito à atuação do cientista, que decide não se restringir às mídias de comunicação de massa e às revistas e eventos científicos, tornando seu trabalho midiatizado na tentativa de aumentar a sua visibilidade, quanto pelo desempenho da mídia na cobertura do evento. Ambas as situações refletem o processo de midiatização pelo qual a sociedade contemporânea vem sendo transformada e que tem demandado mudanças nas atividades de diversas instituições, inclusive a ciência (Alves, 2016).

Apoiados no conceito de tradução de Ricouer (2011) como uma metáfora para pensarmos as relações entre ciência, mídia e sociedade, identificamos e problematizamos as narrativas do neurocientista Miguel Nicolelis sobre a demonstração do exoesqueleto, observando, entre outros aspectos, como ele lida com as diversas questões diretamente relacionadas à pesquisa científica. À medida que ampliamos a nossa compreensão do conceito ricoeuriano, entendemos a tradução, para além do "modelo do déficit", como uma possibilidade de diálogo entre culturas. Assim, consideramos na análise do corpus a cultura científica e a ciência como parte da cultura, fortalecendo o contexto, os símbolos, as metáforas, os mitos e os medos, que fazem parte do imaginário da ciência e são elementos importantes para desenvolver uma visão crítica a respeito das dinâmicas de produção e difusão do conhecimento científico (Castelfranchi, 2003).

O corpus foi determinado por um conjunto de textos sobre a demonstração publicados por Nicolelis antes e após a cerimônia de abertura da Copa. Foram analisadas as publicações entre os dias 1º de janeiro de 2014 e 12 de junho de 2015, data em que se celebrou um ano do pontapé, fazendo uma separação estratégica entre o que foi postado antes, no dia e após. Nesse período, delimitamos um total de 75 textos, dos quais 15 foram selecionados como representativos do todo para a discussão proposta.

Além disso, para ambientar a nossa percepção do objeto e ampliar o nosso olhar crítico sobre ele, utilizamos textos relacionados ao assunto divulgados nos principais jornais impressos (*O Globo* e *Folha de S.Paulo*), portais de notícias (*G1* e *UOL*), telejornal (Jornal Nacional) brasileiros, além de publicações em blogs e sites especializados (*Ciência na Mídia*, *Observatório da Imprensa* e *Luís Nassif Online*). Estes últimos foram ferramentas importantes para observar o contexto do polêmico pontapé, e, principalmente, para revelar as relações (políticas, econômicas, sociais, entre outras) muitas vezes ocultas nas publicações de Nicolelis. Vale ressaltar que as postagens anteriores ao período de análise também fizeram parte da ambientação.

Para compreensão do corpus, utilizamos categorias derivadas principalmente dos sentidos que emergiram nos textos e nas discussões que eles próprios promoveram, a partir das questões discutidas no referencial teórico. Desse modo, acionamos três elementos – metáfora, tradução intercultural e midiatização – que guiaram a nossa análise e nos permitiram observar como o neurocientista lidou com os critérios e as perspectivas da comunicação pública da ciência como estratégias para divulgar o projeto. Tudo isso tendo como pano de fundo as diversas metáforas acionadas, para além do operador semântico e da figura de linguagem, que nos permitiram alcançar novas possibilidades explicativas e novos olhares (Ricoeur 2011, 2005) para a dinâmica observada, e a própria comunicação como metáfora para a compreensão do social (Carvalho, 2014).

Sinteticamente, nossa leitura narrativa indicou que Nicolelis se utilizou de elementos extracientíficos para tratar das potencialidades e da relevância do exoesqueleto como solução para alguns problemas de mobilidade de pessoas com diversas limitações físicas, como imagens que remetiam a filmes de ação. A própria utilização da Copa do Mundo como estratégia de visibilidade foge ao que seriam as ações mais comuns de divulgação científica, por meio das revistas especializadas, por exemplo. O uso do Facebook, se indica o neurocientista atento às potencialidades de novas mídias para difusão das suas pesquisas, também deixa a ver suas ações fortemente marcadas por posicionamentos políticos, culturais e econômicos como necessários ao incremento do financiamento das suas pesquisas e da aceitação/legitimidade pública da ciência que Nicolelis produz.

Nerdologia: a cultura *nerd* e a hierarquia das ciências

O *Nerdologia* é um canal do YouTube que, desde 2013, dedica-se a fazer "uma análise científica da cultura nerd", segundo descrição disponível na plataforma, e é apresentado por Atila Iamarino, biólogo, e Filipe Figueiredo, graduado em História, incorporado ao projeto em 2016 para ser responsável pelos roteiros dessa temática. Semanalmente, o *Nerdologia* traz dois novos vídeos curtos, às terças e às quintas, sobre temas variados do universo científico. O projeto pode ser considerado um canal pioneiro de ciência e tecnologia no Brasil: com mais de 300 vídeos publicados até fevereiro de 2018, está próximo de atingir a marca de 2 milhões de inscritos e contabiliza mais de 160 milhões de visualizações totais. É o 42º canal de Ciência e Tecnologia no YouTube em número de assinantes no mundo, conforme dados do site SocialBlade.[1]

Os números de grande alcance para uma temática considerada de nicho alçaram o *Nerdologia* a um patamar de referência em divulgação científica no Brasil em plataformas digitais. Nesse sentido, uma característica peculiar da proposta é o fato de ter surgido como uma série de vídeos do *Jovem Nerd*,[2] *site* brasileiro de grande audiência criado em 2002 e administrado por Alexandre Ottoni e Deive Pazos. O projeto *Nerdologia*, portanto, já nasceu dentro de um escopo publicitário que determina seus modos de comunicar ciência, não sendo, portanto, uma iniciativa livre de interesses financeiros.

Além desse caráter notadamente comercial, três aspectos parecem se destacar nas abordagens do canal sobre a ciência: o conceito de *nerd*; a hierarquia das ciências biológicas sobre as demais áreas de conhecimento, e a configuração de um público majoritariamente masculino e já interessado nos temas abordados. A observação desses aspectos como partes constituintes da definição de ciência eleita pelo canal nos foi confirmada pelo próprio apresentador em entrevista concedida a uma das autoras do artigo, na qual ele reconhece a complexidade dos temas abordados e o recorte do público (Iamarino, 2016). Na mesma entrevista, o apresentador afirmou que o público do canal é predominantemente masculino, chegando a 90% do total.

Cabe ressaltar que, no que tange ao nome e temas abordados no *Nerdologia*, o termo *nerd* é entendido não em seu sentido pejorativo, mas no que se configurou como um universo de temas, filmes, quadrinhos e demais manifestações culturais com os quais se identificam as pessoas consideradas *nerds*. O termo também aciona um diverso grupo de pessoas que configura o público do canal em uma rede de interações que pressupõe conhecimentos sobre o campo do entretenimento. Assim, a referência a uma cultura *nerd* diz de uma série de imagens e textos que o canal cria, associa, reproduz e compartilha em um processo de construção de um imaginário *nerd*-científico.

1. Disponível em: <http://socialblade.com/youtube/top/category/tech/mostsubscribed>.
2. Disponível em: <http://jovemnerd.com.br/>.

Conforme apontam Anaz e Ceretta (2014), o comportamento *nerd* tem estabelecido fortes vínculos de afinidade com suas audiências na última década, mais do que em períodos anteriores. Isso se deve, em grande medida, à onipresença de aparatos tecnológicos sofisticados, que fazem com que o imaginário científico-tecnológico esteja em constante enriquecimento em vivências e interesses cotidianos.

Dentro da lógica do conhecimento *nerd*, os vídeos do *Nerdologia* são produzidos para projetar a valorização da ciência como chave de compreensão e leitura do mundo, sendo a ciência apresentada, com frequência, como um todo congruente e coerente. A missão do *Nerdologia* se faz, assim, no contexto de inspiração em uma ciência Iluminista que se pretende indispensável e necessária para dar luz às trevas da ignorância. Ao mesmo tempo, como artifício de popularização e a fim de estreitar os caminhos que conduzem ao mundo da ciência *nerd*, os vídeos tratam a informação e o conhecimento científicos como entretenimento, explorando uma amálgama narrativa que mistura super-heróis com personagens de desenho animados, séries e filmes de humor com descobertas científicas.

Nesse sentido, podemos afirmar que a ciência explorada pelo canal se aproxima do "monstro" de que trata Paul K. Feyerabend (2016, p. 85) em suas lições trentinas: uma ciência que fala com uma única voz, como uma "colagem feita por propagandistas, reducionistas e educadores". Uma ciência que não se apresenta como contraditória, ou em construção, mas que reforça um entendimento da ciência como autoridade única e suprema de seus produtos e de suas interpretações.

Os vídeos promovem experiências potenciais com as temáticas científicas por meio de indicação de textos complementares e *links* para outros vídeos e conteúdos digitais. Esses caminhos sugeridos teriam a intenção de contribuir para a expansão do processo de divulgação científica desencadeado pelo canal, numa lógica de complementaridade do consumo midiático típico das redes sociais digitais. Mas, como a ciência é explorada pelo viés do mundo dos *nerds*, essa narrativa complementar é construída de modo a privilegiar vozes confirmadoras de uma ciência parcial, conforme veremos a seguir.

A maior parte dos vídeos publicados (75 dentre os 310 publicados até fevereiro de 2018) está classificada na *playlist*[3] Biologia, o que reflete a influência direta da formação de Atila Iamarino na condução da escolha de temas a serem abordados. Outros 80 vídeos estão classificados na *playlist* História, área de formação de Filipe Figueiredo. A análise preliminar[4] desse conjunto de vídeos permitiu identificar que, dentre as demais subcategorias temáticas, temos, em terceiro lugar, a *playlist* Social (com 57 vídeos), seguida de Física (37), duas *playlists* de Astronomia (com um total de 27 vídeos), Tecnologia (25), Quadrinhos e heróis (21), Psicologia (20), Nerdologia Tech (18), Química (10), Geologia (6), Engenharia (4), Matemática (3) e Ecologia (2).

Comumente, um mesmo vídeo está alocado em mais de uma *playlist*, como o *Nerdologia 103*, sobre o filme *Perdido em Marte*,[5] que está em Química, Biologia, Física, Geologia e Engenharia. Tomamos esse episódio como um primeiro exemplo a ser analisado. Nele, o roteirista e apresentador Atila Iamarino destrincha o trailer de *Perdido em Marte*[6] para explicar informações de cunho científico.

Iamarino cita artigos científicos ao falar das lesões mais comuns identificadas em astronautas na Estação Espacial Internacional e explica as diferenças entre o traje dos astronautas reais daqueles da ficção, detalhando como as vestes precisam proteger dos efeitos da exposição prolongada ao sol em Marte. Ao final do vídeo, o *Nerdologia* louva "a atitude de usar a ciência para superar as dificuldades" que o astronauta Mark Watney encontrou em Marte, o que garantiu sua sobrevivência. Mais do que mostrar "o quão importante uma postura científica pode ser", o vídeo destaca que "Watney teve que pensar e planejar os

3. Sistema de organização disponível pelo próprio YouTube em que diferentes vídeos podem ser organizados dentro de uma mesma categoria e também visualizados em sequência.
4. Dados coletados em 28 de fevereiro de 2018.
5. Disponível em: <https://youtu.be/JZXHZitYSqE>.
6. Drama/Aventura de ficção científica da 20th Century FOX, dirigido por Ridley Scott e estrelado por Matt Damon, baseado no livro homônimo sobre o astronauta Mark Watney, que é abandonado em Marte por sua equipe e se vê obrigado a sobreviver no Planeta Vermelho com seus conhecimentos de ciência. Mais informações em: <www.imdb.com/title/tt3659388>.

recursos que poderia consumir para fazer tudo de maneira sustentável", e destaca: "nós também precisamos fazer o mesmo". A conclusão traz uma mensagem pedagógica de reflexão sobre como a humanidade já usou mais recursos do que a Terra é capaz de prover, além de o impacto humano já ter alterado a atmosfera de maneira irreversível – lembrando que, no caso dos terráqueos, ninguém está vindo nos salvar.

Tanto a obra ficcional em que se baseia o vídeo quanto o canal *Nerdologia* se apropriam da ciência como valor pedagógico e educativo para gerar repercussão, engajamento e compartilhamento, que resultam também em um processo de popularização. A ciência é, portanto, apropriada como temática valorizada, institucionalizada e detentora de credibilidade.

Outros bons exemplos para destrincharmos a ciência *nerd* de que trata o *Nerdologia* estão nos vídeos classificados dentro da *playlist* 'Social'. No *Nerdologia 90,*[7] sobre racismo, o apresentador inicia sua fala afirmando que o vídeo não trata de uma discussão sobre posição política, mas sobre dignidade humana. Depois, explica que o cérebro forma estereótipos para tudo no mundo, inclusive pessoas, e que esse foi e ainda é um fator biológico fundamental para a sobrevivência humana. Assim, o problema do racismo residiria nas ocasiões em que atribuímos valores, comportamentos, emoções e atitudes aos estereótipos, o que levaria ao preconceito. Segundo o vídeo, quando categorizamos grupos, tendemos a exagerar a diferença entre eles e ignorar a diferença dentro de cada grupo. Todas as informações são respaldadas com a citação de livros e artigos que também estão referenciados abaixo do vídeo. No entanto, não há aprofundamento acerca de questões sociais, históricas e políticas envolvendo o racismo como tema científico.

Outro exemplo da mesma *playlist* Social, o *Nerdologia 94,*[8] teve como tema a maioridade penal. No início do vídeo, o apresentador afirma que ainda dá para trazer ciência para essa discussão, e segue dando exemplos sobre testes realizados em universidades estrangeiras relacionando o autocontrole, ou a habilidade de adiar uma recompensa

7. Disponível em: <https://youtu.be/qip5YJw-f9c>.
8. Disponível em: <https://youtu.be/0WRcSmp_3t8>.

por algo melhor, a um futuro mais promissor para jovens e adolescentes. Pautada em uma discussão sobre o desenvolvimento do cérebro no que tange à tomada de decisões responsáveis, a justificativa apresentada no vídeo parece ignorar a realidade sócio-histórica do Brasil em relação a esse tema. A ciência que o vídeo apresenta restringe-se a discussões médicas sobre a capacidade neurológica de julgar e tomar decisões, propondo, assim, um debate que passa longe das contribuições das ciências sociais e humanas para a questão da maioridade penal no país.

Como projeto de divulgação científica, os vídeos do *Nerdologia* podem ser agentes de interferência cultural e social, trazendo elementos de diferença na concepção do mundo em que vivemos e esclarecimentos sobre como a ciência contribui para torná-lo "um lugar melhor". No entanto, a dimensão das informações científicas apresentadas nos vídeos articula-se com a dimensão parcial do que é retratado em sua associação com quadrinhos, filmes e demais produtos midiático-culturais que, ao ajudarem a explicar o que é o científico, definem também quem cumpre o papel de falar e ser ciência. Tendo o *nerd* como elemento mediador dessa relação, há questões a serem aprofundadas, como o discurso do *expert*, a suposta neutralidade científica e as implicações éticas desse modelo de comunicação.

***

As três pesquisas referidas, em suas diversidades temáticas e abordagens teóricas, mantêm como pano de fundo comum dois movimentos metodológicos complementares. O primeiro, diz da necessidade de compreender as ciências para além de si mesmas, desnaturalizando seus métodos e reconhecendo suas vinculações, nem sempre admitidas, com dimensões políticas, econômicas, comportamentais, pedagógicas e outras variáveis sociais. O segundo, o quanto o olhar para as narrativas é necessário, seja para o reconhecimento da diversidade das ciências – que se dão a ver pelo modo como expressam seus pontos de vista –, seja para a presença das próprias pessoas que fazem funcionar as engrenagens das ciências, dos processos de investigação aos de publicização.

Fica para outra ocasião, no entanto, o processo de desnaturalização da figura do cientista que emerge das pesquisas aqui referidas.

Agradecimentos

As pesquisas que permitiram a escrita deste artigo foram financiadas com recursos da Coordenação de Aperfeiçoamento de Pessoal de Nível Superior (Capes), Conselho Nacional de Desenvolvimento Científico e Tecnológico (CNPq) e Fundação de Amparo à Pesquisa do Estado de Minas Gerais (Fapemig).

REFERÊNCIAS

ADOVASIO, J. M.; SOFFER, Olga & PAGE, Jake. *O sexo invisível*: destapando o verdadeiro papel das mulheres na pré-história. Mem Matins: Editora Europa-América Ltda., 2008.

ALVES, Marcelle Louise Pereira. Potencialidades Metafóricas do Exoesqueleto: Comunicação pública da ciência no pontapé inicial da Copa do Mundo de 2014, a partir da página do neurocientista Miguel Nicolelis no Facebook. 2016. 157f. Dissertação (Mestrado em Comunicação Social) - Faculdade de Filosofia e Ciências Humanas da Universidade Federal de Minas Gerais, Belo Horizonte, 2016.

ANAZ, Silvio Antonio Luiz; CERETTA, Fernanda Manzo. Ciência e tecnologia no imaginário de *The Big Bang Theory*: das imagens arquetípicas à atualização de mitos e estereótipos na 'Era do Conhecimento'. *Revista FAMECOS* – Mídia, cultura e tecnologia, Porto Alegre, v. 21, n. 2, p. 647-674, mai.-ago. 2014.

CARVALHO, Carlos Alberto de. A comunicação como metáfora. In: *XXIII Encontro Anual da Compós – Associação Nacional dos Programas de Pós-graduação em Comunicação*, 2014, Pará.

CASTELFRANCHI, Yurij. Imaginando uma paleontologia da cultura científica. *ComCiência*, Campinas, Unicamp, Labjor, jul. 2003. Disponível em: <http://comciencia.br/reportagens/cultura/cultura17.shtml>.

CAVALCANTI, Joana. *Caminhos da literatura infantil e juvenil*: dinâmicas e vivências na ação pedagógica. São Paulo: Paulus, 2002.

CUNHA, Maria Antonieta. *Literatura infantil*: teoria e prática. São Paulo: Editora Ática, 1999.

DURANT, John. "O que é alfabetização científica?". In: MASSARANI, Luisa *et al* (org.). *Terra incógnita*: a interface entre ciência e público. Rio de Janeiro: Vieira & Lent: UFRJ, Casa da Ciência: FIOCRUZ, 2005.

FEYERABEND, Paul K. *Ciência, um monstro*. Lições trentinas. Belo Horizonte: Autêntica, 2016.

HAWKING, Stephen. *Os gênios da ciência*: sobre o ombro de gigantes. Tradução de Marco Moriconi. Rio de Janeiro: Elsevier, 2005.

HJARVARD, Stig. Midiatização: teorizando a mídia como agente de mudança social e cultural. *Revista MATRIZes*, São Paulo, v. 5, n. 1, p. 53-91, jan./jun. 2012.

IAMARINO, A. *Atila Iamarino*. Entrevista concedida a Verônica Soares da Costa. Belo Horizonte: 2016.

LATOUR, Bruno. *Ciência em ação*: como seguir cientistas e engenheiros sociedade afora. 2.ed. São Paulo: Editora UNESP, 2000.

LIAKOPOULOS, Miltos. "Análise argumentativa". In: BAUER, Martin W. & GASKELL, George. *Pesquisa qualitativa com texto, imagem e som*: um manual prático. Petrópolis: Vozes, 2002.

LYOTARD, Jean-François. *A condição pós-moderna*. Tradução de Ricardo Barbosa. Rio de Janeiro: José Olympio, 2002.

RICOEUR, Paul. *A metáfora viva*. São Paulo: Edições Loyola, 2005.

______. *Sobre a tradução*. Belo Horizonte: Editora UFMG, 2011.

______. *Tempo e narrativa*. São Paulo: WMF Martins Fontes, 2010. 3v.

SANTOS, Boaventura Sousa. *Introdução a uma ciência pós-moderna*. Rio de Janeiro: Graal, 1989.

SCHIEBINGER, Londa. *O feminismo mudou a ciência?* Bauru: EDUSC, 2001.

ZAMBONI, Lilian Márcia Simões. *Cientistas, jornalistas e divulgação científica*: subjetividade e heterogeneidade no discurso da divulgação científica. Campinas: Editores Associados, 2001.

Textualidade e dimensão afetiva como método investigativo:
pesquisador afeta(n)do no aplicativo de encontro gay Grindr

Carlos Magno Camargos Mendonça
Ettore Stefani de Medeiros
Mauro Sérgio Francisco da Silva

Introdução

Gonzalo Abril (2013) desenvolve uma noção de texto distante de uma perspectiva linguística verbocêntrica. Abril pensa o texto como uma trama complexa, multimodal, dotada de uma riqueza semiótica e comunicativa. Os textos estão tramados de uma maneira dinâmica e compostos por linguagens diversas. A combinação de textos verbais, sonoros, visuais, dentre outros modos textuais, oferece as condições necessárias para o estabelecimento de meios sistemáticos de comunicação. Para além da condição de um meio que pretende informar, o texto é um evento, um fenômeno probabilístico, uma trama

> sustentada por una práctica discursiva e inserta en una(s) red(es) textual(es), que puede integrar o no elementos verbales, y que por ende no debe identificarse restrictivamente con ellos. Texto no tiene, como a veces se cree, una especie de débito originario con el texto literario, un pecado original de literariedad. (Abril. 2012, p. 16)

Abril assinala que os textos se realizam no processo interpretativo, nos modos de sua leitura, sob determinadas condições socioculturais. Textos sempre irão pressupor a existência de redes textuais.

> En esas redes textuales se establecen relaciones diversas entre cada texto particular y el conjunto en que lo insertamos o lo hallamos inscrito: se trata unas veces de la relación parte / todo, como la que imputamos a la 'pertenencia' de un texto literario o pictórico a esos conjuntos a los que, respectivamente, denominamos 'literatura' o 'pintura'. En otras ocasiones se trata de la relación local / global, cuando a partir del texto tomado particular y separadamente se insieren sentidos diversos de los que podrían derivarse de su consideración en el interior de un corpus o agregado global. Este fenómeno se produce en escalas muy diversas: la relación de la obra particular con la obra completa de un autor, de una colección o recopilación, de una época, etc. Y en fin, sin pretensiones de completar una enumeración exhaustiva, también hallamos relaciones características entre texto interpretante / interpretado, como las que se dan entre los textos 'críticos' o citacionales y aquellos otros que constituyen su objeto. Sin olvidar que los metatextos críticos devienen históricamente textos-objeto para nuevos metatextos. (Abril, 2012, p. 17)

Entretanto, alerta Abril, os textos não se prendem apenas às cadeias intertextuais gerais. Sobre os textos se aplicam práticas sociodiscursivas e semióticas. Nessa perspectiva, a textualização das mensagens exige lógicas de comunicação específicas, conhecimento dos fatores semânticos e pragmáticos que estruturam o texto. Uma textualidade capitaneada pelo interlocutor, com forte ênfase no processo comunicativo. Sob essa compreensão do texto está abrigada uma noção de textualidade como algo pertencente mais aos processos comunicativos e menos aos elementos textuais. A textualidade é uma competência textual do interlocutor que participa da interação comunicativa. Isso quer dizer que os interlocutores necessitam mais do que os domínios instrumentais para compreenderem os textos. Eles necessitam entender o contexto em que o texto é proferido para que este faça sentido, para que ocorra a situação comunicativa.

Os textos na pesquisa científica não operam de modo distinto ao descrito acima: os produtores têm objetivos e os leitores, uma expectativa em relação ao texto. Entretanto, para nos servirmos dessa lógica textual em alguns estudos qualitativos no campo comunicacional, precisamos dar um passo atrás e pensar o pesquisador/produtor de texto e o fenômeno/produtor de texto como partícipes do processo comunicativo da pesquisa. Para que isso se efetive, necessitamos considerar um tipo de pesquisa que ultrapasse a relação sujeito/objeto para dar lugar a uma relação entre sujeitos: sujeito pesquisador, sujeito pesquisado. O fenômeno pesquisado não é um objeto materialmente percebido, uma causa que movimenta a ação do pesquisador ou mesmo um assunto. O fenômeno é um evento passível de observação, é uma assimilação conjecturada do objeto, um enfático produtor de textos. Ao ser pensado, o fenômeno não é um bloco de dados quantitativos que se apresenta como um oposto ao pensante e, portanto, deva ser fragmentado para ser decifrado. A escrita como método afetivo é resultado de uma negociação entre os sujeitos da pesquisa. Os significados investigativos são percebidos relacional e multiplamente.

Referimo-nos a um tipo de escrita que é palco para o encontro de subjetividades. Um texto provisório, tensionado pelas mobilidades do pesquisado e pela exigência de flexibilidade ao pesquisador. Uma escrita dotada de qualidades capazes de (re)apresentar mundos a partir das experiências dos envolvidos na pesquisa. A "virada afetiva" (Clough, 2007) nas humanidades e nas ciências sociais opõe-se às reduções consequentes dos dualismos presentes em muitas práticas de pesquisa, tais como: homem x natureza, razão x emoção, cognitivo x afetivo.

> [...] a virada afetiva consolida e estende alguns dos caminhos mais promissores da pesquisa na atualidade. Especificamente, os dois principais precursores da virada afetiva nos trabalhos acadêmicos nos Estados Unidos são o enfoque no corpo, mais extensivamente desenvolvido pela teoria feminista; e a exploração das emoções, predominantemente conduzida pela teoria *queer*. Assim como as demais, a virada afetiva, enquanto estende linhas de pesquisas já consolidadas, também abre possibilidades de estudos inusitadas, lançando luzes imprevistas sobre trabalhos anteriores indicando

> novas perspectivas de abordagens políticas. Penso ser útil, então, aproveitar a oportunidade deste prefácio para refletir brevemente sobre a utilidade dos afetos. (Hardt, 2015, p. IX)

Opostamente ao dualismo cartesiano que separa corpo e alma, o afeto reúne a razão e a paixão. No contexto em questão, o afeto não é o lugar-comum das afeições e dos sentimentos que são qualitativa e socialmente caracterizados como bons: carinho, companheirismo, amor, compreensão e qualquer uma daquelas dentre as que amenizam as interações humanas. Além disso, afetos não são puramente emoções. A virada afetiva, ao dar ênfase ao corpo, valoriza a tomada de consciência das questões referentes à sensibilidade e ao sensível. Iniciada em meados dos anos de 1990, essa virada reivindicava admitir que a realidade é afetiva (Clough, 2007).

Sob as perspectivas da virada afetiva, a eficácia do pensamento encontra correspondência na ação corporal. Os corpos agem em mútua afetação. É na relação entre os corpos que descobrimos novas maneiras de conceber o mundo. Os afetos "iluminam tanto o nosso poder de afetar o mundo a nossa volta, quanto o de sermos afetados por ele – além de propor o relacionamento entre esses dois poderes" (Hardt, 2015, p. X).

Patricia Clough (2007) coloca em relevo a importância de pensar na autoafetação, o reconhecimento do estar vivo e a capacidade de conseguir sentir em si mesmo/a essa vivência. Agir, engajar e conectar: são palavras-chave que Clough pronuncia para que possamos compreender melhor todo o universo dos afetos. Se a condição de estar no mundo passa pela experiência, pela ação e pelo padecimento do corpo (Dewey, 2010), a teoria dos afetos discute como isso ajuda a moldar grandes cenários como a economia, a cultura, o social e a política.

O reconhecimento dos afetos na pesquisa acadêmica

Lançar mão dos pressupostos da virada afetiva na pesquisa acadêmica, reconhecer o valor de suas reivindicações para a organização de campos problemáticos, incluir seus modos de crítica e de teorização social é mover-se sobre um conjunto rico de estudos e saberes científicos. Nessa cartografia, o corpo e sua capacidade de afetação devem sempre ser considerados. Assim, o/a próprio/a pesquisador/a precisa estar ciente de seu papel corpóreo – o que implica sua ação ininterrupta e como ela afeta o ambiente de sua pesquisa, ao mesmo tempo em que também é afetado por ele – e compreenda que não há mais lugar para almejar uma assepsia científica, como é esperado nas chamadas ciências duras (Benakouche, 1999) e pensamentos positivistas ainda vigentes em algumas discussões das ciências humanas e sociais.

O primado racionalista, traço forte do pensamento científico moderno, concebe o/a pesquisador/a como um ser responsável pela produção de um conhecimento resultado de um gesto investigativo imparcial e neutro, isolado de qualquer subjetividade, qualquer influência sensível. As vivências e experiências ordinárias do/a pesquisador/a não devem interferir em suas buscas metódicas. Contrapondo-se a tal vertente, Sodré (2006) advoga sobre a impossibilidade de dividir sujeito sensível de sujeito pesquisador. A intercessão de Sodré defende que tanto os sentimentos e as sensações do/a pesquisador/a quanto as textualidades político-ideológicas e socioculturais que o/a cingem devem ser reconhecidos como parte essencial em um estudo.

A partir de um entendimento de que os afetos não fazem parte de algo que podemos entender como pré-social (Clough, 2007), mas sim de um contexto que compõe a nossa relação com o mundo, fazer-se presente como pesquisador/a demanda mais do que as análises frias e distantes dos objetos empíricos. Diante disto, o/a pesquisador/a necessita estar atento/a à necessidade de discutir o processo mental e corporal de apreensão e percepção dos fenômenos, bem como cada um dos múltiplos significados oriundos da investigação para tecer um texto da pesquisa. Sobre esse ponto, Kathleen Stewart (2007, p. 3, tradução nossa) remonta a Roland Barthes:

> Tal como Roland Barthes chama de "terceiro sentido" (third meaning), eles [os afetos ordinários] são imanentes, obtusos e erráticos, em contraste com o "significado óbvio" da mensagem semântica e da significação simbólica. Eles não trabalham por meio de "significados" em si, mas da maneira como

captam densidade e textura à medida que se movem através de corpos, sonhos, dramas e vivências sociais de todos os tipos.

Embora a pensadora proponha sua discussão centrada no que ela chama de afetos ordinários, por estar mais preocupada em debater sobre como grandes sistemas – como o neoliberalismo e a globalização, por exemplo – se evidenciam pragmaticamente no cotidiano, sua pesquisa não fecha os olhos para um pensamento mais geral sobre os afetos. Quando Stewart nos convoca a nos concentrarmos no sensível e buscarmos a densidade dos significados pelos corpos, ela alerta para a necessidade de problematizarmos os mecanismos dicotômicos que dividem mente e matéria, a separação de polos. É urgente conceber um processo investigativo unificado.

Outro desafio para as pesquisas que consideram os procedimentos metodológicos típicos à virada afetiva é a complexidade não linear dos afetos (Clough, 2007). O/a pesquisador/a precisa estar ciente de que estímulos são incessantes. Durante a tessitura do texto, além de classificar *a posteriori* aqueles afetos que não contribuem para a pesquisa, ele/a precisa estar preparado/a para afetações que se mostrem secundárias em algum momento, mas que modificam sua visão analítica quando consideradas. Os afetos suscitam a responsabilidade de não nos fecharmos hermeticamente em um ambiente e de, ao mesmo tempo, tangenciarmos limites sobre aquilo que está sendo pesquisado.

Kathleen Stewart (2007, p. 1), em *Ordinary Affects*, propôs um experimento que tencionava a pragmática dos afetos. Para perceber como grandes sistemas econômicos e sociais poderiam se fazer presentes para um/a observador/a, Stewart descreveu diversas cenas com o objetivo de "trazê-los à vista como uma cena de força imanente, em vez de deixá-los parecendo efeitos mortos impostos a um mundo inocente".

Ao acolher a discussão sobre modos de teorizar o social proposta por Patricia Clough, podemos entender que o experimento de Stewart direciona-se para um caminho onde seja possível perceber as afetações ordinárias que perpassam a experiência própria como uma maneira de perceber os modos pelos quais os afetos deixam visíveis as materialidades de grandes estruturas. Não é apenas uma teorização sobre a globalização ou o neoliberalismo, é a apreensão e o relato das maneiras como esses grandes sistemas operam sobre os corpos no cotidiano.

Stewart não trabalha no campo das representações, como se elas próprias fossem leis comprobatórias assumidas sem nenhuma problematização. Os significados da pesquisa nos chegam e são percebidos por meio dos afetos, e isso só acontece quando nos colocamos diante do sensível, permitindo-nos estar em contato com aquilo que nos interessa. A ideia é escapar da concepção de um significado pronto para que o sujeito possa apreendê-lo, como se estivesse colocado a certa distância visível e esperando apenas ser tocado e reclamado por alguém. Em sentido inverso, as pesquisas afetivas pensam a emergência dos significados via a afetação mútua que não para de ocorrer. Os sentidos só se fazem presentes por causa da nossa capacidade de sermos afetados (Moriceau; Paes, 2014). Os afetos "são carregados de informação, de potencialidade compreensivas" (Moriceau; Mendonça, 2016, p. 83). Dessa maneira, os afetos são eficientes no auxílio à busca de respostas e à produção de conhecimento.

Uma abordagem metodológica dos afetos "começa com uma fenomenologia do contato sensorial, atenta às luzes, cores, sons, gostos, cheiros, toques produzidos em nós" (Moriceau; Mendonça, 2016, p. 85). Relembremos o experimento de Kathleen Stewart. Mesmo quando a autora expunha histórias que terceiros narraram para ela, ao contar novamente ela está dizendo da sua percepção daquilo e, dessa forma, fazendo daquele caso isolado também o seu. Assim, Stewart está sempre presente e age direcionada pelos afetos ordinários que discute.

O até aqui exposto nos deixa ver a dimensão política que uma investigação acadêmica com essa inspiração de método deve desenvolver (Moriceau; Mendonça, 2016). Aquilo que o sujeito percebe de forma individual tem implicações sociais maiores do que um microuniverso fechado em si mesmo e deve ser considerado no momento da análise e da escrita da pesquisa.

Dimensão afetiva em investigações acadêmicas: pesquisador afeta(n)do no Grindr

No ano de 2017, propusemo-nos a usar parte das propostas metodológicas da virada afetiva em uma pesquisa no aplicativo de encontro *gay* Grindr, que tem como principal uso a busca por parceiros afetivo-sexuais. Ainda que nosso objetivo com o estudo tenha sido tentar compreender como os textos verbo-visuais presentes nas performances de si reforçavam a valorização da masculinidade hegemônica, neste artigo focaremos na dimensão afetiva que nos atravessou durante o trabalho em campo e, por consequência, nas análises.

Como homens homossexuais, com interesses comuns à maioria dos usuários do aplicativo, precisávamos criar uma entrada no ambiente digital que nos aproximasse e, ao mesmo tempo, demarcasse um modo de estar lá. Entre as imagens de tórax avantajados, abdomens rígidos, corpos peludos ou imberbes, palavras que descreviam o que se oferecia e que limitavam aquilo que se queria, nossa identificação era esta: pesquisador. Sim, nos declarávamos pesquisadores. Nossa intenção era percebermos a conversação, ver como os corpos atuavam e se narravam. Em um primeiro momento, os outros usuários acharam que era uma atitude fetichista a identificação. Depois, explicado que não era um fetiche, e sim um perfil de pesquisador, vieram as perguntas: o que pesquisadores fazem no Grindr? Vocês são realmente pesquisadores? Suas fotos são reais? A identificação pesquisador não evitou situações desconfortáveis. Então, para nós, vieram perguntas feitas por nós mesmos, como por exemplo: por que determinado perfil ou conversa nos provocam essa sensação?

A primeira dúvida foi sobre como deveria ser a nossa pesquisa em campo. Devemos manter nossa identificação como pesquisadores, usar nossas próprias fotos, afirmarmos nossa intenção acadêmica? Optamos por manter a identificação: abraçaríamos a dimensão afetiva no estudo e os risco que isso envolvia. Tal escolha nos ganhou porque entendemos que os atravessamentos sensíveis, sejam nossos ou dos interlocutores, eram fundamentais para compreendermos o cenário em que nos inserimos. Além disso, acreditamos que deveríamos firmar uma postura minimamente justa e sincera com os interlocutores ali presentes.

O ato de nos colocarmos de maneira mais transparente, para além de um posicionamento ético, também permitiu a construção de relações de confiança em um ambiente em que perfis falsos existem e são constantemente criticados. Essa escolha certamente desencadeou reações, em nós e nos interlocutores. Por meio dessas reações, nos foi possível perceber concepções de gênero e de sexualidade, composição textual e didáticas para sobreviver no vasto cardápio das ofertas de prazer.

Constantemente nos perguntavam se era alguma brincadeira ou enganação nos declararmos como pesquisadores no Grindr. Alguns interlocutores acreditavam que essa era uma estratégia enganosa que nos permitia filtrar os homens com quem gostaríamos de conversar: se não fossem interessantes afetivo-sexualmente, poderíamos dizer que eles não eram interessantes para o estudo e, pois, não haveria razão para estabelecermos um diálogo com eles. Essa questão aponta para certo ceticismo que ronda o Grindr e outros aplicativos similares, uma vez que neles é autorizada a criação de perfis *fakes*, anônimos ou com poucas informações, tornando difícil perceber se uma pessoa com quem se fala é realmente quem ela diz ser. O aplicativo figura, pois, como um espaço de certa desconfiança.

Não foram poucas vezes em que fomos indagados sobre a quais programas de pós-graduação e universidade nos filiávamos, qual era nosso orientador, quais metodologias utilizávamos. Com a finalidade de construirmos uma relação próxima e mostrarmo-nos como sujeitos críveis, costumávamos divulgar essas informações. Isso nos fez constatar que, para ouvir o outro, é preciso também falar de si, à medida que o processo de afetar está diretamente ligado ao de ser afetado.

Pela dimensão afetiva, podemos também tratar das vulnerabilidades que pesquisadores/as podem experienciar a partir de suas investigações. Um evento isolado, ainda que pouco sério se comparado a outros casos, fez com que nos sentíssemos, em alguma medida, impotentes. Durante o diálogo com um usuário que perguntou o nome de um de nós, houve a localização do perfil do Instagram do pesquisador, perfil que na época não era privado e oferecia todas as fotos disponíveis para qualquer pessoa que as desejasse ver. Uma das fotos era do pesquisador e de seu então namorado, foto que foi vista pelo interlocutor e desencadeou alguns comentários agressivos no Grindr. Contrariamente ao interlocutor, que sabia o nome e tinha acesso ao álbum do pesquisador, nós não havíamos tido contato com sequer uma foto dele. Procuramos, então, desviar o foco da intimidade do pesquisador e voltar ao diálogo sobre o Grindr, mas o interlocutor não seguiu essa lógica e iniciou uma série de investidas sexuais, todas recusadas de forma direta ou indireta. Insatisfeito, o interlocutor revelou que, posto que o pesquisador não iria manter relações com ele, não havia razão para manter a conversa.

Essa situação nos afetou e também serve para ilustrar como a afetação pode ser gratificante ou não. As potencialidades nos rondam e apontam para caminhos que, diversas vezes, não conseguimos prever, mas que precisamos lidar de alguma maneira. A posição em que fomos colocados foi de determinada fragilidade, pouco significativa se pensarmos em outros casos relatados por interlocutores.

Um deles, em específico, contou que um amigo, que tinha perfil com fotos de si e utilizava seu nome pessoal no Grindr, foi vítima de homofobia e de violência física por outro usuário, com quem havia conversado no próprio aplicativo. A partir da dissolução entre público e privado, entre possibilidades de exibir-se totalmente ou de passar-se por outra pessoa, tecnologias interativas digitais como o Grindr, pensadas inicialmente para o desenvolvimento de afetos positivos, abrem espaço para que agressões tomem forma.

Outra situação produziu desconforto. À época do trabalho de campo, um de nós vivia uma relação amorosa monogâmica, informação que constava no perfil. Tal característica ora estimulou que usuários se dispusessem ao diálogo, ora o inverso. Alguns interlocutores viam no estado civil "comprometido" um esclarecimento de que o pesquisador não se envolveria afetivo-sexualmente com eles, motivo que fez com que não desejassem comunicação. Inversamente, outros interlocutores consideravam um homem que namora um atrativo a ser explorado, uma vez que conseguir praticar sigilosamente uma relação era visto como sexualmente interessante, desafiadora e instigadora, como foi possível compreender pelas falas dos usuários com quem conversamos.

Embora nossa postura nesses casos tenha sido para elucidar que não haveria prática extraconjugal e de retomar os fins acadêmicos do diálogo, a insistência de determinados interlocutores era grande. Tal contexto, conectado a uma questão pessoal-afetiva do/a pesquisador/a, faz emergir o entendimento de que certas formas do prazer são desenvolvidas a partir da excitação pelo proibido, qualidade interdita que por anos interpelou as práticas sexuais homossexuais, que só poderiam ser executadas subterraneamente e distantes do olhar preconceituoso da sociedade. Não à toa, há usuários no Grindr que afirmam ser casados e/ou comprometidos com mulheres ou homens, mas acabam usando a tecnologia para as relações extraconjugais. Isso revela alguns pilares em que a masculinidade hegemônica está erguida, como a naturalização do descontrole sexual masculino.

Percebemos que nosso desconforto advinha de duas questões que mereciam nossa atenção:

1) os interlocutores comprometidos expressavam determinada noção de insaciabilidade sexual masculina que justificaria em alguma medida a infidelidade, pressuposto do dualismo de gênero que concebe o homem como ser altamente sexual em contraposição à mulher;

2) nosso incômodo com a traição atrelava-se à valorização de um modelo romântico monogâmico de amor, que, histórica e economicamente construído, seria rompido.

Nesse exercício de ser afetado e reconhecer a autoafetação, refletimos sobre pontos socioculturais que perpassam a infidelidade, sobretudo a masculina. Nesse sentido, os significados não estavam dados, mas chegaram e foram percebidos por meio de nossos afetos.

Foi também um desafio lidar com práticas preconceituosas, recorrentemente no Grindr. Ainda que o aplicativo seja utilizado quase integralmente por homens com práticas *gays* e que, por isso, compõem certo grupo socialmente minoritário e estigmatizado, diversas manifestações normativas, sobretudo aquelas alinhadas ao sistema de gênero e sexualidade, são expostas nos perfis e nas conversas via *chat*. A valorização de comportamentos e estilos de vida heterossexuais, o expurgo aos gordos, a fobia ao homem afeminado e a negação do feminino apresentam-se de forma intensa, o que certamente atravessou nossa experiência em campo.

Por sermos pesquisadores afetados (adjetivo ligado à afetação e à afeminação), fomos afetados (do verbo afetar) ao nos depararmos com esse ambiente, embora já o conhecêssemos previamente como usuários. Foram muitos os dias em que, durante o trabalho de campo, sentimos desânimo diante de alguns perfis que víamos, com as conversas que tínhamos ou com as discriminações que, mesmo direcionadas a outras pessoas, também nos atingiam.

Nossos afetos nos ajudaram a perceber hierarquizações e desigualdades, nos incentivaram a adotar uma ação acadêmica crítica que denuncia a homofobia. Logo, é exatamente afetiva uma das nossas motivações ao realizar este estudo, que passa pelo nosso desconforto anterior à investigação, como usuários, e, durante ela, como pesquisadores: somos homens gays afeminados que lidam com aplicativos nos quais homens afeminados são inferiorizados. Desse nosso desconforto, o afeto se fez método e a investigação se tornou também política.

Considerando

Remontando à perspectiva de Abril (2013), a passagem do texto para a textualidade em nossa pesquisa no aplicativo teceu uma rede de significações totalmente nova e inesperada. Primeiro, a experiência como pesquisadores nos colocou em outro ponto no tecido social daquele ambiente. Experimentamos um movimento dinâmico e absolutamente instável. A dicção que nos era própria como usuários, antes da pesquisa, tornou-se quase uma gagueira quando voltamos ao ambiente como pesquisadores.

Levando em consideração essa ocorrência, percebemos que a pesquisa afetiva retira o lugar hierárquico do pesquisador diante do fenômeno pesquisado. Ao reconhecer sua sensibilidade, desprende-se não só de um lugar de superioridade em relação ao ambiente que estuda, mas também evoca as potencialidades de manifestação de outros textos interessantes à investigação, ora suprimidos por um primado positivista.

A afetação não acontece de uma maneira linear ou de mão única, mas é complexa o bastante para cobrar uma atenção difusa e um posicionamento flexível de quem está em contato com o objeto e o fenômeno. A dimensão afetiva do/a pesquisador/a e de seus informantes, entrevistados/as e/ou interlocutores compõe, pois, uma trama sensível que colabora para que inferências e considerações sejam feitas. O estudo dos afetos exige entender que ser um sujeito implica em ser "sujeito de" e "sujeito a", em afetar e ser afetado de volta e, nessa troca, poder expandir-se no sensível, no corpóreo, nas formas de sentir.

A racionalidade dualista certamente serve à produção científica. Entretanto, pensamos que a produção de conhecimento, de ciências, possa ocorrer para além de uma perspectiva descolada dos afetos, dos sentimentos, das sensações. Nossas breves notas sobre a experiência investigativa no aplicativo Grindr deixam ver como textos também se delinearam a partir de situações e percepções que não são da ordem primeira da impessoalidade e da neutralidade. Tais textos emergiram por afetos tanto positivos quanto negativos, os quais, ao serem abraçados como parte significativa da investigação, geraram contribuições analíticas. Os afetos serviram como base para a apreensão do fenômeno de nossa pesquisa, as autoperformances naquele ambiente e o que elas diziam sobre suas masculinidades no Grindr, bem como a conformidade das formas do querer a partir de normas de gênero e de sexualidade. Os diversos diálogos foram travados com os usuários durante nossa presença enquanto pesquisadores em campo. Como entendemos os afetos de forma obtusa e errática (Stewart, 2007), explorar essa posição investigativa por meio de uma abordagem afetiva foi extremamente proveitosa para o tipo de pesquisa que desenvolvemos.

REFERÊNCIAS

ABRIL, Gonzalo. *Cultura visual*: de la semiótica a la política. Madrid: Plaza y Valdés, 2013.

ABRIL, Gonzalo. Tres dimensiones del texto y de la cultura visual. *IC Revista Científica de Información y Comunicación*, n. 9, 2012.

BENAKOUCHE, Tamara. Tecnologia é sociedade: contra a noção de impacto tecnológico. *Cadernos de Pesquisa do PPGSP*, v. 1, n. 17, set. 1999.

CLOUGH, Patricia Ticineto. "Introduction". In: ______; HALLEY, Jean (Eds.). *The affective turn*: theorizing the social. Durham and London: Duke University Press, 2007. p. 1-33.

DEWEY, John. "Ter uma experiência". In: ______. *Arte como experiência*. São Paulo: Martins Fontes, 2010. p. 109-141.

HARDT, M. Para que servem os afetos? *Intersemiose, Revista Digital*, ano IV, n. 7, jan.-jun. 2015.

MORICEAU, Jean-Luc; PAES, Isabela. « Performances acadêmicas e experiência estética: um lugar ao sensível na construção do sentido". In: PICADO, Benjamin *et al.* (orgs.). *Experiência estética e performance*. Salvador: Edufba, 2014. p. 107-129.

MORICEAU, Jean-Luc; MENDONÇA, Carlos Magno Camargos. "Afetos e experiência estética: uma abordagem possível". In: MENDONÇA, Carlos Magno Camargos *et al.* (orgs.). *Comunicação e sensibilidade*: pistas metodológicas. Belo Horizonte: PPGCOM UFMG, 2016. p. 79-98.

SODRÉ, Muniz. *As estratégias sensíveis*: afeto, mídia e política. Petrópolis: Vozes, 2006.

STEWART, Kathleen. *Ordinary affects*. Durham and London: Duke University Press, 2007. 132p.

A dimensão dos afetos: movimentos entre *corpus* sensível e gestos de pesquisa

Sônia Caldas Pessoa
Camila Alves Mantovani
Stephanie Boaventura

Afetos, comunicação e pesquisa: interlocuções possíveis

O objetivo deste texto é refletir sobre problemáticas que exigem de nós, pesquisadoras, gestos epistemológicos, com modos de pesquisa e desenvolvimento de metodologias, que contemplariam, além da investigação científica, um tratamento diferenciado sobre os sujeitos a serem pesquisados. Partimos de nossa experiência com o projeto de ensino, pesquisa e extensão intitulado "Eu existo e me movo, experiências e mobilidades de pessoas com deficiência", iniciado em 2017, na Universidade Federal de Minas Gerais (UFMG).

O projeto em questão teve como ponto de partida a investigação da experiência de mobilidade no campus da UFMG, a partir do depoimento de pessoas com deficiência em seus deslocamentos diários, desafios, dificuldades e propostas de acessibilidade. Partimos de uma perspectiva convencional de pesquisa, com a revisão bibliográfica da literatura disponível sobre mobilidade, deficiência e afetos no âmbito acadêmico com a intenção de realizar um projeto com metodologia de inspiração etnográfica. Diante de muitas dúvidas, prevalecia uma certeza: a presença das pessoas com deficiência em todo o processo de investigação seria fundamental para o desenvolvimento do projeto.

A partir das discussões, que envolveram pessoas com deficiência, que são integrantes do Afetos: Grupo de Pesquisa em Comunicação, Acessibilidade e Vulnerabilidades, percebemos que a nossa proposta de compreender a mobilidade de pessoas com deficiência nos impunha um desafio importante: às pesquisadoras, estava aberto um campo de investigação que exigia, para além da gravação de entrevista para coleta dos depoimentos, uma observação em movimento.

Esse desafio marcado, de modo evidente, nos confrontou com desafios metodológicos que atravessam as pesquisas das textualidades midiáticas. Longe de serem exclusivos da área, estão implicados em questões epistemológicas que dizem respeito às Ciências Humanas de modo geral, mas que apresentam efeitos particulares no campo da Comunicação. Entre essas questões, interessa-nos discutir, mais especificamente, o papel da subjetividade e dos afetos envolvidos na prática da pesquisa – aspectos que serão ainda mais cruciais no tratamento de um *corpus* sensível – e algumas possibilidades teórico-metodológicas trazidas pela Teoria dos Afetos para lidar com tais questões.

A possibilidade – ou mesmo a desejabilidade – de destacar a subjetividade de pesquisadores nos processos da pesquisa em Humanidades é abordada por Marques e Martino (2017) a partir de uma reflexão em um campo escorregadio, tendo em vista que a objetividade é percebida como caminho possível para se chegar a verdades científicas. Os autores se baseiam em experiências concretas de orientação para contestar as pretensões de objetivismo que ainda se sobressaem no cenário cotidiano da universidade. Ademais, traçam um diagnóstico importante da área de Comunicação, no qual nos apoiamos para as ponderações que queremos trazer neste artigo.

O quão envolvido pode – ou deve – ser um pesquisador com seu objeto de estudo? Essa indagação, comum nas reuniões de orientação e permeada por inseguranças, não tem uma resposta definitiva. Para algumas correntes de pensamento, o envolvimento pessoal com um fenômeno contamina as observações que um observador poderia fazer em relação a ele, enquanto outras abordagens enfatizam o conhecimento adquirido por meio da vivência como uma fonte inestimável de informações que poderia passar despercebida para um investigador supostamente indiferente.

A reflexão, entretanto, poderia traçar um outro caminho: qual a distância que um pesquisador consegue, efetivamente, tomar dos fenômenos que estuda? Marques e Martino (2017, p. 5) argumentam que o interesse primeiro pelo ofício da pesquisa já está atravessado por afetos, ou seja, "na anterioridade cronológica de cada proposta de pesquisa, existe um gesto afetivo presidindo a ação". O pesquisador será, ainda, atraído para estudar temas e fenômenos que o provoquem em alguma medida, em um novo gesto da ordem do sensível.

Embora a questão da subjetividade de quem pesquisa seja pertinente a todas as áreas de conhecimento que orbitam as Humanidades, um outro ponto notável abordado pelos autores é o diagnóstico que fazem acerca do campo da Comunicação. Segundo eles, talvez em virtude de uma "fragilidade epistemológica" da área, as pesquisas tendem a balançar em uma corda bamba entre perspectivas distintas – às vezes inegociáveis – sobre o que é ciência.

> Ao mesmo tempo, dada a aparente ausência de consenso nessas definições, que oferece tanto espaço à elaboração subjetiva, qual a razão da insistência em tratá-la como 'ciência'? Em termos da prática cotidiana, como aliar uma investigação teórica subjetiva e ensaística, predominante na Área, com as exigências de uma empiria objetiva vinculada a técnicas de coleta e análise de dados que raramente dialogam com os desenvolvimentos teóricos? (Marques; Martino, 2017, p. 17)

Talvez seja o caso de recusar deliberadamente as pretensões de um objetivismo para a área e assumir um lugar de construção do conhecimento que não seja indiferente ao papel que a subjetividade do pesquisador exerce – seja ela reconhecida ou não – na prática concreta da pesquisa. O desafio à noção de neutralidade, ou de uma objetividade incontestável da ciência, não é novo, tampouco restrito ao campo da Comunicação: a tradição das "pesquisas emancipatórias" (Henderson, 1995, tradução nossa) trabalha a partir do entendimento de que o trabalho científico não pode ser descolado do contexto histórico e sociocultural em que é desenvolvido, e tem entre seus objetivos a transformação social – que passa, também, pela necessária transformação de consciência do pesquisador no processo de encontro com o outro pesquisado. Assim, a ideia de uma ciência isenta dá lugar a uma convicção ética de que o conhecimento produzido nas universidades deve trabalhar para afetar a sociedade.

Uma vez que esse entendimento é abraçado, torna-se necessário traçar estratégias metodológicas para dar conta do acolhimento desses afetos e dos encontros com a alteridade. A chamada "virada afetiva" nas Ciências Humanas oferece caminhos possíveis para interpelar, pela via dos afetos, os fenômenos comunicacionais, especialmente aqueles que tensionam mais fortemente a conduta da pesquisa por envolver questões que sensibilizam o pesquisador de alguma maneira particular.

Em um artigo que trata da experiência estética, Mendonça e Moriceau (2016) defendem uma abordagem afetiva e levantam pistas metodológicas que sugerem alternativas interessantes para investigações no âmbito da Comunicação. Para eles, a natureza sensível e inquietante desse tipo de experiência é inescapavelmente contaminada por afetos, de modo que o exame com distanciamento objetivo, que tenta congelar o momento em categorias analíticas, pode fazer com que parte do que é fundamental para a compreensão do evento escape ao pesquisador.

Os autores defendem uma aproximação ancorada no vivenciar, no movimento de se deixar afetar e transformar, e "encontrar formas para efetuar um mergulho no concreto" para, em um outro momento, "pensar e escrever sob os efeitos desse banho experiencial" (Mendonça; Moriceau, 2016, p. 81). E enfatizam o valor do tocar, de estabelecer um contato não mediado – nos termos mesmo de se colocar em relação – com aquilo que se pretende compreender. É uma imersão no comum, no ordinário, no particular, que não procura pelas grandes narrativas diretamente, mas que as encontram em seus efeitos mais palpáveis e enuncia "coisas sobre as estruturas, a história, a biopolítica, as subjetividades e os efeitos da imaginação coletiva" (p. 83).

É uma postura que demanda tanto a renúncia da pretensão de construir conhecimentos assépticos, esterilizados, "inertes e sem condições de ação" (p. 93) como o acolhimento da fertilidade de um conhecimento constituído no encontro sensível com o outro. Esse caminho exige deixar o lugar do pesquisador autorizado a falar pelo estudado. Um traço notável desse processo é que os afetos que emergem dos encontros nem sempre são positivos.

A proposta, aqui, é se comprometer de tal modo com a alteridade que não apenas o dualismo sujeito-objeto não tenha mais lugar na pesquisa, mas que o pesquisador permita que suas certezas sejam balançadas e que ele seja inundado pelos afetos que colocam o pensamento em movimento. Outro ponto fundamental dessa travessia é que os afetos não podem ser codificados, definidos, delimitados ou congelados em uma escrita impessoal ou indiferente. Assim, a escrita sobre a experiência do contato com aquilo que foi estudado deve ser performativa e buscar afetar o leitor, para que ele também tome parte no processo do encontro.

Da dimensão teórico-metodológica à experiência de pesquisa

Falar sobre os afetos, do ponto de vista teórico-metodológico, não é tarefa simples. Um importante desafio coloca-se na forma pela qual se desenrolará essa narrativa. Como fazer caber em palavras um relato que pretende chamar a atenção para as qualidades de um movimento contínuo de relações, cenas, emergências e contingências que permeiam a vida cotidiana?

Vários autores têm-se lançado a esse desafio e, dentre eles, destacamos Kathleen Stewart. Professora de Antropologia na Universidade do Texas, Stewart é uma das principais referências no campo. De acordo com a autora, a pesquisa a partir da perspectiva dos afetos vem à tona por meio de uma prática etnográfica "desacelerada, em sintonia com as formas e forças que se desdobram em cenas e encontros" (Stewart, 2017, tradução nossa). Nesse sentido, seu esforço foi (e ainda é) o de trazer à tona a intensidade, o movimento e a conexão entre fenômenos que são ao mesmo tempo singulares e universais para, então, compor um registro dos afetos vividos.

Tomando seu pensamento como referência, vemos que a abordagem dos afetos coloca-se menos como uma proposição explicativa da vida cotidiana, e mais como uma tentativa de rastrear as dimensões afetivas que permeiam o comum. Para Stewart (2007, p. 1-2, tradução nossa)

> Os afetos comuns são sentimentos públicos que começam e terminam em ampla circulação, mas também são coisas das quais as vidas íntimas aparentemente são feitas. Eles geram circuitos e fluem formas de vida. Eles podem ser experimentados como um prazer e um choque, como uma pausa vazia ou uma ressaca arrastada, como uma sensibilidade que se encaixa ou uma profunda desorientação. Eles podem ser engraçados, perturbadores ou traumáticos.

Nessa perspectiva, o grande desafio consiste em não se deixar levar pela pressa ou necessidade de gerar quadros mais amplos de compreensão, mas em se deter um pouco mais, o que, em certa medida, significa guiar-se pela ação de ouvir, de observar, de atravessar e, também, tomar parte.

As marcas deixadas no próprio texto são também elementos importantes para destacar essa contaminação proposta pelos afetos. No caso da autora, a opção pelo emprego do pronome de tratamento "ela" para referir-se a si mesma ao longo da obra é justificada como uma ação para marcar a diferença entre a identidade de escritora e do sujeito que, por vezes, emerge como uma "simples presença". Dessa forma, a autora não se coloca como uma intérprete das situações cotidianas que relata/experiencia, ou mesmo como um guia a nos ajudar a percorrer os caminhos que se desvelam, mas se oferece como "ponto de contato".

> 'Ela' não é tanto uma posição de sujeito ou um agente em busca de algo definitivo como um ponto de contato; em vez disso, ela olha, imagina, percebe, assume, executa e afirma não uma verdade achatada e acabada, mas algumas possibilidades (e ameaças) que surgem no esforço de sintonizar-se com o que uma cena particular poderia oferecer. (Stewart, 2007, p. 5, tradução nossa)

Já nas primeiras linhas de sua obra *Ordinary Affects*, publicada em 2007, a autora nos avisa que o texto deve ser lido como uma experiência de escrita e pensamento. Portanto, mais que apontar conceitos e definições, a perspectiva dos afetos, trazida por Stewart, visa ensejar novas formas de escrita e de leitura, novas abordagens para nossos objetos de análise, bem como novas formas de se perceber (atentar-se para) as intensidades e sensibilidades que se desenrolam nas várias situações do comum.

Uma tensão que se estabelece nas pesquisas empíricas com pessoas com deficiência trata-se da diferença que hoje nos parece bastante marcada entre as situações de um comum socialmente aceito e um comum para pessoas com deficiências. Por isso, esse gesto de pesquisar a mobilidade a partir do movimento das pessoas com deficiência foi sendo gestado, aos poucos, suscitado pelas inquietações não só dos pesquisadores sobre deficiência, mas, em especial, a partir das questões apresentadas pelas próprias pessoas com deficiência, que foram acolhidas com o *status* de pesquisadores empíricos sobre o tema. "A nossa reflexão está no campo do discurso. Quando partiremos para a experiência prática, para o mundo real?". A indagação, feita repentinamente durante uma reunião de pesquisa, por um servidor público com deficiência visual, transportou-nos para a dimensão de uma metodologia ativa, que seria tateada, percebida e decidida, com escolhas e desistências, durante todo o processo.

O leitor poderia estar se perguntando: mas não seria assim com toda metodologia, principalmente quando se trata de abordagem de inspiração etnográfica? Acreditamos que uma das diferenças aqui se dá no tratamento do que consideramos *corpus sensível* (Pessoa, 2018), ou aquele que, além de despertar, no pesquisador, emoções e afetos diversos que influenciam diretamente no gesto epistemológico, exige dele posicionamentos e escolhas que tragam a centralidade da investigação para os sujeitos, tanto os pesquisados quanto os pesquisadores. Em outras palavras, esses sujeitos são observados e entrevistados. Porém, a participação deles na pesquisa extrapola um recorte que os considera apenas como objeto de pesquisa, evitando que sejam percebidos a partir do capacitismo (Campbell, 2009). Nessa noção, pessoas com deficiência são consideradas corpos fora da norma, julgadas e discriminadas por sua capacidade de realizar tarefas ou atividades em comparação com as demais pessoas. As reflexões advindas das relações com os pesquisados e o impacto que a investigação provoca neles vão permitindo reflexões sobre esses modos de afetar e de ser afetado.

Se, por um lado, compartilhar com os pesquisadores as suas experiências exigia dos participantes um movimento de assumir-se publicamente em suas condições de vulnerabilidades, por outro lado, demandava, por parte dos pesquisadores, um exercício para respeitar limites sutis na abordagem, no convite para participação, nas diversas negociações para os lugares dos encontros, os trajetos a serem percorridos, o tipo de registro que poderia ser feito dos depoimentos e a divulgação, por exemplo. Fotografar-se em uma cadeira de rodas, mostrar aspectos físicos visíveis da deficiência, gravar uma entrevista com uma professora surda em Libras, a língua brasileira de sinais, com a voz de um intérprete, deslocar-se por espaços públicos sem o sentido da visão, imaginar-se preso em um elevador sem o sentido da audição, entre outros desafios, impuseram-se nesse contato entre os envolvidos.

Doze estudantes do curso de graduação em Comunicação Social e uma pós-graduanda, sob a coordenação de duas professoras, realizaram reuniões de pauta, leituras de textos e pesquisas na internet. O passo inicial foi a busca por estudantes, funcionários e professores da própria universidade para uma experiência piloto no campus. Os protagonistas seriam as pessoas com deficiência, não somente nos depoimentos, mas na condução do processo de informações e também de deslocamentos.

Nesses deslocamentos, como nos sugere Stewart (2007), cada cena busca evocar, ainda que de forma tangencial, a sensação de que "algo está acontecendo", de que alguma coisa precisa ser vista com atenção. Em uma das experiências de mobilidade com um deficiente visual, dois estudantes e uma professora caminharam por uma hora e meia pelo campus da universidade, realizando, simultaneamente, a partir da condução do sujeito pesquisado, todos os movimentos de andar, desviar-se dos obstáculos, atravessar ruas, encontrar faixas de pedestres, identificar sons que dessem pistas dos caminhos, dimensionar distâncias a partir dos passos, evitar lagos artificiais onde já houve acidente por falta de sinalização, burlar as lixeiras que têm lados pontiagudos e cortam quem não pode visualizá-las, posicionar-se para pegar o ônibus sem poder identificá-lo visualmente, entre diversos outros.

Deslocamentos registrados em áudio e vídeo se tornaram uma série da Web Rádio Terceiro Andar, produzida na disciplina de graduação Rádio e Mídias Digitais, dos cursos da área de Comunicação Social da universidade, e foram transcritos para integrar um livro. Os estudantes envolvidos se surpreenderam com reflexões sobre os desafios e dificuldades enfrentadas por pessoas com deficiência, que passam despercebidos no dia a dia de pessoas sem deficiência. A maioria disse que nunca havia pensado sobre as diferenças entre a acessibilidade para pessoas sem deficiência e para as pessoas com deficiência e que se sentiu tocada pela possibilidade de viver essas experiências de modo próximo e com o comando das pessoas com deficiência. Os estudantes relataram ainda que se permitiram ficar mais atentos às sutilezas cotidianas que lhes pareciam pouco importantes, tais como escadas, corrimãos, elevadores, equipamentos de trânsito, marcações e sinalizações, além da comunicação verbal, por sinais, pelo tato e, em casos de mobilidade reduzida, com o apoio de equipamentos como muletas, andadores e cadeiras de rodas.

Essa primeira fase de experiências com a pesquisa sobre a mobilidade de pessoas com deficiência nos movimentou, em reflexões teóricas, em direção a Levi-Strauss (1989, p. 35) e à ideia de que a metodologia concebida por etapas, em movimentos vivos diversos, ou a *bricolagem* não esgota o saber de todos os elementos de um *corpus*. Permite, no entanto, que o *corpus* fale por si e também dê pistas a esse artesão intelectual, o que não garante resultados previsíveis. A nosso ver, a autopermissão da bricolagem abre, pelo contrário, caminhos inesperados, nos quais podem surgir imprevistos que atingem resultados surpreendentes.

Entendemos que, em pesquisas com *corpus sensível*, envolvendo pessoas em situação de vulnerabilidade, a experiência empírica inspirada pelos próprios sujeitos pesquisados, que são coautores na pesquisa (pelo menos em algumas etapas), é permeada por uma série de emoções de pesquisadores e pesquisados que precisam ser consideradas no momento da pesquisa e também em momentos posteriores, tais como na escrita e na conclusão de produtos comunicacionais, por exemplo, uma série de narrativas em áudio e em vídeo como a que foi realizada. Uma outra questão é que o *corpus sensível* possui vida própria, em movimento permanente, provocando adaptações frequentes na metodologia.

Nesse caso, ao tomarmos o sujeito afetivo como alguém que ocupa não só lugar daquele que vive a experiência (objeto), mas também daquele que a observa/analisa (pesquisador), os desafios e possibilidades tornam-se ainda maiores.

> Para o sujeito afetivo, há sempre o peso do mundo naquilo que se pode esperar e naquilo que deve ser temido, no que floresce e no que importa. A vida é um experimento de estar em um mundo, de encontrar maneiras de estar em circuitos de força e forma, uma aspiração de extrair algo das transformações alquímicas de coisas que se distorcem em trajetórias muito além dos modelos humanistas de sofrimento. [...]. A vida acontece nos gestos desumanos de demônios e anjos, nas lutas dos viciados e na fúria dos racistas, na resistência dos incrivelmente feridos ou dos estranhamente ainda curiosos. (Stewart, 2017, p. 194, tradução nossa)

O posicionamento científico que se constrói respeitando as emoções e os valores de pesquisadores e de pesquisados nos apresenta questões importantes que extrapolam o envolvimento do profissional com determinada causa ou temática. A preocupação diz de uma iniciativa que permite ao pesquisador assumir afetos que o mobilizaram. Isso significa dizer que seria permitido, assim, revelar o instrumental epistemológico, e publicizar a sua consciência de um *désir* ou de um desejo epistemológico bem como de suas emoções vistas por meio de um crivo científico. Em uma perspectiva mais ampla, tal iniciativa admitiria um diálogo consigo, abrindo a possibilidade de o pesquisador se desvelar ao leitor, em uma atitude ética, aproximando o esforço acadêmico da vida pessoal e coletiva.

É necessário esclarecer que essa opção epistemológica não deve ser concebida como uma *camisa de força*, que impõe ao pesquisador a reflexão pública de tais pressupostos. Trata-se de uma escolha relacionada às suas próprias inquietações científicas e aos valores que norteiam sua pesquisa. Poderíamos considerá-la um *gesto teórico*, que não depreciaria a avaliação científica do trabalho nem abalaria a credibilidade do profissional; seria um esforço de reconhecimento e de gestão das emoções, que são intensas e variadas, e olhares acolhedores e mais hospitaleiros com os sujeitos pesquisados.

Por uma epistemologia para o tratamento de *corpus* sensível? Considerações em construção

Reconhecer a nós mesmas como pesquisadoras em contato frequente com pessoas em situação de deficiência, que são tanto parte da pesquisa quanto colaboradoras de todo o processo, implica assumir um desafio cotidiano de se movimentar na pesquisa também de acordo com a instabilidade do movimento dos demais sujeitos. Trata-se de um assumir-se como sujeitos pesquisadores, em suas próprias contradições e vulnerabilidades. Parece-nos tratar de um confrontar-se com sujeitos engajados em lutas constantes, reivindicatórias de direitos fundamentais.

Por vezes, a reivindicação de sujeitos em situações de vulnerabilidades se torna tão premente, no limiar entre a existência e a sobrevivência literal, que exige do pesquisador um afastar-se para um reposicionar-se. Exige também, das próprias pessoas em situação de deficiência, a compreensão de que a colaboração na pesquisa não é uma solução de problemas cotidianos. Ainda que, nas palavras de Stewart (2007), existam momentos em que temos encontros forçados que nos dão uma "razão para reagir". Talvez, nesses casos, possa ser um pensar para propor, um refletir para dialogar, um estar para avançar teórica e metodologicamente. Um agir nessa direção que, num futuro, possa ser também alguma contribuição para o mundo da vida.

A experiência da pesquisa colaborativa em Comunicação nos descortina muitas relações constituídas cotidianamente desde as mais simples e próximas, como aquelas que estão no âmbito familiar, por exemplo, como as que nos exigem identidades públicas, muitas vezes, discursivas e comunicacionais em ambientes institucionais, como também o da pesquisa e do ensino.

No caso das pessoas com deficiência, situações de vulnerabilidades impõem desafios múltiplos que deem conta de uma sustentação de corporeidades negligenciadas, não reconhecidas, e invisibilizadas em situações e processos nos quais essas mesmas corporeidades são pistas irrefutáveis das desigualdades diversas que assolam essas vidas. Como estamos falando de noções instáveis, como *corpus sensível*, vulnerabilidades e deficiências, e da luta cotidiana por igualdade em conflito com a desigualdade, é preciso reconhecer e negar vulnerabilidades para experienciar o mundo e modificar modos de nele estar e existir.

A nós, pesquisadoras, nos parece imprescindível estudar vulnerabilidades a partir de noções conceituais e reflexões metodológicas sem, contudo, engessar a discussão a partir do nosso olhar unilateral de dentro apenas dos nossos livros, bibliotecas e pesquisas de gabinete, evitando reunir cenas díspares em um emaranhado de trajetórias, conexões e disjunções que recortem as experiências sem, contudo, avançar em reflexões.

Parece-nos fundamental que nós nos permitamos vislumbrar caminhos metodológicos que nos levem a grupos em situação de vulnerabilidade e àqueles que com eles experenciam o mundo, um transitar entre objetos, corpos, *corpus*, personagens e colaboradores com a pesquisa.

Isso implica dizer de uma pesquisa com experiências sensíveis e de muitas pistas ainda a serem descobertas e, por que não, vislumbrar, assumidas nas relações cotidianas de pesquisa em Comunicação.

REFERÊNCIAS

HENDERSON, Dorothy J. Consciousness raising in participatory research: Method and methodology for emancipatory nursing inquiry. *Adv Nurs Sci*, v. 17, n. 3, Aspen Publishers, Inc, p. 58-69, 1995.

LEVI-STRAUSS, C. *Pensamento Selvagem*. (Tradução Tânia Pellegrini). Campinas: Papirus Editora, 1989.

MARTINO, Luís Mauro Sá; MARQUES, Angela. Cristina Salgueiro. A afetividade do conhecimento na epistemologia: a subjetividade das escolhas na pesquisa em Comunicação. *Encontro Anual da Compós, São Paulo. Anais*... São Paulo: Faculdade Cásper Líbaero, 06 a 09 de junho de 2017. p. 1-19.

MENDONÇA, Carlos Magno Camargos; MORICEAU, Jean-Luc. "Afetos e experiência estética: Uma abordagem possível". In: MENDONÇA, DUARTE; CARDOSO FILHO. *Comunicação e Sensibilidade*: Pistas Metodológicas. Belo Horizonte: PPGCOM UFMG, 2016. p. 78-98.

PESSOA, Sônia Caldas. *Imaginários sociodiscursivos sobre a deficiência*: experiências e partilhas. Belo Horizonte: PPGCOM, 2018.

STEWART, Kathleen. In the World that Affect Proposed. *Cultural Anthropology*, v. 32, n. 2, p. 192-198, 2017. Disponível em: <https://doi.org/10.14506/ca32.2.03>.

STEWART, Kathleen. *Ordinary Affects*. Durhan, NC: Duke University Press, 2007.

II. Processos jornalísticos contemporâneos

Movimentos metodológicos em pesquisas do jornalismo

questões temporais e textuais[1]

Bruno Souza Leal
Nuno Manna
Phellipy Jácome

No que diz respeito às pesquisas em jornalismo, nos vemos diante de uma grande variedade de objetos potenciais: uma mídia específica, um conjunto de matérias sobre determinado tema em um período circunscrito, a conformação do campo profissional e suas variações, a regulamentação das mídias por meio de mecanismos legais, as modificações no padrão textual ao longo de um tempo, as mutações no entendimento do que é ou não notícia, os imbricamentos, possibilidades e tensões promovidos por uma nova tecnologia e seus usos etc. É de se pensar, portanto, que, frente a essa diversidade, deveríamos propor, também, uma abertura ao próprio entendimento do que "jornalismo", enquanto uma pluralidade em permanente construção, significaria. No entanto, ainda há, em boa parte dos estudos em jornalismo, uma visada que não consegue ultrapassar os claros limites impostos pelos modos como as próprias mídias informativas se veem e buscam se legitimar (Carvalho, 2012; Albuquerque, 2010). Essa perspectiva está vinculada a um forte discurso normativo, isto é, a um modo de apreender e de caracterizar os fenômenos jornalísticos que, para além das experiências históricas e das realidades concretas, busca defender um conjunto de regras e de parâmetros ideais, como se o jornalismo fosse portador de uma suposta integralidade identitária.

1. Este artigo contou com o apoio da Capes, do CNPq e da Fapemig.

Desse modo, o "ismo" que dá suporte à raiz "jornal" pode ser entendido em termos de um singular coletivo (Koselleck, 2006), ou seja, como um unificador de objetos particulares, de realidades e de histórias distintas. O "ismo" surge também como um sistema de crenças (Nerone, 2009, 2013) que busca definir normativamente quais seriam as práticas e os valores apropriados tanto para os profissionais da informação quanto para as mídias e os sistemas noticiosos. Esse tipo de perspectiva está, quase sempre, alicerçado na ideia de uma suposta realidade estável a ser transmitida ao público com clareza, imparcialidade e isenção a partir de critérios de noticiabilidade. Por isso, dita dicção é claramente essencialista (Leal, 2013), com ares de receituário. Ela diz mais daquilo que o jornalismo *deveria* ser do que da multiplicidade de formas em que ele se constitui, vinculando-o a um modo de ser permanente, associado a valores e ideais, por princípio, imutáveis e inegociáveis (Jácome, 2017).

Tal sistema de crenças é preponderante nos lugares de autorreferenciação do jornalismo, isto é, nos discursos por meio dos quais os jornalistas ou empresas de comunicação constroem uma autoimagem e por meio da qual pretendem se legitimar. Como afirma Ribeiro (2015), esses lugares podem ser encontrados no interior das próprias mídias noticiosas (em seus editoriais, em edições comemorativas ou explicativas de alguma mudança, em cartas de leitores, em comentários, no próprio noticiário etc.) ou podem também estar "fora" (em propagandas institucionais, nos livros de memória ou comemorativos, em biografias, manuais de jornalismo, códigos de ética, princípios editoriais etc.).

Nesses espaços – e também na produção acadêmica devedora dessas mesmas reflexões –, é recorrente o esforço que pretende fixar um conjunto de valores imutáveis, e, portanto, des-historicizados, dos quais o jornalismo não poderia abrir mão, tais como imparcialidade, compromisso social, isenção etc. Em trabalhos sobre história do jornalismo no Brasil, esse modo de ver se reflete de modo cabal, tal como observam Barbosa e Ribeiro (2011). Para as autoras, que avaliam panoramicamente a relativamente pequena produção brasileira acerca da história das mídias e dos processos midiáticos, muitos estudos ora se detêm sobre o aparecimento e desaparecimento de jornais, vistos sob uma perspectiva temporal linear, ora caracterizam as estruturas internas das redações e suas transformações, ora focam nos conteúdos político-ideológicos dos meios, ora se atentam mais explicitamente no contexto histórico no qual eles existiram. Em todos os casos, favorece-se uma visada que pode ser chamada de "institucional", por privilegiar a "instituição midiática" ou a experiência nacional à qual ela vincula. Com isso, a própria materialidade de cada mídia informativa, suas fraturas e suas contradições, os diferentes agentes e modos de ser e de fazer dos processos e produtos jornalísticos tendem ou a desaparecer ou a ser obliterados em nome de uma visada macro que inclusive preserva, com poucos questionamentos, os modos como a instituição jornalística se vê.

Entretanto, a existência concreta, historicamente situada, da prática jornalística, percebida também por suas textualidades, revela que o jornalismo está sujeito aos regimes sociais e aos campos de sentido existentes numa determinada época, o que o faz decisivamente temporal, mutável e plural. Afinal, se compararmos, por exemplo, edições dos jornais *O Globo* e a *Folha de S.Paulo* de hoje com seus números de meses ou de anos atrás poderemos perceber como as narrativas (e, por consequência, os próprios periódicos) se modificaram e se constituíram historicamente também pela diferença, num permanente jogo entre continuidades e rupturas. Ademais, uma mesma edição do jornal pode revelar uma topografia acidentada e contradições internas que o tornam mais complexo e interessante. Por isso, entre a fixidez essencialista dos discursos de autorreferenciação e a multiplicidade de narrativas, a dissimetria parece considerável. Ademais, o termo "singular coletivo" e unificador *jornalismo* parece borrar as enormes e, quiçá, irreconciliáveis diferenças entre textualidades tão distintas e seus cruzamentos.

Nessa perspectiva, os desafios metodológicos que se apresentam aos que estão atentos à diversidade e às historicidades dos processos e dos produtos jornalísticos é grande. Como encontrar uma estratégia metodológica que nos permita, por exemplo, comparar, ou mesmo aproximar, pertinentemente as formas textuais de um produto impresso e de um audiovisual? Como superar esse hiato que gera, nos estudos históricos, mídias sem contexto e/ou textualidades indiferentes, como apontam Barbosa e Ribeiro (2011), e que, por consequência, deixam de lado as complexas dinâmicas temporais que perpassam narrativas, textualidades, materialidades, processos e produtos comunicacionais? Esse desafio se torna mais intenso quando se tem em vista, por um lado, uma concepção contemporânea da narrativa (White, 1986; Ricoeur, 2010; Leal, 2012) que põe em xeque esse discurso unificador e uníssono do jornalismo ao postular o caráter configurador do narrar e seu traço inerente de inovação semântica; e, por outro, o entendimento das textualidades como um processo multifacetado (Abril, 2007; Leal, Carvalho e Alzamora, 2017) que, inevitavelmente, revela zonas de indeterminação e de fissura que não condizem com a crença num único modo de ser. Assim sendo, temos, como pontuam Carvalho (2012) e Barnhurst (2015), o que sugere ser um grave problema de ordem epistemológica nos estudos em jornalismo e que aponta para uma série de contradições e a um duplo desafio: "[d]e um lado, como trabalhar a partir do que é a materialidade que torna plausíveis as análises sobre o jornalismo. De outro, como não ficar prisioneiro das limitações que, em nosso entendimento, têm marcado as reflexões sobre tal materialidade" (Carvalho, 2012, p. 19).

Nesse sentido, a presente discussão não tem como ambição traçar diretrizes gerais e estáveis para análises do jornalismo. Buscamos, antes, propor uma reflexão que tenta compreender os fenômenos jornalísticos enquanto textualidades midiáticas dinâmicas, e que possuem a historicidade como um de seus aspectos fundamentais. Ao mesmo tempo em que tal perspectiva nos coloca uma série de desafios para as abordagens das mídias informativas e dos processos jornalísticos, ela nos permite apreender importantes dimensões de produtos comunicacionais a partir do próprio gesto de transformar nossos "objetos empíricos" em "sujeitos do/no/de conhecimento". Ou seja, menos que apresentar caminhos ou procedimentos metodológicos já dados ou definitivos, nosso esforço é problematizar os modos de conhecer o jornalismo tendo em vista o intercruzamento desses dois importantes vetores: a historicidade e a textualidade. Para isso, é importante ter em vista não apenas a multiplicidade do jornalismo como, também, as complexas relações às quais esses dois termos, textualidade e historicidade, se reportam.

Da história e da historicidade

Ainda que tradicionalmente sejam poucos e que haja muito o que fazer, os estudos dos processos históricos que envolvem o jornalismo vêm crescendo, não só no campo da comunicação, mas mesmo no âmbito da história. A demanda por esse investimento é tão antiga quanto os próprios estudos do jornalismo em seus esforços de sistematização. No entanto, por mais que tenhamos em mãos um arsenal de trabalhos e documentos que nos ajuda a pensar o jornalismo historicamente, é importante entender que a apreensão da condição de ser histórica das textualidades jornalísticas não se apresenta de modo cabal nos estudos da história do jornalismo e da imprensa.

Isso se dá, para além dos problemas de abordagens lineares, evolutivas ou teleológicas de muitos estudos, porque, em primeiro lugar, tende-se a criar fronteiras históricas que compreendem o jornalismo de maneira atomizada em relação a outros processos sociais e culturais. Tal compreensão se apresenta tanto em abordagens do jornalismo enquanto instituição social quanto dos jornais enquanto meios de comunicação. Conexões complexas e cruciais da historicidade do jornalismo com a vida social, com as artes, com as tradições populares e com as relações de poder para além do institucionalmente demarcado nas grandes disputas políticas e de mercado – ou seja, nas disputas cotidianas de classe, de etnia, de gênero etc. – costumam ser consideradas apenas por aqueles estudos que se oferecem como uma espécie de "história social" ou "história cultural" da imprensa. Em segundo lugar, é recorrente a estabilização das textualidades midiáticas dos jornais que são abordados como se fossem retratos de acontecimentos históricos marcantes ou portfólios de jornalistas ou jornais notáveis. Nesses casos, as textualidades jornalísticas não só perdem sua relevância analítica como deixam de fazer problema à investigação. Os diferentes textos, dos diferentes modos de narrar, frequentemente ou não são problematizados em sua variação histórica ou são tomados como resultado de uma "técnica" jornalística estabelecida e permanente.

Assim, a noção de historicidade surge, em diálogo com os estudos da história sobre a mídia e uma (ainda que incipiente) tradição de estudos de história das comunicações, como um modo de se afastar de concepções lineares ou redutoras do tempo e, especialmente, observar as dinâmicas temporais que perpassam produtos e processos comunicacionais e nas quais estes atuam. Historicidade, aqui, na esteira de Hartog (2013), é entendida como uma "metacategoria", uma vez que não compreende um conteúdo específico ou um dado aspecto da dinâmica temporal, mas a forma como esta se apresenta, historicamente, na experiência de um indivíduo, de um produto, de um processo, de uma coletividade. Assim, a historicidade não opera na cisão entre uma temporalidade externa (como "a História" ou "o Contexto", da qual o texto seria basicamente um fragmento, indício ou consequência) e uma temporalidade interna (cujos tempos seriam exclusivos, insulares e desconectados da História e da ação de outros agentes sociais). Qualquer agir comunicacional é perpassado por dinâmicas temporais várias e nas quais essa ação interfere, modula, dá forma, de diferentes modos. A historicidade, portanto, não é uma realidade dada, mas "(...) uma construção do/a pesquisador/a e se vincula, a nosso ver, fortemente à qualidade da experiência textual desenvolvida em seu trabalho" (Leal, 2015, s/p).

Lidar metodologicamente com a demanda pela historicidade na abordagem das textualidades jornalísticas não se resume, é claro, ao traçado de um histórico sobre acontecimentos e indivíduos conectados cronologicamente, de modo a criar um pano de fundo ou moldura para os materiais a serem analisados, como numa visada empobrecida da ideia de contexto (Leal, Carvalho, 2017; Barbosa, Leal, 2017; Antunes, Martins, Ribeiro, 2017, entre outros). De maneira mais fundamental, a historicidade das textualidades do jornalismo emerge a partir de um esforço metodológico que, como colocam Gomes, Leal e Ribeiro (2017), se funda a partir de uma "imaginação histórica" dispendida ao processo investigativo:

> Estamos propondo o desenvolvimento de uma 'imaginação histórica', uma maneira de perceber o mundo como universo histórico, descortinando as relações temporais, a forma como há nos fenômenos que observamos uma lógica temporal, uma apropriação e uma inserção no tempo. Pensar historicamente é destacar a visão processual do mundo e pensar as práticas e processos comunicacionais como próprios de um dado momento e lugar. (Gomes, Leal & Ribeiro, 2017, p. 41)

Ainda que, nesse sentido, a historicidade nos pareça uma dimensão sempre fundamental para a compreensão das textualidades midiáticas, sua inflexão e sua ênfase nas pesquisas do jornalismo depende da maneira como cada problema de pesquisa a convoca. Uma dessas maneiras é mobilizá-la por meio de "figuras de historicidades", tais como o tempo histórico, o testemunho, a memória, a experiência e o gênero (Gomes, Leal & Ribeiro, 2017), todas elas categorias bastante caras aos estudos do jornalismo e que, de diferentes formas, dialogam com as discussões da narrativa. Ao explicitar os aspectos do tempo e da história na interpretação dos jornais, categorias como essas permitem tanto reconhecer a historicidade das textualidades midiáticas como questão a ser enfrentada conceitualmente quanto podem funcionar efetivamente como operadores analíticos.

Se insistimos na importância de se apreender as narrativas configuradas pelas textualidades jornalísticas como processos fundados historicamente, devemos tratá-las como rito. Nos dizeres de Ricoeur (2010, p. 92), isso é situar essas narrativas num ritual, este num culto e, pouco a pouco, no conjunto das convenções, das crenças e das instituições que formam a trama simbólica da cultura. Nesse sentido, a contextualização dos processos comunicativos é um exercício metodológico fundamental. Abordagens como a dos estudos culturais nos ajudam a entender que os textos são pontos de articulação a partir dos quais entramos em um contexto, que é propriamente um lugar de análise (Grossberg, 2010). Entende-se, assim, contexto como uma singularidade que também é uma multiplicidade, uma organizada e organizante montagem de relacionalidades que condicionam e modificam a distribuição, função e efeitos dos eventos que são, eles mesmos, ativamente implicados na produção do próprio contexto. Menos que um dado a ser caracterizado ou recuperado no processo de investigação, o contexto é uma construção (submetida aos critérios de rigor, consistência e plausibilidade, por exemplo) que emerge junto com o processo reflexivo e cuja temporalidade não se esgota no passado: aponta também para configurações do presente e do futuro (Koselleck, 2012; Leal, Carvalho, 2017, entre outros).

Articulada à noção de contexto, o conceito de regime de historicidade nos permite circunscrever um conjunto significante de processos sociais e temporais a partir de certas características compartilhadas pelos fenômenos estudados. Na esteira de Hartog (2013), os regimes de historicidade não se confundem com épocas e não supõem realidades dadas nem diretamente observáveis. São, justamente, construções metodológicas, instrumentos compostos pelo estudioso como forma de engrenar as categorias de passado, presente e futuro em relações e condições particulares, que, como afirma Hartog (2013, p. 12), fazem com que determinados tipos de história sejam possíveis e outros não.

Ao mesmo tempo que os regimes de historicidade nos permitem perceber a ação de certas ordens imperiosas do tempo, eles são constituídos por relações heterogêneas e variáveis, são sempre provisórios e instáveis. Isso é válido também para as demais categorias revistas ou listadas brevemente aqui – como contexto, testemunho, memória, gênero etc. O modo como cada uma delas é engrenada nos fenômenos jornalísticos em estudo é decisivo para a apreensão das experiências que se abrem em meio a certos ordenamentos históricos. Tais categorias não são, portanto, "aplicáveis". Antes, integram-se a um movimento reflexivo e analítico no qual a própria aproximação entre fenômenos e perspectivas teóricas tem de ser posta em perspectiva crítica.

Reivindicar a importância das dimensões do tempo e da história para a abordagem das textualidades jornalísticas é uma forma de sublinhar uma marca constitutiva dos produtos e processos comunicacionais em suas relações de institucionalidade, tanto na modernidade quanto nas formas que escapam a um esquema linear, reconhecendo a pujança dos inúmeros estratos (Koselleck, 2014) e enredamentos (Mbembe, 2017) que compõem nossa experiência temporal. Trata-se, assim, de entender que os processos jornalísticos estão fundados no imaginário de que os jornais – e as notícias, em especial – servem como mediadores de nossa experiência histórica (Manna, 2016), oferecendo à sua comunidade de leitores e leitoras o mapa temporal de uma atualidade simbolicamente partilhada. Assim, apreender as tramas jornalísticas *do* tempo e *no* tempo passa a ser uma condição para a interpretação dos jornais enquanto fenômenos culturalmente encarnados. Um ponto de ancoragem para esses movimentos escorregadios é, certamente, a materialidade textual de cada produto ou processo comunicacional, cujos contornos, porém, são mais dinâmicos que os antevistos sob um olhar incauto ou ingênuo.

Das textualidades

Encarar textos como objetos de conhecimento significa não entendê-los como os produtos finais do percurso jornalístico, midiático e/ou comunicacional. Ao contrário, eles são arranjos sempre provisórios de uma prática historicamente situada, a ser desenrolada também na temporalidade de quem conduz a investigação e interage com o "objeto". Por esse caminho, sugerem Antunes, Mafra e Jáuregui (2017, p. 19), o texto passa a ser um lugar de negociação, com uma pluralidade infinita de estados, o que representa sua natureza instável: "se há textos, há comunicação; se há comunicação, há experiência". Aceitar essa premissa implica "(...) continuar a desatar algumas compreensões contaminadas sobre o texto, tomando-o como fenômeno que vai muito além de seu aparente estado de congelamento".

Nesse sentido, devemos considerar o duplo movimento envolvido em uma proposição metodológica para estudos do jornalismo, que leve em consideração tanto sua historicidade quanto suas textualidades. Não se trata da simples associação de duas noções independentes ou de etapas de análise distintas, mas da exploração de aspectos interdependentes dentro de uma abordagem teórico-metodológica. Por um lado, a historicidade emerge como questão pregnante na própria passagem dos textos às textualidades como lugar de leitura das dinâmicas comunicacionais. Por outro lado, tomar as textualidades como lugar de análise significa compreender a historicidade de maneira materialmente constituída e mediada nos próprios fenômenos, em vez de observar os processos históricos apenas como algo externo, anterior ou posterior a eles.

Isso nos serve de alerta na medida em que, muitas vezes, o texto jornalístico é tomado somente como um "veículo", um artefato para a transmissão de uma informação clara e concisa a um receptor. Sobretudo em visadas normativas, parece perdurar a ideia de uma suposta passividade textual, de um tipo de mediação calcada numa forma de tessitura que, por si só, garantiria pluralidade e isenção a uma dada mídia informativa. Para isso, algumas estratégias externas ao texto deveriam ser empregadas por jornalistas para gerar uma duplicação entre o mundo reportado e aquele escrito, dotando o texto de um imanentismo fundado num princípio especular. Note-se que, aí, a "verdade", a "realidade" e a própria noção de fato são tomadas como alheias aos processos de textualidade, na medida em que o mundo "transportado" pelo texto jornalístico corresponderia ou, pelo menos, *deveria corresponder* a um mundo de referência fixo, não havendo, portanto, nenhum embate entre eles. Aceitar uma realidade fixa, "transmitida" e "duplicada" pelo texto, equivale a dizer que tanto a voz que narra quanto o leitor seriam agentes exógenos aos processos de configuração das realidades narradas (Jácome, 2017).

Essa concepção jornalística (mas não só, uma vez que algumas abordagens sobre os produtos comunicacionais também com ela coadunam) de texto é coerente com outras, que também reduzem sua complexidade e, por que não, seu incômodo. "Texto" é entendido frequentemente como algo dado, pronto e ofertado por seu produtor a seus interlocutores. Nessa perspectiva, há uma óbvia concepção de comunicação como um processo linear, na qual o texto é o resultado (podendo então analiticamente ser tomado como "sintoma") de um processo de produção e legando a receptores um papel de decodificação ou, na melhor das hipóteses, de interpretação dessa "mensagem". Afasta-se, com isso, o entendimento de que eles são também criadores desse texto, não apenas na condição de geração de significados, mas também no estabelecimento de seus limites e fronteiras, de suas interlocuções e dos seus modos de inserção na vida cotidiana. Um texto só se torna algo pronto, em suma, se se adota um lugar pequeno e reduzido para o "receptor", se se privilegia o modo como ele é visto por suas instâncias produtoras, em especial midiáticas, ou se, analiticamente, ele se torna um espaço mais confortável e determinado para aqueles que sobre ele se debruçam. No entanto, ainda que essa concepção de texto encontre amparo em algumas tradições dos estudos comunicacionais, semióticos e/ou linguísticos e literários, e, certamente, no modo como os agentes das indústrias midiáticas concebem seus produtos, ela é diariamente contradita por outras perspectivas teóricas, pelo agir das pessoas e pela própria existência dos produtos e processos comunicacionais.

Dois exemplos rápidos nos ajudam a compreender os fenômenos jornalísticos em relação a outros processos midiáticos. Pode-se entender uma canção como a articulação entre linguagem musical e linguagem verbal e, nesse aspecto, ela é o resultado da ação criadora de um compositor, para a qual cooperam outros agentes (como arranjadores e produtores musicais) e que, conjuntamente, definem a forma acabada como ela chega aos seus consumidores, postos então na condição dos que compram o disco, baixam ou acionam o arquivo e fruem aquela tessitura que lhes é ofertada. Mas o modo como a canção é experienciada (num concerto, no rádio do carro, via celular, numa festa, numa situação solene, solitária ou coletivamente etc.) é decisivo – tanto para músicos quanto para "não músicos" – para sua existência, incluindo seus "limites" e características (sua duração, as articulações entre os elementos sonoros, verbais e musicais, a concorrência e a relação com outros textos etc.). Do ponto de vista da indústria televisiva, uma série ou uma novela são conteúdos geralmente ficcionais, construídos na articulação de imagens, sons e palavras, que devem ser fruídos isoladamente, ou seja, sem relação com os comerciais (no caso das TVs abertas), com outras opções disponíveis no cardápio audiovisual, sem os comentários e os chamados paratextos que, de uma forma ou de outra, materializam certos entendimentos a seu respeito. Mas é possível mesmo separar a novela dos comerciais que são exibidos simultaneamente a ela e cuja duração organiza as suas partes e episódios? Não vemos todas as novelas e séries a partir de outras referências (como livros, filmes, canções, situações que vivemos) que mobilizamos? É possível separar um produto audiovisual de todo o marketing publicitário que o cerca e das diferentes reações das pessoas a ele? Os mesmos "problemas" dessa noção de texto poderiam também ser aplicados ao jornalismo: como relacionar as dinâmicas de produção sem desconsiderar as de circulação e de consumo? Como aprender as notícias e suas redes textuais (portanto, históricas e sociais) que existem para além delas e que delas se desdobram?

Por isso, o ponto de vista que defendemos aqui é que um "texto", antes de ser um dado, um produto pronto, é uma "textualidade", ou seja, um processo aberto, dinâmico, no qual estão integradas as ações de diferentes agentes. Isso não é recusar uma "objetividade" ou mesmo apagar a "imanência" do texto, que, sim, pode surgir no cotidiano como um "objeto" e, sim, contém relações internas que lhe são próprias e peculiares. Mas, novamente, a exemplo da discussão feita em torno da historicidade, é importante recusar a dicotomia "externo" e "interno", incluindo aí a pressuposta fronteira que separaria um lado de outro. Se um texto é uma textualidade, sua "objetividade" e sua "imanência" são porosos, instáveis, ao sabor dos modos como se inserem na vida cotidiana e se integram à experiência de diferentes pessoas, agentes sociais etc. Nessa perspectiva, nenhuma análise "imanente" nos parece suficiente para dar conta da complexidade e dos diferentes aspectos e dimensões de algo tomado como uma "textualidade".

Além disso, o entendimento do texto como algo pronto sugere ainda algum grau de homogeneidade "interna", seja no predomínio de uma linguagem (existem mesmo textos "puros", elaborados só com um sistema semiótico?), seja na mobilização de seus componentes e referências. É assim que "texto" pode ser entendido como contração de "texto verbal" ou que possa ser operado em oposição à imagem ou, ainda, que precisa vir acompanhado de supostos descritores como "audiovisual", "gráfico" etc. Por fim, essa concepção nos surge como redutora, na medida em que desconsidera também uma historicidade das textualidades, seus vínculos com a vida social e, em suma, a troca comunicacional inerente a quaisquer processos de produção de sentidos. Nesse sentido, nos parece que:

> [o] mais importante não é saber o que significa determinado texto, mas sim através de que meios, processos interpretativos, recursos semióticos e extra-semióticos chegamos a atribuir tal ou qual sentido a esse texto; como formam parte desse processo nossa memória semiótica, nossa enciclopédia e nossos pressupostos ideológicos. (Abril, 2007, p. 27, tradução livre)

Ou seja, na passagem do texto à textualidade, ganham relevo diferentes ações (frequentemente inconclusas) que conformam, fazem figurar algo como uma materialidade semiótica, prenhe de sentidos e integrada à vida social. Como "historicidade", a textualidade se apresenta como um modo de ver, uma concepção e uma ferramenta heurística que busca ir além de dicotomias sedutoras e enfrentar questões aparentemente pacificadas no âmbito dos estudos sobre o jornalismo. Ao ver um processo como uma textualidade, o investigador se torna, ele mesmo, um agente na emergência desse constructo provisório e instável. Com isso, reconhecer a *condição* de ser histórico como algo inerente às textualidades (como as jornalísticas) é uma postura interpretativa crucial para que se reconheça a complexidade e dinamicidade dos processos comunicacionais. Quando tomamos a historicidade não como simples apêndice ou instrumento analítico, mas como questão de partida em nossas pesquisas sobre as textualidades jornalísticas, ficam evidentes os limites de abordagens imanentistas, lineares e insulares dos jornais e das notícias, por exemplo. E se tais abordagens tendem, de modo geral, a pacificar a complexidade das dinâmicas sociais e culturais que fundam os fenômenos jornalísticos, aqui elas surgem particularmente problemáticas na medida em que perdem de vista o lastro propriamente temporal das textualidades comunicacionais.

Da constituição dos *corpora:* reflexões a partir dos jornalismos

Quando dirigimos nossa atenção aos jornais e formulamos, com eles, nossas inquietações no âmbito das questões das textualidades, do tempo e da história, o próprio processo de apreensão desses produtos comunicacionais não pode se dar nos termos de uma seleção de um *corpus* de análise em sentido estrito. A historicidade e as textualidades do jornalismo convergem, no movimento da pesquisa, no próprio processo reflexivo que faz emergir nosso universo material de análise. É tal processo ativo e em constante reconstrução de apreensão concreta do jornalismo no percurso metodológico que nos permite, de fato, colocar em movimento a textualidade e a historicidade dos fenômenos jornalísticos para além de uma suposta autoevidência de seus produtos e de seus conteúdos e da estabilidade de suas formas e seus sentidos.

Por isso, parece-nos ser conceitualmente coerente e metodologicamente estratégico pensar o jornalismo e outros processos comunicacionais a partir da narrativa, tomada como categoria heurística do trabalho investigativo, como forma de iniciar a abordagem da historicidade do jornalismo por dentro das suas próprias dinâmicas textuais. Nessa aposta, temos em mente a proposição hermenêutica de Paul Ricoeur em *Tempo e narrativa* (2010), ao afirmar que o tempo se torna humano na medida em que é articulado de maneira narrativa, e que a narrativa é significativa na medida em que ela desenha os traços da experiência temporal. Apesar de bastante conhecida, significativamente presente em estudos do jornalismo, a proposição de Ricoeur ainda tem muito a ser explorada no que se refere a suas contribuições metodológicas mais precisas.

Levada para abordar as textualidades jornalísticas, a proposição ricoeuriana nos permite vislumbrar os traçados de narrativas que se evidenciam enquanto articulações constituintes do tempo e da história, operando como mediações dos processos comunicacionais. Como afirma Ricoeur, é pela mediação narrativa que constituímos condições de inteligibilidade para agir e padecer no mundo. Na medida em que passado, presente e futuro se tornam caracteres compostos e móveis dentro de uma dinâmica complexa e viva, narrativas abrem e organizam experiências e expectativas. Desse modo, Ricoeur (2010) renuncia, em sua hermenêutica da consciência histórica, à questão da realidade fugidia do passado *tal como ele foi*. Segundo o autor, é preciso inverter a ordem dos problemas para, a partir de um projeto de história sempre por fazer, reencontrar a dialética do passado e do futuro e seu intercâmbio no presente.

Contra a objetificação das narrativas e a totalização da consciência histórica, Ricoeur (2010, p. 352) se manifesta a respeito de uma compreensão viva das narrativas em suas condições de historicidade: "Resta outra via, a da mediação aberta, inacabada, imperfeita, ou seja, uma rede de perspectivas cruzadas entre a expectativa do futuro, a recepção do passado, a vivência do presente". Ao revisitar perspectivas teóricas clássicas como o estruturalismo, a fenomenologia e a estética da recepção, além de teorias paradigmáticas da historiografia, o autor nega um estatuto abstrato ou puramente imanentista da narrativa, oferecendo à categoria uma injeção de temporalidade e de dinamicidade materializada nos processos sociossimbólicos. Se narrar é agir no mundo, compreender, com Ricoeur, nossas narrativas é conhecer nossas condições de ação – e de padecimento – nas dinâmicas da comunicação e da história.

Um movimento importante para compreender como a perspectiva ricoeuriana nos permite abordar as narrativas é entender em que medida ela se diferencia de outras abordagens analíticas, entre elas, as análises estruturais da narrativa e a narratologia. Em favor de sua proposição hermenêutica, o autor busca se afastar de qualquer tendência de busca por estruturas estáticas, paradigmas acrônicos e invariantes atemporais, favorecendo a compreensão das disposições, das atividades produtoras de intrigas e de composições em constituição. Isso significa colocar em xeque noções como a de "sistemas narrativos", que abordam as narrativas inevitavelmente como conjuntos fechados formados por partes finitas ligadas entre si, fazendo com que o todo tenha prioridade sobre as partes. Ricoeur recusa também a identificação de funções e estratégias que podem ser retiradas, objetivadas e religadas ao todo. Tampouco é na intriga (ou no enredo) que a perspectiva ricoeuriana deposita sua ênfase hermenêutica. Ricoeur traz da teoria da poética aristotélica a noção de *muthos,* traduzida como o pôr-em-intriga. É na tessitura narrativa que podemos observar a dispositividade dos elementos de uma história, sublinhando o caráter operatório, mesmo que no sentido da disposição de fatos em um sistema, retirando a ênfase do sistema como produto e colocando-a na ação configuradora. Por isso, os gestos analíticos que promovem estabilizações e segmentações perderiam de vista a complexidade da narrativa, da sua composição e de sua experiência.

Se buscamos compreender a narrativa constituída nas textualidades jornalísticas, é preciso entender também em que medida as ferramentas das análises textuais, e suas buscas pela reconstituição da arquitetura da narrativa (Casetti e Chio, 1999), nos impediriam de perceber, nas estruturas, os processos de estruturação. Assim, apesar de buscar contribuições no estruturalismo e na semiótica narrativa, Ricoeur percebe, em seus modelos metodológicos baseados em procedimentos dedutivos, construídos de modo axiomáticos, o limite para a compreensão das experiências do tempo. Esses modelos tenderiam a dominar a organização da narrativa e "(...) reduzi-la a um número finito de unidades diferenciais de bases, os signos do sistema, e estabelecer o conjunto combinatório das regras que geram todas as suas relações internas" (2010, p. 57). Em Barthes (1976), Ricoeur problematiza a busca por estruturas acrônicas, expressas nas próprias ideias de descronologização e relogificação para mostrar como tais procedimentos acabam subordinando os aspectos sintagmáticos da narrativa a um aspecto paradigmático correspondente.

A mobilização da narrativa como categoria para a compreensão da historicidade e das textualidades jornalísticas é mais potente, assim, quanto mais nos deslocamos da ideia de análise das narrativas dos jornais para a apreensão e para a interpretação das narrativas que se constituem nas textualidades jornalísticas. O deslocamento é importante na medida em que a narrativa não se confunde com o texto, ou como uma modalidade textual. Trata-se, assim, de *compreender o jornalismo à luz das narrativas*: "Não se trata, então, de perceber a notícia e/ou a reportagem como formas narrativas do jornalismo, mas, ao contrário, vê-lo como um modo peculiar dentre outros socialmente existentes, de conformar narrativas" (Leal, 2013, p. 29).

De maneira fundamental, a narrativa deixa de ser tomada como dado e se transforma em modo de articulação temporal dos elementos e das dinâmicas textuais que compõem os jornais, em toda a sua complexidade sensível. Na medida em que ela emerge não apenas dos elementos verbais do jornal, mas de uma trama de elementos audioverbovisuais, podemos retomar dizeres conhecidos de Christian Metz (1991, p. 187) sobre a análise do cinema, ao afirmar que, quando um filme é narrativo, tudo nele se torna narrativo, mesmo o grão da película ou o timbre das vozes. Reinterpretado e recontextualizado, podemos dizer que todos os elementos da materialidade textual dos jornais podem constituir narrativas; historicizado, devemos, ainda, reconhecer que também essa materialidade é historicamente significante, de uma família tipográfica em um jornal impresso aos ruídos de uma paisagem sonora em uma passagem do telejornal.

Diante das notícias de um jornal, quando buscamos pela narrativa como noção propulsora das dinâmicas temporais que colocam seus elementos em intriga, a própria ideia de análise da narrativa é colocada em xeque, talvez em favor de uma *análise narrativa*. No primeiro caso, tomaríamos cada texto como uma narrativa e abordaríamos sua estrutura em busca de seus elementos composicionais. No segundo, cada notícia para ser um fragmento, um nó, um componente de uma história que se desenrola em articulação com outros fragmentos, ao longo de um certo decurso temporal. Trata-se, em certo sentido, de colocar em movimento um "olhar narrativizante" (Leal, 2006) no percurso de percepção e de interpretação das textualidades jornalísticas, movendo-se pela notícia em busca do saber que a narrativa permite produzir. Nesse movimento, é claro, os limites da notícia não encerram limites para análise, na medida em que as diversas notícias de um jornal vão sendo colocadas em articulação, ou mesmo se articulando com os demais textos do jornal: editoriais, colunas de opinião, entrevistas, peças publicitárias, tirinhas de quadrinhos etc.

Tal movimento nos permite construir um percurso temporal por textualidades, a princípio, sincrônicas do jornal sem que se imponha a ele uma coerência arbitrária que pacifique seus paradoxos temporais. Se há alguma coerência mapeada no percurso, ela é sempre provisória e aberta, modulada pelas relações de significância apreendidas na análise pelas questões que a movem. Aliás, a maior potência da interpretação da historicidade das textualidades jornalísticas está justamente na percepção da multiplicidade e das tensões temporais que nela se configuram. Afinal, como afirma Elton Antunes (2007, p. 289), o jornal "curta-circuita" os tempos:

> [...] ao mesmo tempo em que ela é padronizadora do tempo atual – ritma e ordena cronologicamente o cotidiano –, ela põe também em circulação representações de relações temporais diversas, fazendo emergir outros tempos de outros estratos. São, no mesmo movimento, camadas superpostas e atravessadas. Para tornar os tempos contemporâneos à experiência, a mídia dá visibilidade a tempos não contemporâneos. Daí que a mídia não apenas transporte o tempo; ela engendra relações temporais.

Ampliando o escopo do percurso analítico, podemos, ainda, ultrapassar os limites de uma edição de jornal para compreender a narratividade jornalística pelas textualidades de outros jornais. As articulações que emergem nesse movimento podem ser também de ordem sincrônica, quando, por exemplo, buscamos jornais diferentes de um mesmo dia; ou, ainda de ordem diacrônica, buscando jornais de datas ou mesmo de épocas distintas. Também aqui é importante entender que não há coerência dada por marcos cronológicos que permita estabilizar notícias e jornais e tomá-los sincronicamente como matérias de um mesmo tempo, ou diacronicamente dispostas em uma linha do tempo. A marca da historicidade das textualidades jornalísticas se dá não apenas na percepção de consonâncias temporais, mas também – e, talvez, principalmente – de anacronias inerentes aos jornalismos como produtos e processos comunicacionais.

REFERÊNCIAS

ABRIL, Gonzalo. *Análisis crítico de textos visuales*. Madrid: Síntesis, 2007.

______. *Cortar y pegar*: la fragmentación visual en los orígenes del texto informativo. Madrid: Cátedra, 2003.

ALBUQUERQUE, A. A modernização autoritária do jornalismo brasileiro. *Alceu*, PUC-RJ, v. 20, p. 100-115, 2010.

ANTUNES, Elton; MARTINS, B; RIBEIRO, APG . Linguagem, sentido e contexto: considerações sobre comunicação e história. *Revista FAMECOS* (ONLINE), v. 24, p. 27-47, 2017.

ANTUNES, Elton. *Videntes Imprevidentes*: temporalidade e modos de construção do sentido de atualidade em jornais impressos diários. Tese (Doutorado em Comunicação Social) - Programa de Pós-Graduação em Comunicação e Culturas Contemporâneas, Universidade Federal da Bahia, Salvador, 2007.

ANTUNES, E; JAUREGUI, C; MAFRA, R. "Mídia em trânsito, mídia em transe: textualização, epifania e distanciação". In: LEAL, B. S.; CARVALHO, C. A.; ALZAMORA, G. (org.). *Textualidades Mediáticas*. 1. ed. Barcelona: UOC, 2017.

BARBOSA, M.; LEAL, AR. Historicidade e Contexto em perspectiva Histórica e Comunicacional. *Revista FAMECOS* (IMPRESSO), v. 24, p. 26.989, 2017.

BARBOSA, M.; RIBEIRO, APG. (org.). *Comunicação e História*: partilhas teóricas. Florianópolis: Insular, 2011.

BARNHURST, K.G. Contradictions in news epistemology: how modernism failed mainstream US journalism. *Media, Culture & Society*, v. 37, n. 8, p. 1.244-1.253, 2015.

BARTHES, Roland. "Introdução à Análise Estrutural da Narrativa". In: BARTHES, Roland *et al.* *Análise estrutural da narrativa.* Rio de Janeiro: Vozes, 1976. p. 19-60.

CARVALHO, Carlos Alberto de; BRUCK, Mozahir Salomão. *Jornalismo*: cenários e encenações. 1. ed. São Paulo: Intermeios - Casa de Artes e Livros, 2012.

CASETTI, Francesco, CHIO, Federico di. *Análisis de la televisión*: instrumentos, métodos y prácticas de investigación. Barcelona: Paidós, 1999.

GROSSBERG, Lawrence. *Cultural studies in the future tense.* Durham: Duke University Press Books, 2010.

HARTOG, François. *Regimes de historicidade*: presentismo e experiências do tempo. Belo Horizonte: Autêntica, 2013.

GOMES, Itania; LEAL, Bruno; RIBEIRO, Ana Paula Goulart. A historicidade dos processos comunicacionais: elementos para uma abordagem. In: MUSSE, Cristina Ferras; VARGAS, Herom; NICOLAU, Marcos. (org.). *Comunicação, Mídias e Temporalidades.* 1. ed. Brasília/Salvador: COMPÓS/EDUFBA, 2017. v. 1, p. 37-57.

JACOME, Phellipy Pereira. *O jornalismo como singular coletivo*: reflexões sobre a historicidade de um fenômeno moderno. Tese (Doutorado em Comunicação) - Faculdade de Filosofia e Ciências Humanas, Universidade Federal de Minas Gerais, Belo Horizonte, 2017.

KOSELLECK, Reinhart. *Futuro passado*: contribuição à semântica dos tempos históricos. Rio de Janeiro : Contraponto: Ed. PUC-Rio, 2006.

______. *Estratos do tempo*: estudos sobre história. Rio de Janeiro: Contraponto; Ed. PUC-Rio, 2014.

LEAL, Bruno Souza; CARVALHO, C. A.. Aproximações à instabilidade temporal do contexto. *Revista Famecos* (ONLINE), v. 24, p. 1-17, 2017.

LEAL, Bruno Souza. "A historicidade da forma: a textualidade em questão". In: CHAMBAT-HOUILLON, Marie-France; COHEN, Evelyn; GOMES, Itania Maria Mota. (org.). *Estudos de Televisão Brasil França.* 1 ed. Salvador: EdUFBA, 2015. v. 1, p. 11-26.

______. "Jornalismo à luz das narrativas: deslocamentos". In: LEAL, Bruno Souza; CARVALHO, Carlos Alberto de (Orgs.). *Narrativas e poéticas midiáticas*: estudos e perspectivas. São Paulo: Intermeios, 2013. p. 25-48.

______. "Saber das narrativas: narrar". In: FRANÇA, Vera França; GUIMARÃES, César (orgs.). *Na mídia, na rua*: narrativas do cotidiano. 1 ed. Belo Horizonte: Editora Autêntica, 2006. v. 1, p. 19-28.

MANNA, Nuno. *Jornalismo e o espírito intempestivo*. Belo Horizonte: PPGCOM/UFMG, 2016.

MBEMBE, Achille. O tempo em movimento. *Contracampo*, Rio de Janeiro, v. 36, n. 3, p. 21-41, 2007.

METZ, Christian. *L'énonciation impersonnelle ou le site du film*. Paris: Méridiens-Klincksiek, 1991.

NERONE, J. "The journalism tradition". In: EADIE, WF (ed.). *21st Century Communication*: A Reference Handbook. Beverly Hills, CA: Sage, 2009. p. 31-38.

______. The Historical Roots of the Normative Model of Journalism. *Journalism*. Londres: Sage, v. 14, n. 4, p. 446-458, 2013.

RIBEIRO, APG. Nelson Werneck Sodré e a história da imprensa no Brasil. *Intercom* (São Paulo. Online), v. 38, p. 275-288, 2015.

RICOEUR, Paul. *Tempo e narrativa*. 3 vol. São Paulo: WMF Martins Fontes, 2010.

VOS, Tim P. A mirror of the times. *Journalism Studies*, London, v. 12, n. 5, p. 575-589, 2011.

WHITE, Hayden. *El contenido de la forma*. Narrativa, discurso y representación histórica. Barcelona: Paidós, 1992.

Como dizer a invisibilidade dos processos jornalísticos: (re)pensando metodologias[1]

Bárbara Lopes Caldeira
Elton Antunes
José Antônio Ferreira Cirino
José Cristian Góes

Introdução

Dizer do visível e do invisível nas pesquisas em Comunicação é dizer de jogos de poder. As operações de linguagem, os enquadramentos, as escolhas narrativas: cada ação engendrada pelo jornalismo – uma costura entre os percursos dos três pesquisadores e da pesquisadora que aqui escrevem –, e perseguida por quem pesquisa, desemboca em proposições de mundos baseadas em saberes encarnados, crenças, ratificações ou retificações de conceitos hegemônicos. Talvez por isso, dar atenção às textualidades seja tarefa tão complexa para pesquisadores e pesquisadoras: se um texto é uma emergência e um processo não apriorístico, um conjunto de relações superpostas que não é anterior à significação (Gracia, 1996; Ryan, 2001), em que implica o gesto metodológico de analisar esses enunciados, narrativas, inscrições materiais discursivas? Se o texto é emergência, um *corpus* de pesquisa é um porvir, porém, qualquer coisa pode emergir desses processos?

1. As reflexões contidas neste artigo se valeram de projetos conduzidos pelos integrantes, com apoio de Capes, CNPq e Fapemig.

É nesse imbróglio que um dos desafios metodológicos das textualidades parece se situar, em especial aquelas que gravitam em torno do jornalismo, seus processos e seus produtos. Fazer um texto emergir para analisá-lo não independe do pesquisador ou pesquisadora: ao contrário, essa configuração subjetiva parece fazer aparecer mais ou menos camadas do invisível contidas em um visível. Um gesto de pesquisa é um gesto de mostrar-se em um limbo entre não forçar a emergência para que ela mostre mais do que pode, extrapolando o conjunto de associações plausíveis a partir de certos elementos daquela inscrição material, e não perder de vista todo um arcabouço heterogêneo do real empírico, presente no mundo prefigurado (Ricoeur, 2010), o que poderia mutilar uma adequada compreensão analítica. Ou seja: há um conjunto de fatores históricos e simbólicos, mediados em outros processos, bem como valores compartilhados socialmente, que precisam ser considerados para que as escolhas não passem por cristalinas e a análise não venha apaziguar os objetos comunicacionais em vez de capturá-los em tensão.

Dessa forma, é exigência perceber que em algumas pesquisas sobre comunicação, especialmente no âmbito das mídias informativas, as tesouras dos desejos pessoais e das conveniências institucionais sobre determinados objetos podem produzir cortes tão profundos que rompem com as ricas perspectivas históricas e com diferentes formulações teóricas sobre eles. Temos, muitas vezes, no máximo, uma certa superfície visível de um objeto, materializada e controlada emprestando a suposta segurança a quem o manipula. O método escolhido segue, então, essa lógica, sendo instrumento para fazer falar e fazer ver apenas o que já estaria dado e esperado. Entretanto, isso ocorre sufocando outros modos de dizer e de mostrar além de certo aparente, de determinadas formas do visível. A metodologia, nesse caso, serve para atestar uma concretude que parece autoexplicativa e que aprisiona os objetos na superfície (de)limitada. Ao final, muitas vezes, anuncia-se o novo do mesmo, uma visibilidade reiterada de certas parcelas do que se fez visível.

Nos estudos sobre mídias, esse não é um quadro raro, porque aqui se transita em um ambiente que privilegia palavras, narrativas, discursos, sons, imagens, isto é, aquilo que irá conformar a materialidade das expressões. O relato jornalístico, por exemplo, é um dos lugares sociais que implica certas formas do visível, um mundo sintético e explicado, compreendido e circunscrito. As relações entre as práticas profissionais, os interesses políticos e econômicos das organizações produtoras e o consumo dos produtos jornalísticos resultam em um significativo modo de ver e de falar do mundo, de estar no mundo. A força *do que é*, do visível nas mídias, é tanta que algo *não narrado* sequer pode ter existido concretamente. Assim, não haveria a possibilidade de qualquer associação entre silenciamentos, invisibilizações e jornalismo. O invisível parece sua contradição fatal. Nesse ponto reside um equívoco reiterado e que tem reflexos nas abordagens metodológicas: o não reconhecimento do calar, da ausência, do invisível compondo o objeto jornalístico a dar forma às suas superfícies visíveis e concretas. Estudos tradicionais da área têm uma contribuição limitada para a reflexão sobre o invisível. A *agenda-setting* busca a agenda, a materialidade do agendamento, e como foi agendado. Os critérios de noticiabilidade e os *news values* oferecem explicações e análises basicamente para a notícia publicada. O *gatekeeping* trata do que passou pelo portão e se tornou notícia, mas parece descartar o que ficou de fora. Na *framing analisys* a pergunta básica é: "o que vemos aqui?". Ou seja, as explicações giram em torno do visível, do expressado. Entretanto, a esse acervo de perspectivas, temos acrescido uma pergunta para pensar particularmente o jornalismo: "O que *não* vemos aqui?". E para respondê-la, faz-se necessário superar uma lógica totalizante de que o jornalismo são as práticas, os produtos e as suas plataformas tecnológicas. Suspeitamos que, dentro desse círculo de um jornalismo mais tradicional, normativo e transmissivo, pode ser difícil considerar a existência de camadas invisíveis e que elas têm relação direta com a superfície.

Temos investigado várias possibilidades de considerar teórica e metodologicamente o invisível no jornalismo, amparando-nos em referências da fenomenologia e da hermenêutica, em articulações diversas entre percepção, experiência e narrativa (Ricoeur, 2010; Merleau-Ponty, 2012; Foessel, 2016). De saída, Merleau-Ponty (2012) ensina-nos que o visível e o invisível são a mesma "carne" no mundo, sendo o visível a parte mais aparente, o que se apresenta à superfície, e o invisível a camada profunda do mesmo objeto. E avança o filósofo: o invisível é o que faz o visível possível. Assim, visível e invisível não são polos opostos, mas pares dialéticos e necessariamente vitais entre si. No âmbito particular das mídias jornalísticas, como diz Mouillaud (1997, p. 39), "toda e qualquer informação engendra o desconhecido, no mesmo movimento pelo qual informa: inicialmente porque produzir uma superfície visível induz um invisível como seu avesso".

Assim, não se trata, aqui, de pensar um invisível como um objeto escondido atrás de outro, e nem o visível e o invisível como entes absolutos. Visível e invisível são transitórios, simultâneos e diferentes, reversíveis e entrecruzados, figuras e fundos rigorosamente do mesmo objeto; o visível, a depender das forças, ganha a dimensão invisível, e o inverso também ocorre.

Essa reflexão leva-nos a enxergar a emergência de forças criativas como resultantes da tensão visível/invisível, que desestabiliza os processos comunicativos ainda amparados na superfície visível e inteligível, um imaginário que estaria na base das promessas do jornalismo de dizer e de mostrar o mundo como ele é. A *epoché,* ao convocar as narrativas das ausências, liberta o objeto da frágil realidade em torno dele. O que Merleau-Ponty chama atenção, e que vai implicar nas abordagens teórico-metodológicas, é que essa ação expressiva que fazemos no desvelamento das camadas do objeto se dará por exigência do próprio objeto, muitas vezes em uma luta desigual travada contra enquadramentos dados e rígidos em muitas ciências.

Jornalismo – o que se mostra, o que se esconde

A pesquisadora Bárbara Caldeira (2015), em seu trabalho de dissertação, tomou por base teórica as discussões de narrativas jornalísticas a partir de Ricoeur (2010) e reflexões como as de Leal (2006), Carvalho (2012, 2014) e Farré (2004). A principal elaboração teórica se deu em torno da concepção do Círculo Hermenêutico de Ricoeur, e a ação mimética de prefiguração, configuração e refiguração, em uma dinâmica de circulação e reapropriação das narrativas que correm pelo mundo. Se Mimese 1 (*prefiguração*) corresponde a um conjunto simbólico do "real empírico" acordado em certas condições, o que faz com que determinada experiência seja compartilhável a partir de condições mínimas para entendê-la ao experienciá-la narrativamente; a Mimese 2, *configuração*, é, mais precisamente, a operação de tecer a intriga, de articular elementos heterogêneos, de rearranjar estilhaçados no esforço de uma narrativa verossímil – o que nos possibilita, em uma operação analítica pautada pelo olhar narrativizante (Leal, 2006), desvelar estratégias que o jornalismo aciona na busca por essa verossimilhança, propondo um real possível. A Mimese 3, por sua vez, a *reconfiguração*, é "a esfera que faz intervir a atividade receptora com atualização persuasiva e emotiva" (Farré, 2004, p. 143). Essa instância, como aponta Carvalho (2012, p. 177), convoca o leitor ou a leitora da narrativa a integrar-se à trama "não de forma passiva, e sim como quem exerce o papel de refiguração, tornando completo o círculo hermenêutico".

Se o aporte teórico em torno das narrativas e das narrativas jornalísticas é muito rico, esbarra em um desafio: como operacionalizá-lo? Se o Círculo Hermenêutico realiza um movimento espiralar interdependente, ao analisar as narrativas engendradas pelo jornalismo, mais precisamente situadas em Mimese 2, na operação de configuração narrativa, como não deixar escapar as dimensões de Mimese 1 e Mimese 3, vitais para compreender aquela inscrição material em suas complexidades? A angústia, aqui apontada associada às narrativas, não é muito diferente das enfrentadas por quem opta por um caminho semiótico ou da análise do discurso para sua pesquisa: há de se perceber o visível e perseguir o que aquela visibilidade faz esconder, seja pelo excesso, um cegar por tanta luz, seja pela escassez, que não deixa ver, em um primeiro momento, pela quase opacidade da sombra.

No caso da dissertação em questão, ao trabalhar com narrativas jornalísticas que tratavam de violência contra a mulher, mais precisamente sobre assassinatos de mulheres, o fenômeno fez problema para a própria concepção assentada sobre narrativas e suas implicações. Leal (2006, p. 20), a partir de Ricoeur, afirma que "narrar significa estabelecer um encadeamento e uma direção, investir o sujeito de papéis e criar personagens, indicar uma solução". Dessa maneira, as narrativas, inclusive as jornalísticas, seriam maneiras de tecer a experiência vivida, cotidiana, e, ao serem engendradas, ajudam os seres humanos a viver e os agrupam, distinguem, marcam seus lugares e possibilitam a criação de comunidades, permitindo um processamento do mundo e dos problemas nele existentes, como a violência sistemática contra a mulher. De fato, o caráter organizador das narrativas jornalísticas faz sentido, bem como a ideia de que, mais do que provocar um agir no mundo, a narrativa é, ela própria, um agir no mundo, e esse agir pode ser igualmente violento, tornando o jornalismo um agente agressor (Caldeira, 2017). Mas, da maneira como essas relações são arranjadas, dispostas, as narrativas jornalísticas de fato nos apontam soluções? Ao menos fazem ver um problema, construindo um regime de visibilidade para a violência contra a mulher? Demarcam uma distinção, uma tipificação dessa violência ou a encaixam em uma vala comum da violência cotidiana, em que as agressões motivadas por questões de gênero não existiriam? (E, não existindo, não é preciso demarcá-las; e a não demarcação apagaria sua existência em uma esfera circunscrita do jornalismo, mas interligada às conversações sociais, catalisando a invisibilização).

Diante de todas essas questões, a saída encontrada para a pesquisa – que analisou narrativas jornalísticas de assassinatos em série e de uma série de assassinatos, a violência contra a mulher no contexto de proximidade e das relações íntimas, inscritas em jornais impressos – foi, a partir de um mergulho no material, entender o *gesto de querer saber* do jornalismo diante daquelas mortes. A partir de uma sistematização do *corpus*, o exercício foi o de *desentranhar as perguntas* que o jornalismo fazia diante daqueles assassinatos. *Desentranhar*, pois é preciso ir até as entranhas, aos órgãos vitais que sustentam aquela narrativa, mas que não aparecem na totalidade de um corpo. Acessar as partes menos nobres e bonitas desse corpo, os intestinos, aquilo que não quer se ver, o asqueroso que se esconde na superfície.

O movimento foi o de desvelar uma certa pauta, não no sentido técnico, mas para entender a partir de quais chaves de inteligibilidade as matérias foram construídas. Tais questionamentos operados pelo jornalismo não são apenas fruto de uma apuração jornalística: ao perguntar, o jornalismo entrega seus modos de saber à mulher e à violência contra a mulher. Se o jornalismo indaga, a quem indaga? Quem interpela? A quem responde? Afinal, uma pergunta não comporta em si uma resposta? Perguntar não é antever e especular? Desentranhar essas perguntas era decisivo, então, para capturar o invisível no visível daquelas inscrições materiais para interpretar essas pistas.

Por caminho parecido, e também à caça de perguntas do jornalismo, Góes (2017) enveredou inicialmente por uma questão que aparentemente não implicava maiores dificuldades para "visibilização" de um fenômeno: em 20 anos de Comunidade dos Países de Língua Portuguesa (CPLP), de 1996 a 2016, o jornalismo no Brasil noticiou esse assunto? De que maneira? Ao se deparar com elementos específicos do fenômeno, o autor passou a perceber naquilo que foi veiculado em produtos de mídia ou foi resultado concreto de práticas profissionais que ele só seria compreensível se o gesto contemplasse, no mesmo movimento epistemológico, o que não ganhou as superfícies jornalísticas. Afinal, ao pesquisar por meio de notícias nos jornais *Folha de S.Paulo* e *O Globo* sobre a comunidade gestada a partir de fundamentos identitários com as nações lusófonas, confirmou-se a suspeita inicial de uma cobertura jornalística diminuta sobre essa comunidade, e que essa opção em não noticiar poderia ter algum tipo de fundamento histórico e identitário.

Após tratar de questões sócio-históricas e identitárias, da constituição político-editorial dos dois jornais brasileiros e, de modo especial, de como o debate sobre a lusofonia e a sua expressão mais política, a Comunidade dos Países de Língua Portuguesa (CPLP), ocorreu, esse percurso de investigação erigiu pilares teóricos que, articulados, poderiam fazer enxergar regimes de visibilização que se articulavam em torno do jornalismo. Afinal, quais as textualidades possíveis e necessárias emergiriam da pesquisa? Adotou-se um tripé metodológico fundamentado nas exigências teóricas e nas seguintes considerações:

a) O jornalismo percebido como uma das experiências narrativas em que o ver e o não ver se tecem nas relações sociais. A visibilização e a invisibilização são as resultantes de tensões políticas nesse espaço. Com isso, o jornalismo realiza-se articulado a outros atores sociais como uma das experiências narrativas do mundo. Isso não significa desprezar a força das estruturas empresariais que lidam com o jornalismo. Suas histórias, suportes tecnológicos e alianças políticas têm importante participação para conformar o regime de visibilização;

b) O invisível não é da ordem do sobrenatural, da imaginação, da ilusão. Ele habita rigorosamente no objeto visível, está no concreto, na mesma *carne*. Visível e invisível são modos do *mesmo Ser*, no *próprio Ser*; complementares, de forma que exigem-se. Assim, o convite metodológico é: perscrutar o visível porque nele mesmo estão as camadas invisíveis. E, aqui, o jornalismo é sujeito e objeto de forças políticas que agem nas torções dos silêncios e das palavras a dar forma ao visível e a garantir o invisível. Contudo, essas entorses sempre deixam *rastros*, *fissuras*, que também são objetos valiosos para a pesquisa;

c) A historicidade será central nas abordagens metodológicas na percepção das tramas visíveis/invisíveis. Nenhum objeto surge do nada e não vai desaparecer sem deixar vestígios. Recorrer à análise crítica da história é um modo de fazer problema ao visível, à superfície que o jornalismo propõe. A leitura atenta do trajeto histórico do objeto é, além de uma forma de luta contra o esquecimento, um dos modos de enxergar as camadas invisíveis construídas nele na contemporaneidade. Lembremos que a história é um destacado alvo nas tramas políticas da memória a festejar algumas lembranças e assegurar esquecimentos interessados.

Já noutra seara teórico-analítica, mas confrontado com questões que fazem pensar acerca dos processos de visibilização e invisibilização jornalísticos, Cirino (2017) analisa o modo como se configurou uma cobertura jornalística sobre a polêmica propaganda "Casais" de O Boticário, de 2015. Muitas pessoas que estavam no Brasil em junho daquele ano foram, de alguma forma, atingidas por uma propaganda que trazia um casal homoafetivo se presenteando no Dia dos Namorados.

Veiculada inicialmente no intervalo do Fantástico, um dos programas com maior audiência da Rede Globo de Televisão, no dia 24 de maio de 2015, o anúncio ganhou força de circulação principalmente nas redes sociais após a divulgação pelos canais de O Boticário. A propaganda alcançou quase 4 milhões de visualizações no YouTube da marca e ganhou o prêmio principal do Effie Awards Brasil 2015.[2] A pesquisa procura indagar, contudo, acerca de quais foram os posicionamentos discursivos jornalísticos que emergiram em torno da propaganda e como sinalizaram os campos problemáticos acerca de relacionamentos homoafetivos.

Por que analisar a polêmica em torno da propaganda Casais de O Boticário pela ótica do jornalismo? Se, de saída, pouco se questionaria a respeito da relevância de olharmos para as textualidades noticiosas a fim de desvelar o mundo social, temos uma cobertura que apresentou a propaganda como uma verdadeira personagem, narrando sua história desde seu nascimento, boicote e absolvição – há um visível que explode publicitariamente na superfície jornalística. Envolveu diversos agentes, e diversos agentes se envolveram. Outros tantos temas, interligados em seu cerne com desigualdades tantas sofridas no dia a dia, foram evocados e, por isso, novos atores entraram em cena. Em um palco desses, de fato, faltaria apenas a iluminação para que a sociedade pudesse assistir mais um dos espetáculos engendrados pela mídia, usando os próprios insumos sociais para sua proeza. Várias mídias noticiosas pautaram o assunto em diversas vertentes, enquadrando-o conforme seus próprios valores. A polêmica, contudo, não se deu exclusivamente pela propaganda ter utilizado em seu roteiro pessoas homossexuais, mas sim porque esses estavam em relacionamentos homoafetivos, como "casais", como a normatividade mandaria.

Dentre os diversos temas em concorrência, temos a atenção pública da sociedade, as identidades LGBTQ no âmbito das configurações de casais homoafetivos e suas visibilidades mediadas, que, inicialmente, como Carvalho (2009a, p. 136) compreendemos como sendo as "(...)

2. É uma premiação em âmbito internacional para prestigiar ações e estratégias de marketing e propaganda que se destacam e obtém retornos mensuráveis.

estratégias acionadas na elaboração dos processos jornalísticos envolvendo as negociações levadas a efeito na produção da notícia, as condições dadas pelos suportes técnicos de veiculação e as relações entre forma e conteúdo". Ocorre que essa mediação da visibilidade de uma temática que enfrenta padrões tradicionais da estrutura social vigente, ao ganhar visibilidade em determinados episódios transformados em acontecimento jornalístico, torna-se crucial para desvelar os "modos de aparecimento" das problematizações e como elas se engendram no jornalismo.

Na obra que examina a cobertura sobre a homofobia, com uma discussão transversal das construções identitárias LGBTQ, Leal e Carvalho (2012b, p. 11; p. 13) relatam que "(...) é de se esperar que a rede noticiosa montada pelas mídias jornalísticas em algum momento 'capture' esses acontecimentos e os transformem em notícias (...)", além de identificarem que "o jornalismo tem demonstrado alguma 'permeabilidade' aos temas relativos ao universo da cultura LGBT (...)".

A permeabilidade tem sido evidente ao verificarmos pautas e agendas midiáticas frequentes que, de maneira central ou indireta, discutem as relações de gênero e as questões em torno da homoafetividade. Podemos refletir também sobre os fatos sociais que são engendrados para serem noticiados, como a agenda padrão da Parada Gay de São Paulo (Butterman, 2012), e a propaganda Casais de O Boticário, que obteve resultados mais expressivos de exposição da imagem da marca de cosméticos graças à cobertura jornalística. Tal visibilidade mediada pelo jornalismo tem ocorrido, com várias menções nos últimos anos, mas de que forma? Como o jornalismo noticia os acontecimentos que emergem e configuram os campos problemáticos das identidades LGBTQ?

Em análise das notícias da cobertura da Parada Gay de São Paulo publicadas pela *Folha de S. Paulo* de 1997 a 2012, Melo (2017) compreende que o veículo concedeu uma alta visibilidade ao tema durante esse período, sendo um dos instrumentos sociais com grande potencial de elucidação quanto ao tema e as identidades LGBTQ. Em contraponto, Assis (2017) expõe um silenciamento velado da violência contra as pessoas LGBTQ nos veículos de comunicação, o que resulta em uma dupla violência, como alerta a autora. Explicitando que o comportamento de cada meio de comunicação é individual e movido pelas abordagens ideológicas e políticas de cada editorial, mas alguns traços mais homogêneos podem ser percebidos. Afinal, silenciamentos e visibilidades se apresentam de modo articulado e, nesse sentido, "observa-se que as identidades LGBT surgem como particularmente desafiadoras dos modos de falar do jornalismo brasileiro, não apenas por se inscreverem de modo peculiar nos regimes de poder, de luz e sombra, voz e silêncio que constituem a vida social, como por sua diversidade interna" (Leal; Carvalho, 2012a, p. 5).

Perguntas, rastros e materialidades

Nos três escopos de investigação apresentados, movimentos metodológicos similares, convergentes e paralelos se realizaram. Dão a ver, em especial, o desafio e a pertinência de pensar a experiência narrativa no jornalismo atravessada por fios retorcidos de palavras e de silêncios que pretendem dar forma ao mundo como um *todo* e único, mas que sustentam e se sustentam na superfície de um *real* frágil, que tenta esconder e sufocar as camadas invisíveis. Esse é um *lugar* trespassado por impertinências, intempestividades, ambiguidades, desacordos. As palavras e imagens supostamente aprisionadas em seus sentidos e as ausências presentes estão em latência, prontas a emergir.

A questão é: como lidar metodologicamente com o invisível? Como prová-lo? Onde está o invisível no jornalismo? É claro que a busca do invisível não resultará em algo material, concreto. Não se trata do oposto da visibilidade. A proposta metodológica sobre a qual vimos refletindo indica saídas, sem dúvida vagas e ambíguas, para essa questão. A primeira é considerar o invisível como uma metáfora e tomar a metáfora como método (Carvalho, 2016; Foessel, 2016). A segunda é que, diante da impossibilidade de concretizar o invisível, buscamos o seu agir, seu movimento: a invisibilização. Nesse caso, é possível encontrar fissuras, rastros, brechas por onde o invisível se faz presente. Não seria exagero reforçar que o invisível não é o vazio, o nada, a negatividade em oposição à toda positividade do visível. Visível e invisível são, ao mesmo tempo, positividade e negatividade coabitando no mesmo objeto.

Nesse sentido, contar sobre o movimento de invisibilizar é experimentar o invisível tomado como uma referência e, metodologicamente, compreendido como metáfora. Ricoeur (2000, p. 9) afirma que a metáfora *pega* a palavra como unidade de referência, podendo agir por semelhança, e "consiste em um deslocamento e em uma ampliação do sentido das palavras". Todavia, para esse autor, a metáfora precisa ganhar outro patamar, sem necessariamente perder a sua condição semântica, mas sendo percebida como uma ação hermenêutica, profícua para novos patamares explicativos, ou seja, é dizer o invisível sem que ele perca a condição de invisível. "O lugar da metáfora, em seu lugar mais íntimo e mais último, não é nem o nome, nem a frase, nem mesmo o discurso, mas a cópula do verbo ser. O 'é' metafórico significa a um só tempo 'não é' e 'é como'" (Ricoeur, 2000, p. 14).

Para Carvalho (2016), a utilização das metáforas como método aponta duas situações textuais complexas a serem consideradas: a polissemia das palavras e os inúmeros sentidos nos contextos; e a própria inovação semântica que possibilita várias formas narrativas. Carvalho (2016, p. 259) elucida, de forma contundente: "É no contexto da sua utilização, portanto, que a metáfora faz sentido, adquire a pertinência face ao texto em construção com vistas a tornar possível um nível comunicacional mínimo".

Esse não é um processo isento, como afirma Carvalho (2016). A metáfora é ação política, seja para manter a sedimentação, fazendo-se crer que o *todo visível* se resume na percepção da superfície em nossa frente, seja para inovar no sentido da ação-experiência de enxergar as fissuras para níveis mais profundos. A decisão de calar por *um minuto de silêncio* em lembrança de alguém, por exemplo, pode guardar, assim, as mais diversas invisibilizações, as motivações de grupos majoritários de poder para decidir sobre o silenciar, até as tentativas de apagar/esquecer histórias, personagens e acontecimentos. Silenciar e invisibilizar são ações disciplinadoras do *real*, mas também trazem outras e muitas possibilidades impertinentes, de reação e de resistência.

Ao convocarmos, metodologicamente, o invisível como metáfora e considerarmos que o jornalismo constrói e participa de um regime de visibilização que busca assegurar o invisível, concordamos com a perspectiva de que as mídias, como metáforas

> [...] podem dar a ver e/ou *ocultar os jogos socioculturais*, as diferenças econômicas, as estratégias de *visibilidade/invisibilidade* de grupos sociais, os preconceitos raciais, étnicos, sexistas, dentre uma gama de temáticas de que temos, no campo dos estudos em Comunicação, nos ocupado. Abertas às múltiplas leituras, as mídias como metáforas narrativas são textualidades cuja tessitura deve ser laboriosamente escrutinada. (Carvalho, 2016, p. 263, grifos nossos)

Em resumo, diferentemente da ação de invisibilização, que pode ser materializada, inclusive por meio da seleção de rastros e das narrativas em si, o invisível pode ser experimentado como metáfora por meio da narrativa, a narrativa sobre a invisibilização e suas *imagens*, memórias, histórias, jogos de poder. Busca-se, metodologicamente, *dizer do invisível* que está aqui, ali e acolá, prenhe de sentidos, de ausências e de presenças como "verdade metafórica", na expressão de Ricoeur (2000), e que pode produzir uma série de tensões para a própria ideia de *verdade* (Foessel, 2016).

Existe aqui uma especificidade que merece destaque: pensar no próprio método para lidar com a tensão visível/invisível pode revelar-se um extraordinário exercício sobre a experiência do próprio invisível. Nesse sentido, uma primeira ação a considerar é deixar emergir e reconhecer a força das escolhas teóricas. As teorias mobilizadas para lidar com o objeto não podem ser adornos acadêmicos ao sabor do pesquisador ou da pesquisadora, mas precisam fomentar problemas além do visível no objeto, o que pode fazer emergir dúvidas sobre a sua conformação real. Em outras palavras, quem pesquisa precisa se dobrar às exigências e à força dos objetos, considerar quais exigências eles fazem, não para constatá-los, mas para contrastá-los, submetendo-se ao enxergar outras visadas possíveis neles mesmos. Ou seja, as condições histórico-constitutivas dos objetos e suas fundamentações teóricas escrutinadas de modo crítico serão decisivas no seu próprio desnudar.

Desse modo, reiteramos a não existência de receita pronta, de uma fórmula perfeita que elucida qualquer regime de visibilização. O método é compreendido como um movimento que se faz fazendo e que se ajusta à investigação proposta por quem pesquisa a partir da força e das exigências dos objetos. Há, pois, alguma imprecisão como constitutiva do gesto metodológico, afinal trata-se de abordar fenômenos vagos e incertos em que tais qualidades não são, *per si,* obstáculo ao conhecimento ou deficiência na pesquisa empírica que deva ser superada (Sørensen, 2016).

As ausências mais aparentes

Os procedimentos nas pesquisas mencionadas cumpriram, então, trajetórias variadas, e até certo ponto previsíveis. Ao desentranhar, por exemplo, as perguntas "pautadas" pelo noticiário que lida com a violência contra a mulher, um conjunto de perguntas apareceu como recorrente. Foram seis relacionadas às mortes de mulheres por figuras de proximidade e seis relativas às mortes perpetradas por um assassino em série, no estudo, o Maníaco de Contagem, que estuprou e matou ao menos cinco mulheres nas imediações do bairro Industrial, em Contagem, Região Metropolitana de Belo Horizonte, no ano de 2009. As indagações se repetiram em quase todas as matérias de cada grupo, e a aparição insistente ofertou elementos para entender o gesto de querer saber do jornalismo naquele conjunto empírico específico. A partir da organização dessas perguntas estruturantes desse modo de inteligibilidade, fica mais fácil entender o que o jornalismo oferta como visível e o que é relegado à invisibilidade. Assim, o exercício de pesquisa é um processo artesanal de perseguir as lacunas, as sobras, e o que elas significam para o fenômeno empírico e suas narratividades.

Uma das perguntas mais recorrentes no conjunto de matérias que tratava de assassinatos de mulheres por figuras de proximidade é, por exemplo, "qual era o estado emocional do agressor no momento da morte?". Se é recorrente, é sintomática. Nesse caso, sintomática de uma percepção do jornalismo, em consonância com falares cotidianos da vida social, de que o agressor está "fora de si", "fora do seu juízo perfeito" quando mata a mulher. Ao fazer isso, a narrativa jornalística termina por atribuir a um problema com proporções endêmicas, uma violência sistemática, o caráter de excepcionalidade. Perguntar pelo estado emocional do homem como recurso forte para construção da cena acentua o ato de agressão em si e minimiza o processo de violência, seu desenrolar. Se o assassinato é tomado como resultante de um "descontrole momentâneo", desaparecem todas as outras ações processuais da violência sistêmica, os mecanismos de controle performados pelo agressor para controlar a situação de violência e perpetuar o vínculo naquela relação em que a violência se dá, mas que também é marcada por afetos, sentimentos, confiança, que justamente tornam aquela sociabilidade mais complexa. Perguntar pelo estado emocional do agressor no momento da morte é também, e assim, contabilizar tal violência como "crime passional", que, segundo reflexões como as de Isabelle Delpla (2015), é, antes, uma construção social e jurídica em que a "paixão" serve à defesa do acusado para atenuar sua responsabilidade.

Outra pergunta recorrente no conjunto de matérias sobre crimes de proximidade é "a vítima deu motivos ao agressor para ser morta?". A indagação novamente é sintomática dos modos do jornalismo saber a mulher e a violência contra a mulher: a procura constante de um comportamento, uma lacuna moral por parte da vítima que a implique em sua própria morte. Curioso que qualquer que seja a resposta, recai um julgamento sobre a mulher. Há a separação das mulheres em categorias de "boas vítimas" e "más vítimas" a partir de expectativas de gênero associadas à sexualidade, à maternidade, ao casamento, à valorização do recato e da discrição como desejáveis de uma feminilidade. O que o jornalismo indica por esse gesto é que acredita que há mulheres que merecem morrer, uma vez que "procuraram" suas mortes, e há as mortes pelas quais vale a pena chorar, em um voto de confiança a altíssimo preço para as próprias mulheres, uma vez que qualquer comportamento considerado desviante pode reenquadrá-las e retirar o direito à vida, uma vez que nem todas as mulheres mereceriam viver, por essa lógica.

Várias outras perguntas foram elencadas, mas os exemplos citados mostram como o gesto de perseguir, *desentranhar* as perguntas feitas pelo jornalismo, é revelador sobre aquilo que ele invisibiliza. Tanto que a profusão de matérias sobre assassinatos de mulheres presentes nas mídias noticiosas todos os dias parecem fazer referência a assassinatos, e não a assassinatos inseridos em uma dinâmica assimétrica de poder entre homens e mulheres, uma violência específica pautada pelo machismo e pela misoginia. Dessa maneira, as mortes estão ali, visíveis, escancaradas, gritando, mas os fios que conectam essas mortes com outras e fazem ver uma dimensão sistemática da violência contra a mulher, não. Nas construções engendradas pelo jornalismo, as mortes são visíveis, mas o componente "gênero" é um invisível. É trabalho de pesquisadores e pesquisadoras perseguir essa invisibilidade contida no visível, como quem sopra grafite em pó em uma folha branca de papel e pode observar letras se formando, que antes estavam ali, mas diferenciadas apenas por camadas e texturas sutis, aguardando um gesto de fazê-las aparecer.

A investigação sobre lusofonia e jornalismo, por sua vez, desdobrou-se em um tripé de procedimentos de pesquisa que permitissem "dar alguma forma ao visível". Uma das primeiras ações foi materializar o visível efetivamente percebido por meio de uma Análise de Conteúdo (AC), recurso de longa tradição nas pesquisas. Tratou-se de ver um corpus geral dos registros e dos seus percursos sobre a lusofonia no Brasil em 20 anos da CPLP, na *Folha de S.Paulo* e *O Globo*. A Análise de Conteúdo, nesse viés, foi um dos caminhos para chegar ao que entendemos por *visível*, possibilitando materializá-lo e delimitá-lo em um campo perceptivo. Entretanto, recorrer a esse método é ter a consciência de que sua análise é um primeiro e importante passo, mas insuficiente, principalmente porque a AC sozinha não permite avançar às camadas invisíveis dos objetos, exigindo uma complementaridade de outros modos de ver as tantas ausências.

Na medida em que a Análise de Conteúdo nos levou, na pesquisa em tela, ao visível delimitado, enxergar esse material à luz crítica da história contribuiria para perceber as sobreposições de níveis de silenciamentos, de ausências, de invisíveis nesse mesmo objeto disposto à mesa. De modo mais nítido, o escrutínio crítico e histórico entrelaça-se fundamentalmente com a AC para nos auxiliar a ir além das superfícies. Para isso, não tomamos o passado como fenômeno fixo, dado e sepultado, mas que é sempre "materializado pelas recordações e sempre transformado pela interpretação", diz Barbosa (2012, p. 153). Ensina-nos Ricoeur (2010) que o passado e seu significado continuam preservados nos *vestígios* trazidos ao presente e interpretados em uma *cadeia de significação.* Como estamos em movimento e buscamos fissuras, torções, nossa aposta de uso da história como método aproxima-se do *Paradigma Indiciário,* principalmente em Ginzburg (1989; 2007). Consideramos que os textos jornalísticos são marcas vivas de temporalidades e de historicidade conformando um *nós* no mundo. Ou seja, eles devem ser compreendidos como um rico presente que não diz apenas do passado em interpretação, mas aponta perspectivas, orienta como *deve ser*, constituindo-se, de fato, em regime de visibilização. Reconhecer as historicidades dos objetos é um antídoto a não se deixar levar pelo canto retórico do presente no jornalismo e das forças que tentam sepultar o passado. Enxergar a constituição histórica é compreender que nada surge e nem desaparece ao acaso, mas se faz história em trânsito.

As formulações sobre a Análise Histórica, com atenção ao *paradigma indiciário,* encaminham-nos para refletir sobre os procedimentos a adotar diante do visível que teremos em mãos e que foram materializados por meio da Análise de Conteúdo. Ao movimentar-se, fazendo emergir rastros, o narrador/pesquisador ou a narradora/pesquisadora junta as melhores peças, conectando os indícios, formando uma *coletânea de rastros* que poderá produzir, narrativamente, os sentidos dos movimentos nessa busca. E é exatamente esse procedimento que possui uma nítida convocação para a Semiótica e suas conexões.

No jornalismo, a Análise Semiótica é um dos modos de *ler* interpretativamente os textos, e essa leitura produz sentido partilhado na interação com o leitor ou leitora. O ler das propostas nos textos pode passar também pelas buscas por fragmentos neles próprios, tornando possível de se enxergar a tensão visível/invisível. No fundo, os rastros e a sua coletânea são objetos dessa análise que emergem para o investigador como uma rede, ou seja, os sinais eleitos e seu conjunto serão semiotizados. Os vestígios têm leituras diversas, podendo até subverter intencionalidades dos autores. A Análise Semiótica nos convoca à *experiência* para pensar no invisível porque nos possibilita transitar no espaço das leituras que nos movimentam em busca de ver os visíveis e enxergar os invisíveis. Por meio da Semiótica, emaranhamo-nos nos vestígios, nos rastros das entorses, e podemos perceber as ausências presentes e as presenças ausentes. É claro que as leituras resultantes desse processo e suas interpretações não terão isenção porque esse é um espaço composto por memórias, mapas culturais e andanças políticas pessoais e institucionais.

De forma objetiva, consideramos que o *todo visível,* delimitado na AC e submetido ao exame crítico da história resulta no conjunto de elementos verbo-visuais que pode ser analisado semioticamente, segundo propostas como as de Gonzalo Abril (2007, 2012). Ao recorrermos a essa análise, a terceira base do tripé metodológico, filiamo-nos à compreensão desse autor, porque ele, ao tratar de uma visada ampla e diferenciada dos objetos, percebendo-os em "redes textuais", dialoga com o regime de visibilização, isto é, considera os visíveis e os invisíveis.

Finalmente, outra perspectiva analítica que tem se aberto com tal reflexão metodológica é que o exame das textualidades não deve nos convocar a uma espécie de "expedição ao centro da amostra". Ao investigar posicionamentos discursivos jornalísticos que emergiram em torno da propaganda Casais de O Boticário e dos campos problemáticos acerca dos relacionamentos homoafetivos, uma perspectiva fundamentada teoricamente em noções da Análise Crítica de Discurso (Fairclough, 2001) apontou uma metodologia desenvolvida em etapas: além de se produzir inferências sobre as textualidades por meio da Análise de

Conteúdo – como o conjunto das outras análises aqui já mencionado –, aposta-se em uma compreensão da tridimensionalidade do discurso, avaliando o texto, as práticas discursivas e as práticas sociais.

É nesse entroncamento que percebemos uma placa indicativa de um caminho habitualmente percorrido pela maioria dos e das cientistas: a perspectiva crítica. Esta, independentemente de qual método utiliza, prevê algum grau de "descortinamento" da realidade social ao reconhecer a parcialidade e a inserção de quem pesquisa nesse meio, levando-se em conta sua própria percepção como parte e estruturante da abordagem analítica; a compreensão da existência de um poder que flui por todos esses aspectos, sendo o elemento central para o qual lançamos olhares; e a percepção de que cada um dos discursos sociais são, na verdade, icebergs que demonstram uma parte visível, aparente e menor de sua existência, mas que mantêm uma invisível, não aparente e enorme porção nas profundezas de um mar social.

Fairclough (2001), Van Dijk (2012; 2010), dentre outros e outras analistas do discurso, trazem contribuições para essa área que oferecem rendimento analítico e podem ser traduzidas efetivamente enquanto desenhos metodológicos possíveis de aplicação nos estudos das textualidades midiáticas, em olhar específico para os jornalismos. Mas, sobretudo, constroem procedimentos de análise assentados na não transparência do discurso, em uma opacidade que lhe é inerente. É uma abordagem adequada a uma ideia de como o sentido se constitui e emerge nas interações comunicativas mediadas por formas discursivas específicas (mesmo que a tensão/distinção/aproximação texto/discurso no universo dessa perspectiva analítica ainda seja questão em aberto). Nesses termos, as textualidades remetem a práticas discursivas, na acepção dada por Fairclough (2001), práticas de representação e significação do mundo, que o constituem e constroem como significado, nunca visto como dado, mas construído pela ação linguageira do humano.

(Re)considerações

(Re)consideramos, neste texto, um dos desafios constantemente presentes nas pesquisas que, a partir da comunicação e visando o universo das textualidades midiáticas, em especial aquelas relacionadas às processualidades jornalísticas, intentam compreender o mundo social: a dificuldade em estabelecer procedimentos metodológicos que consigam apurar algum rastro material daquilo que, em abordagens ainda de cariz positivista, é tomado como sem possibilidade de ser efetivamente escrutinado. Estamos, mais do que deveríamos, com inclinação a tratar dos processos jornalísticos como comumente percebidos e definidos em seus principais aspectos. Naturaliza-se a observação do fenômeno definindo-o com muita rapidez e tornando indiscutível o que deveria ter um caráter problemático. O jornalismo a se estudar "antecede" nossas perguntas de pesquisa.

Como grande "salvador" para pesquisas empíricas, o produto do fazer jornalístico é habitualmente tomado por seus aspectos mais aparentes, e não por ser um ambiente fabulado a partir de camadas a revelar presenças e também ausências. O exercício de perceber as profundidades impõe, necessariamente, uma postura crítica diante do objeto jornalismo, isto é, considerar que o inteligível proposto não será obra apenas das narrativas visíveis, mas do grande volume dos não narrados. Silenciar acontecimentos ou falar tagarelamente de um mesmo modo para que outros impertinentes não emerjam conformam o mundo percebido, uma experiência frágil do real como o todo visível.

REFERÊNCIAS

ABRIL, Gonzalo. *Análisis crítico de textos visuales*: Mirar lo que nos mira. Editorial Síntesis: Madrid, 2007.

______. *Cultura visual, de la semiótica a la política*. Madrid: Plaza y Valdés, 2013.

ASSIS, I. P. Jornalismo e preconceito: um diagnóstico do silenciamento das demandas do universo LGBT na escolha das notícias. *Anais do Seminário Internacional Fazendo Gênero 11 & 13 Women's Worlds Congress*. Florianópolis, 2017.

BARBOSA, Marialva. O presente e o passado como processo comunicacional. *Matrizes*, USP, v. 5, n. 2, 2012. Disponível em: <https://goo.gl/mmwdQL>.

BUTTERMAN, S. *Invisibilidade vigilante*: representações midiáticas da maior parada gay do planeta. São Paulo: Inversos, 2012.

CALDEIRA, Bárbara. *Entre assassinatos em série e uma série de assassinatos*: o tecer da intriga nas construções narrativas de mulheres mortas e seus agressores nas páginas de dois impressos mineiros. Dissertação (mestrado em Comunicação Social) - Faculdade de Filosofia e Ciências Humanas, Universidade Federal de Minas Gerais, Belo Horizonte, 2017.

CARVALHO, Carlos Alberto. Entendendo as narrativas jornalísticas a partir da tríplice mimese proposta por Paul Ricoeur. *Revista Matrizes*, São Paulo, ano 6, 2012. Disponível em: <http://www.revistas.usp.br/matrizes/article/viewFile/48057/51820>.

______. "O que veio primeiro: o jornal ou o jornalismo?". In: LEAL, Bruno Souza; ANTUNES, Elton; VAZ, Paulo Bernardo (org.). *Para entender o jornalismo*. 1. ed. Belo Horizonte: Autêntica, 2014, v. 1. p. 121-130.

CIRINO, José Antônio Ferreira. *Do boicote à absolvição? Discurso jornalístico no acontecimento "propaganda casais de O Boticário" e os campos problemáticos sobre relacionamentos homoafetivos*. Belo Horizonte: PPGCOM/UFMG, 2017. (Projeto de pesquisa)

DELPLA, Isabelle. "Violência sem paixão?". In: NOVAES, Adauto (org.). *Fontes Passionais da Violência*. São Paulo, Edições Sesc São Paulo, 2015.

FAIRCLOUGH, N. *Discurso e mudança social*. (Izabel Magalhaes, coordenadora da tradução, revisão técnica e prefácio). Brasília: Editora Universidade de Brasília, 2001.

FARRÉ, Marcela. *El noticiero como mundo posible*: estrategias ficcionales en la información audiovisual. Buenos Aires: La Crujía, 2004.

FOESSEL, M. "The world of the text and the world of life: two contradictory paradigms?" In: Davidson, S.; Vallé, M.-A. (eds.). *Hermeneutics and Phenomenology in Paul Ricoeur*: between text and phenomenon. Basel, Suíça: Springer, 2016. p. 75-86.

FONSECA, A.C.S. "É tudo um mesmo jornalismo?". In: LEAL, BS; ANTUNES, E.; VAZ, P.B. *Para entender o jornalismo*. Belo Horizonte: Autêntica, 2014.

GÓES, José Cristian. *O jornalismo e a experiência do invisível*: identidades, lusofonias e a visível herança colonial brasileira. Tese (Doutorado em Comunicação Social) - Faculdade de Filosofia e Ciências Humanas, Universidade Federal de Minas Gerais, Belo Horizonte, 2017.

GRACIA, Jorge J.E. "Introduction" e "Ontological Status". In: *Texts*: ontological status, identity, author, audience. Albany: State University of New York Press, 1996. p. 1-44.

GINZBURG, Carlo. *Mitos, emblemas, sinais*. São Paulo: Cia. das Letras, 1989.

______. *O fio e os rastros*. Verdadeiro, falso, fictício. São Paulo: Cia das Letras, 2007.

LAGE, N. *Linguagem jornalística*. São Paulo: Editora Ática, 1990.

LEAL, Bruno. "Saber das narrativas: narrar". In: GUIMARÃES, César; FRANÇA, Vera. *Na mídia, na rua*: narrativas do cotidiano. Belo Horizonte: Autêntica, 2006.

MELO, I. F. Visibilidade é tudo? Estudo crítico de LGBT na Folha de S. Paulo. *Revista do GELNE*, v. 19, n. especial, 2017.

MERLEAU-PONTY, Maurice. *O visível e o invisível*. São Paulo: Perspectiva, 2012.

MOUILLAUD, M. "A informação ou a parte da sombra". In: PORTO, S. D. (org.). *O jornal*: da forma ao sentido. Brasília: Editora Universidade de Brasília, 2002. p. 37-47.

RICOEUR, Paul. A metáfora viva. São Paulo: Loyola, 2000.

______. *Tempo e narrativa*. Tomos I, II e III. São Paulo: Martins Fontes, 2010.

RYAN, Marie-Laurie. "The text as a world" e "From immersion to interativity: text as a world versus text as a game". In: *Narrative as virtual reality*. Johns Hopkins University Press, 2001. p. 89-114 e 175-199.

SØRENSEN, Tim Flohr. In praise of vagueness: uncertainty, ambiguity and archaeological methodology. *Journal of archaeological method and theory*, v. 23, n. 2, p. 741-763, 2016.

VAN DIJK, T. A. *Discurso e contexto*: uma abordagem sociocognitiva. São Paulo: Contexto, 2012.

______. *Discurso e poder*. São Paulo: Contexto, 2010.

III. Textualidades digitais

Percursos teórico-metodológicos em dinâmica transmídia:
jornalismo, educação, ativismo e entretenimento

Geane Alzamora
Lorena Tárcia
Luciana Andrade
Vitória Barros

Introdução

O que caracteriza a dinâmica transmídia e em que medida essa abordagem pode esclarecer aspectos relevantes de fenômenos comunicacionais contemporâneos? A indagação, de natureza geral e normativa, permeia um conjunto de investigações sobre dinâmica transmídia em entretenimento, ativismo, educação e jornalismo realizadas na linha de pesquisa "Textualidades Midiáticas" em níveis de mestrado, doutorado, pós-doutorado e produtividade em pesquisa. Parte-se do entendimento de que transmídia é uma dinâmica comunicacional que envolve matizes institucionais, materiais, políticos, sociais e culturais. Com base em fundamentos pragmáticos e semióticos, elege-se as noções de mediação e engajamento como aspectos conceituais norteadores do olhar coletivo sobre dinâmica transmídia.

Os parâmetros teórico-metodológicos adotados fundamentam ações de pesquisa, ensino e extensão, constituindo perspectiva própria de análise e planejamento em dinâmica transmídia. As investigações aqui relatadas vinculam-se às atividades acadêmicas do Núcleo de Pesquisa em Conexões Intermidiáticas (NucCon)[1] e do projeto de ensino Laboratório de Conexões Intermidiáticas (LabCon),[2] ambos relacionados ao Centro de Convergência de Novas Mídias (CNPq/UFMG). LabCon abriga iniciativas de extensão (Registro SIEX 500393) com propósito didático e investigativo.

A pesquisa de mestrado "#AttackonTitan: Engajamento transmidiático em comunidades de fãs no Tumblr", desenvolvida por Vitória Barros de Oliveira sob orientação de Geane Alzamora e co-orientação de Lorena Tárcia, investiga a dinâmica transmídia de *Attack on Titan* a partir de ações de fãs mediadas por *hashtags* no Tumblr. Busca-se caracterizar a produção do *fandom* em estudo como extensão transmídia. Derivado de *mangá* publicado originalmente em 2009, o universo narrativo de *Attack on Titan* se expande por jogos eletrônicos e de realidade aumentada, parque temático, *animes*, *guidebook*, *light novels*, *live action* e *websódios*, entre outras. A publicação, que dá origem às variadas expansões midiáticas, vendeu, até dezembro de 2017, 71 milhões de cópias[3] e esteve 120 semanas entre os *best sellers* do *New York Times*.[4] Trata-se de uma narrativa em expansão contínua acerca de seres humanos confinados em muralhas devido à ameaça de monstros gigantes e irracionais, os Titãs.

Com base no pragmatismo e na semiótica de Charles Sanders Peirce (1839-1914), a pesquisa de doutorado "A função mediadora das *hashtags* na dinâmica transmídia do processo de *impeachment* de Dilma Rousseff" investiga trajetórias antagônicas de *hashtags* naquele cenário sociopolítico. Busca-se aferir em que medida a noção de dinâmica transmídia contribui para elucidar o processo de formação de argumentos coletivos e antagônicos em contextos *online*/*offline* de mobilização social. A pesquisa é desenvolvida por Luciana Andrade Gomes Bicalho, sob

1. Disponível em: <http://nuccon.fafich.ufmg.br/>.
2. Disponível em: <http://labcon.fafich.ufmg.br/>.
3. Disponível em: <http://comicbook.com/anime/2018/01/03/attack-on-titan-manga-copies-sold-milestone/>.
4. Informação publicada no site do New York Times. Disponível em: <https://www.nytimes.com/books/best-sellers/2016/01/17/manga/>.

orientação de Geane Alzamora e co-orientação de Renira Gambarato (professora da School of Education and Communication/ Jönköping University, Suécia).

A pesquisa de pós-doutorado "Estratégias comunicacionais transmidiáticas de interesse público na área de educação: mediações em rede", de autoria de Lorena Peret Teixeira Tárcia, sob supervisão de Geane Alzamora, busca elucidar especificidades teórico-metodológicas e empírico-conceituais da educação transmídia com foco prioritário em comunidades de baixa renda. Essa investigação se desdobrou em projeto de ensino, pesquisa e extensão em educação transmídia (Registro SIEX 402891) voltado para escolas públicas em países de língua portuguesa, como Timor Leste (2017), Brasil (2017) e Moçambique (2018). Resultou ainda em um trabalho de conclusão de curso de graduação em Comunicação Social.[5]

A pesquisa "A dinâmica transmídia mediada por *hashtags* em conexões de redes sociais online: agenciamentos semióticos e sociotécnicos", coordenada por Geane Alzamora no âmbito de sua Bolsa de Produtividade em Pesquisa (CNPq),[6] integra investigações afins em torno da seguinte indagação: como se configura a função mediadora da dinâmica transmídia relativamente aos agenciamentos semióticos e sociotécnicos que esta engendra em conexões *online/offline*? Especificamente, examina-se a dinâmica transmídia jornalística relacionada às eleições de 2018, considerando seus desdobramentos políticos, sociais e culturais. A equipe é composta por uma pesquisadora colaboradora,[7] duas pesquisadoras em pós-doutorado na UFMG,[8] um pesquisador doutor,[9]

5. "Educação transmídia: um estudo de planejamento comunicacional para escolas públicas no Brasil e no Timor Leste", trabalho de conclusão de curso em Jornalismo desenvolvido pelo estudante João Paulo Alves (DCS/UFMG), sob orientação de Geane Alzamora.
6. Produtividade em Pesquisa/CNPq (Processo: 311914/2016).
7. Renira Rampazzo Gambarato (School of Education and Communication/Jönköping University, Suécia).
8. Lorena Peret Teixeira Tárcia e Carolina Magalhães Braga (Pós-Doutorado Júnior/ CNPq – Processo: 403251/2017).
9. Tiago Barcelos Salgado.

cinco estudantes de doutorado,[10] dois estudantes de mestrado[11] e dois estudantes de Iniciação Científica.[12]

A função mediadora da dinâmica transmídia é abordada nessa pesquisa aglutinadora conforme pressupostos teórico-metodológicos oriundos da Teoria Semiótica de Charles Sanders Peirce e da Teoria Ator-Rede. Para a semiótica peirceana, mediação é semiose, ação transformadora do signo[13] e, para a TAR, mediação é tradução, ação transformadora do *actante*.[14] O fundamento pragmático da mediação[15] é aspecto relevante para esta abordagem porque enfatiza o caráter transformador e associativo da dinâmica transmídia em seus efeitos práticos. Sublinha, ainda, que esta se expande de modo fragmentado, porém, constantemente aprimorável por meio de ações coletivas, híbridas e dispersas em conexões *online/offline*.

Dinâmica transmídia

Transmídia é um conceito relativamente recente, tendo sido formulado em 1991 por Marsha Kinder como "intertextualidade transmidiática", em referência a produtos midiáticos afins baseados em narrativa comum, como filmes, brinquedos, produção de fãs etc. Henry Jenkins, principal expoente da pesquisa internacional sobre transmídia, utilizou o termo

10. Luciana Andrade (Bolsa Capes/Proex), Polyana Silva (Bolsa Capes/Proex), Tacyana Arce, Juliana Lopes e Ana Carolina Almeida Souza.
11. Vitória Barros de Oliveira (Bolsa Capes/Proex) e Adriano Pádua.
12. Ana Guerra (Bolsa PIBIC/CNPq) e João Paulo Alves (Iniciação Científica Voluntária – PRPQ/UFMG).
13. Merrel (2012) sublinha o caráter interacional e interdependente dos componentes do signo peirceano (objeto, representamen e interpretante), assim como o deslizamento constante dos lugares lógicos da tríade sígnica no processo de mediação, ou semiose. Ele ressalta que semiose é um processo, não um produto.
14. O termo, derivado da semiótica de Algirdas Julien Greimas, que, por sua vez, o toma do linguista francês Lucien Tesnière, é usado na TAR para descrever a agência simétrica de humanos e não humanos como ação que produz diferença, isto é, estabelece mediação. Latour (1994) aponta quatro sentidos da mediação: tradução, composição, reversibilidade e delegação.
15. Sobre o fundamento pragmático da mediação na semiótica peirceana, ver Fisch (1986); sobre o fundamento pragmático da mediação na TAR, ver Salgado (2018).

pela primeira vez em 2003 para designar a narrativa midiatiamente distribuída, na qual cada meio contribui com o todo de modo autônomo. Apesar das qualidades experimentais e inovadoras da narrativa transmídia, Jenkins (2006) considera que esta é bem antiga.[16] Ele argumenta que a história de Jesus, conforme contada na Idade Média, pode ser considerada um exemplo de narrativa transmídia *avant la lettre* porque cada vitral, tapeçaria, salmo, sermão ou apresentação teatral remete a extensões da mesma história bíblica.

Em perspectiva semelhante, assumimos uma concepção ampliada de mídia. Segundo Bastos (2012), na tradição germânica, a acepção comunicacional de *medium* remete ao pensamento de Fritz Heider (1921 *apud* Bastos, 2012, p. 57), para quem "*medium* compreende uma massa de elementos reunidos de modo disperso e transigente, sem nenhuma configuração fixa, mas que adquirem forma rígida tão logo alguma força se aplique". Com base nessa abordagem e em diálogo com a concepção foucaultiana de dispositivo,[17] consideramos mídia como "ambiência cuja natureza flexível e dispersa em rede é circunstancialmente capturável em uma forma empírica" (Alzamora; Ziller; D'Andrea, 2018, p. 78). Logo, a dinâmica transmídia envolve toda e qualquer ambiência midiática, *online* ou *offline*, que "estabeleça disposições e configure modos de agir por meio da rede que a constitui" (Alzamora; Ziller; D'Andrea, 2018, p. 69).[18]

Por esse prisma, a dinâmica transmídia não se restringe às narrativas multiplataformas delineadas por indústrias de mídia, pois abarca também configurações midiáticas alternativas e circunstanciais.

16. Freeman (2017) também destaca a perspectiva histórica da narrativa transmídia, localizando a emergência do fenômeno nas origens da indústria cinematográfica.
17. O conceito de dispositivo é disperso na obra de Michel Foucault, sendo recorrentemente mencionado em referência à rede que se estabelece entre conjunto heterogêneo de elementos (sobre o assunto ver Alzamora; D'Andrea; Ziller, 2018).
18. Em 2016, CNN transmitiu os resultados das eleições primárias presidenciais (EUA) projetando na fachada do edifício *Empire State Building*, em tempo real, a contagem de votos através das cores vermelha e azul, que representam democratas e republicanos. Disponível em: <https://edition.cnn.com/2016/04/19/politics/empire-state-building-turns-red-and-blue/index.html>. Esse exemplo, no qual a interface da CNN atrelou-se circunstancialmente à fachada de um edifício, demonstra a flexibilidade da concepção contemporânea de mídia.

Retira-se, desse modo, qualquer conotação midiacêntrica da dinâmica transmídia. "Abordar as relações contemporâneas entre mídias, pessoas e sociedades é um desafio que tem na armadilha do midiacentrismo um grande risco teórico e metodológico" (Carvalho, 2018, p. 83).

Esse entendimento impacta nas singularidades empírico-conceituais das pesquisas que realizamos sobre dinâmica transmídia, sobretudo no projeto de pesquisa, ensino e extensão em educação transmídia voltado para escolas públicas de países de língua portuguesa, nos quais os arranjos midiáticos hegemônicos são variados e as conexões digitais nem sempre são preponderantes. Tal perspectiva coaduna com o entendimento de que a pesquisa sobre dinâmica transmídia ultrapassa as dimensões narrativas e midiáticas (Scolari, 2013), entendidas em suas manifestações clássicas.

Além da narrativa transmídia, vertente mais conhecida, a noção de dinâmica transmídia se aplica também a variações como *transmedia education, transmedia branding* e *transmedia performance* (Jenkins, 2010). A variação *transmedia activism* é posteriormente abordada por Jenkins (2016) em referência à perspectiva adotada por Lina Srivastava (2009) para designar os processos coletivos e criativos que coordenam uma narrativa cultural em expansão midiática, definindo as mudanças sociais como fruto de soluções sistêmicas. Estudiosos do tema vêm propondo ainda outras variações, como é o caso de *transmedia journalism*, perspectiva que permeia a pesquisa aglutinadora sobre dinâmica transmídia.[19] Entende-se, nessa pesquisa, que jornalismo transmídia configura rotas inovadoras em processos contemporâneos de produção, distribuição e circulação de notícias (Gambarato; Alzamora, 2018).

Para Sam Ford (2007), um dos pioneiros nos estudos de jornalismo transmídia, essa perspectiva sublinha a construção de narrativa

19. Além da pesquisa aglutinadora, desenvolvida no âmbito de bolsa de produtividade em pesquisa (CNPq), sob coordenação de Geane Alzamora, jornalismo transmídia delineia também: a) pesquisa de pós-doutorado de Carolina Magalhães Braga (PDJ/CNPq – Processo: 403251/2017), iniciada em fevereiro de 2018 no PPGCOM/UFMG, sob supervisão de Geane Alzamora; b) pesquisa de mestrado de Adriano Pádua, sob orientação de Geane Alzamora, também iniciada em fevereiro de 2018 no PPGCOM/UFMG. Ambas, portanto, encontravam-se em fase inicial quando este capítulo foi escrito.

jornalística distribuída conforme os pontos fortes de cada mídia selecionada, o que demanda estudo criterioso dos meios envolvidos e da linguagem jornalística a ser adotada. Scolari (2013) argumenta que o modelo transmissivo que delineou o jornalismo de massa dá lugar a formas emergentes de comunicação compatíveis com o jornalismo transmídia, sendo este caracterizado por uma narrativa que envolve múltiplas plataformas e formatos variados, nos quais os *prosumidores*[20] participam da construção da notícia ao lado dos jornalistas profissionais. Sob esse prisma, permanece como desafio teórico-metodológico identificar em que medida a notícia configurada nos interstícios das conexões digitais, em interseção entre prática profissional especializada e testemunho cidadão, impacta na compreensão contemporânea do jornalismo e em sua lógica informacional.

Mais recentemente, Jenkins (2016) adotou a denominação *lógica transmídia* para designar a interação pretendida entre consumidores, produtores e textos em relação ao propósito do planejamento transmídia. A lógica transmídia, segundo ele, funda-se nos sete princípios da narrativa transmídia (Jenkins, 2010):[21] potencial de compartilhamento/profundidade; continuidade/multiplicidade; imersão/extração; construção de universos; serialidade; subjetividade; performance. De acordo com Jenkins (2017), a lógica transmídia é enfatizada em sua dimensão adjetiva, a qual se aplica a variadas situações comunicativas inscritas no âmbito da cultura da convergência. É o caso de jornalismo, educação, ativismo e entretenimento, que conformam os recortes empírico-conceituais das pesquisas aqui relatadas.

A dimensão lógica da dinâmica transmídia é majoritariamente acionada nessas pesquisas conforme a perspectiva peirceana de lógica, ou semiótica. Nessa abordagem, a dinâmica transmídia opera pelo viés pragmático da mediação, "processo de produção ininterrupto de significados que envolve hábitos de ação em aprimoramento lógico contínuo"

20. O termo designa a ação produtiva do consumidor, ou seja, assinala que este participa da produção da informação que consome (Toffler, 1980).

21. Em 2010, Jenkins revisou, no âmbito do que ele denominou *transmedia education*, os sete princípios da narrativa transmídia concebidos em 2009 no âmbito do que ele havia denominado de *transmedia entertainment*.

(Alzamora, 2017, p. 5). Hábitos configuram tendência à ação, fundamento da mediação (ou semiose), por isso Peirce os localizou no âmbito da Lógica, ou Semiótica, ciência normativa que investiga a linguagem e seus processos de significação. Junto com a Ética, que investiga o curso da ação, e a Estética, que se volta para aquilo que é admirável *per si*, a Lógica, ou Semiótica, integra as três ciências normativas peirceanas,[22] as quais regulam logicamente o curso da ação rumo a um ideal estético que é admirável *per si*. Esse é o fundamento pragmático da mediação na abordagem peirceana[23] e é com base nessa perspectiva que compreendemos o engajamento como ação logicamente direcionada por aquilo que é admirável *per si*.

Trata-se de ação que se expressa signicamente como associação (experiência colateral)[24] que representa a busca pragmática por um ideal jamais plenamente alcançável, em referência a contexto prévio de significação. A mediação, portanto, agencia conexões que promovem engajamento temporário motivado por crença compartilhada. Quanto mais arraigada for a crença que motiva ações de engajamento, mais duradouros serão os hábitos que delineiam a repetição padronizada de tais ações. As dúvidas que se interpõem nesse processo propiciam a mudança de hábito necessária ao aprimoramento da crença e esta se expressa signicamente em novas ações de engajamento. De acordo com Peirce (1983, p. 131), a mudança de hábitos consiste na elevação ou

22. As três ciências normativas são uma subdivisão da Filosofia, que, por usa vez, baseia-se na Fenomenologia e fornece princípios para as ciências especiais, ou aplicadas. O arcabouço teórico de Peirce, que rege sua semiótica e sua cartografia das ciências, erige-se sobre suas três categorias fenomenológicas: primeiridade, secundidade, terceiridade (sobre o assunto ver Santaella, 1992).
23. Charles Sanders Peirce (1839-1914) é considerado o precursor do pragmatismo, movimento filosófico que surgiu nos primeiros anos da década de 1870, em Cambridge (EUA), a partir de um pequeno grupo de estudiosos de filosofia, entre eles Charles Sanders Peirce e William James. Nessa época, Peirce cunhou a máxima pragmática, segundo a qual o significado de qualquer conceito é a soma total de suas consequências práticas concebíveis. Mais tarde, ele relacionou semiose e pragmatismo e propôs que a ação transformadora do signo, fundamento da semiose, ou mediação, é autocorretiva.
24. Segundo Bergman (2010), a noção de experiência colateral se torna preponderante na fase madura da teoria peirceana, quando os conceitos de semiose e pragmatismo se aproximam.

descida da força do hábito porque "os hábitos têm graus de força variados, que vão desde a dissociação completa até a associação inseparável".

Conforme essa visão, entendemos a dinâmica transmídia como processo de mediação pragmaticamente orientado que envolve hábitos de ação passíveis de serem continuamente aprimorados, uma vez que hábitos são efeitos de crenças e estas podem ser modificadas pelo escrutínio da dúvida (Alzamora; Andrade, 2018). Tal perspectiva pressupõe o entendimento de que quanto mais aprimorados forem os processos de mediação envolvidos na dinâmica transmídia, mais vigorosos serão os processos de engajamento que esta engendra e, consequentemente, mais sofisticados serão os contextos empírico-conceituais que a dinâmica transmídia adjetiva.

Educação Transmídia

Os estudos de *Transmedia Education* e *Transmedia Literacy* têm tido como foco principal o que os jovens fazem com as mídias, considerando-os *prosumidores* capazes de partilhar e gerar conteúdos midiáticos de diferentes tipos e níveis de complexidade. *Transmedia Education*, de acordo com Jenkins (2010), considera que diferentes alunos aprendem melhor por meio de diferentes modos de comunicação e, assim, segundo ele, o uso efetivo de múltiplas plataformas de mídia na educação pode estimular o aprendizado em sala de aula. Define-se *Transmedia Literacy* como "um conjunto de capacidades, práticas, valores, sensibilidades e estratégias de aprendizagem e intercâmbio desenvolvidas e aplicadas no contexto das novas culturas colaborativas." (Scolary, 2018, p. 4). Essa abordagem está direcionada, principalmente, para o reconhecimento do comportamento de jovens conectados em rede e como eles aprendem nos ambientes digitais.

A pesquisa de pós-doutorado de Lorena Tárcia relaciona aspectos conceituais de *New Media Literacies* (Jenkins *et al.*, 2009) e Educomunicação (Soares, 2011) para delinear concepção de educação transmídia entendida como:

> Formação crítica para leitura e apropriação das construções narrativas em perspectiva multiplataforma e multimodal, com foco nas relações dialógicas, na compreensão dos sistemas de comunicação em fluxo e no fortalecimento de ecossistemas comunicativos polifônicos em espaços educativos. (Tárcia, 2016)

Com base nesse entendimento, a investigação delineou-se na interlocução entre a comunicação de interesse público, na perspectiva defendida por Duarte (2007), e transmidialidade enquanto fenômeno não-ficcional (Freeman, 2016), caracterizando-se por envolver eventualmente a ideia de ativismo transmídia (Alzamora; Tárcia, 2018). A pesquisa envolveu ações de ensino e extensão, com foco em cooperação internacional voltada para escolas públicas de países integrantes da Comunidade dos Países de Língua Portuguesa (CPLP).

Cada planejamento de educação transmídia realizado em diálogo com esta investigação levou em conta o contexto social, político e econômico da escola pública parceira, assim como os hábitos de consumo midiático dos estudantes que conformaram público-alvo em cada escola. Com base nesses dados, elaborou-se diagnóstico[25] para identificar o problema central do planejamento comunicacional, o qual delineou a construção da narrativa cânone. Os planejamentos comunicacionais em educação transmídia foram desenvolvidos no âmbito da disciplina de graduação Laboratório Mídias e Linguagens (DCS/UFMG), sob supervisão da professora Geane Alzamora e da estagiária docente, doutoranda Luciana Andrade. Em semestre letivo posterior, os planejamentos foram executados no Centro Universitário Belo Horizonte, sob supervisão da professora Lorena Tárcia e, posteriormente, implementados nas escolas públicas parceiras, sob supervisão do professor universitário responsável pelo projeto em cada país.

25. O diagnóstico envolve os seguintes procedimentos metodológicos: entrevista em profundidade com professores e diretores da escola parceira, grupo focal com estudantes, oficina de *Design Thinking* para construção de *personas* e posterior definição de *scripts* para a proposição multiplataforma da narrativa cânone projetada.

Em 2017, realizou-se o projeto "Parceria Timor/Brasil para comunicação de interesse público",[26] que resultou em planejamento de educação transmídia para escola pública de Díli, capital do Timor Leste, sob coordenação dos professores Geane Alzamora (UFMG/Brasil), Lorena Tárcia (Uni-BH/Brasil) e Dominica Dwikori (UNTL/Timor Leste).[27] A premissa inicial apontava para a carência de campanhas de comunicação para a saúde pública e derivava para a possibilidade do desenvolvimento de uma ação em caráter transmidiático.

A proposta, voltada para crianças em processo de alfabetização, articulou ações na Televisão Educativa do Timor Leste (TVETL) e na clínica de saúde recém-implementada naquele país pela Ordem Soberana e Militar Hospitalária de São João de Jerusalém, de Rodes e de Malta (Ordem de Malta), além da produção de *kits educacionais* para serem usados em sala de aula, contendo: jogo de tabuleiro, jogo da memória, teatro de fantoches, animações de vídeo e histórias em quadrinhos. O projeto envolveu 20 estudantes de jornalismo da Universidade Federal de Minas Gerais (UFMG), Brasil, cinco estudantes de jornalismo da Universidade Nacional Timor Lorosa'e (UNTL), Timor Leste, e 10 estudantes de jornalismo, publicidade e artes gráficas do Centro Universitário de Belo Horizonte (Uni-BH), Brasil. A proposição foi desenvolvida em quatro etapas: diagnóstico, planejamento, desenvolvimento e aplicação.

Um dos estudantes timorenses da UNTL, Felisberto Nacho, realizou intercâmbio de seis meses no Uni-BH, quando desenvolveu programas de saúde para a Televisão Educativa de Timor Leste, previstos no projeto. Outra extensão desse projeto envolveu 105 alunos de Educação e História do Uni-BH. Eles atuaram no desenvolvimento de ações voltadas para professores de língua portuguesa no Timor Leste, com o intuito de aprimorar habilidades linguísticas dos alunos por meio de jogos e outras propostas interativas, tais como aquelas produzidas para a escola pública de Díli.

26. Contemplado pelo Programa de Apoio a Projetos de Cooperação Internacional da UFMG, Chamada 006/2016 (OF.DRI n, 149/2016).
27. Resultados disponíveis em: <http://labcon.fafich.ufmg.br/planejamento-transmidia-timor/>.

Projeto semelhante foi desenvolvido em 2017, no Brasil, com escola pública de Belo Horizonte.[28] O diagnóstico apontou para a necessidade de aproximação entre famílias e escola por meio do recorte temático empreendedorismo. Como os hábitos de consumo midiático identificados no público-alvo, composto por adolescentes, envolviam grande interesse por redes sociais *online*, o planejamento transmídia organizou-se em torno da *hashtag* #EuSouBH. Dentre as ações *online/offline* mediadas por essa *hashtag*, destacam-se: oficina de empreendedorismo na escola, página no Facebook e mensagens por WhatsApp.

Em 2018, iniciou-se proposta semelhante em Moçambique, sob coordenação dos professores Geane Alzamora (UFMG/Brasil), Lorena Tárcia (Uni-BH) e Eulálio Mabuie (Escola Superior de Jornalismo/ Moçambique), com vistas à proposição de planejamento de educação transmídia para escola pública de Maputo, capital de Moçambique e, posteriormente, para escola pública de Manica, em Moçambique. Integram também essa equipe os professores Isaías Carlos Fuel e Ines Zandamela (ESJ/Moçambique) e a doutoranda Luciana Andrade (UFMG/Brasil).

O idioma português atua como processo linguístico mediador que favorece o desenvolvimento de dinâmicas interacionais por meio de plataforma digital que integra esses experimentos em educação transmídia. Considera-se, desse modo, as singularidades dos processos mediadores em cada contexto educacional investigado e as possibilidades de engajamento que emanam de cada situação comunicacional envolvida na referida dinâmica de educação transmídia.

Ativismo Transmídia

Os conceitos de ativismo transmídia (*transmedia activism*) e mobilização transmídia (*transmedia mobilization*) são frequentemente relacionados à transformação social, política e cultural. O primeiro foi

28. Resultados disponíveis em: <http://labcon.fafich.ufmg.br/planejamento-transmidia-bh/>.

cunhado por Lina Srivastava (2009) para designar a forma como os ativistas utilizam as plataformas de mídia para expandir a narrativa local por meio do trabalho colaborativo. O segundo, de acordo com Sasha Costanza-Chock (2011, 2014), destaca a articulação entre plataformas de mídia *online* e *offline* para a produção de conteúdo com o intuito de incentivar a formação de processos de mobilização social. Na visão de Costanza-Chock (2011), o termo mobilização delimita melhor as práticas geradas pelas reivindicações sociopolíticas. Sergio Silveira (2009) enfatiza que a palavra ativismo descreve contexto mais amplo, que inclui, por exemplo, arte e games.

De acordo com Jenkins (2016b), o conceito de mobilização transmídia amplia a ideia de participação por pensar os meios de comunicação (*online* e *offline*) de maneira unificada, diversificando as estratégias para a formação da agenda social compartilhada. Ele considera o surgimento de uma política participativa por meio da integração entre a cultura de participação e as questões políticas e cívicas. Nesse cenário, qualquer plataforma de comunicação pode ser incorporada às estratégias transmidiáticas, desde que funcione para a expansão da narrativa, integrando as redes sociais *online*, a comunicação interpessoal, jornal, rádio, cartazes, assembleias na praça etc.

A pesquisa de doutorado de Luciana Andrade busca aferir se estratégias sociopolíticas dominantes durante o processo de *impeachment* da ex-presidente Dilma Rousseff, em 2016, configuraram dinâmica transmídia. De um lado, investigou-se as redes sociais *online* como expansão global de narrativas locais (Srivastava, 2009), principalmente pelo acompanhamento dos *Trending Topics* do *Twitter*. De outro, mapeou-se a função mediadora das *hashtags* em dinâmicas comunicacionais *online*/*offline*. A análise foi realizada com base na noção peirceana de semiose.

O recorte empírico da investigação delineou-se em referência às datas de votação do processo de *impeachmen*t: 17 de abril (abertura na Câmara dos Deputados), 11 e 12 de maio (aceite no Senado Federal) e 25 a 31 de agosto (julgamento final no Senado). Procedeu-se, inicialmente, à pesquisa exploratória (Gil, 2008) com intuito de levantar fontes consistentes para o entendimento daquele momento político brasileiro.

Criou-se, nessa fase, banco de dados com matérias jornalísticas sobre as datas de votação. Paralelamente, adotou-se o método de observação simples (Gil, 2008) dos protestos de rua em Belo Horizonte, que ocorreram nos dias 13 de março, 17 de abril e 31 de julho de 2016, com o intuito de avaliar a recorrente utilização de *hashtags* fora de ambientes midiáticos de monitoramento digital, tais como faixas, cartazes e materiais impressos. Segundo Gil (2008), a observação simples tem por objetivo manter o pesquisador alheio à comunidade, a fim de acompanhar de maneira espontânea a repercussão dos fatos.

Posteriormente, criou-se um plano de observação sistemática (Gil, 2008) para compreender o uso dessas *hashtags* nas plataformas digitais durante as datas de votação. Segundo Gil (2008), esse método define parâmetros para a descrição dos fenômenos. Elegeu-se o Twitter como ambiente deflagrador de *hashtags* de interesse nesta pesquisa, via *Trending Topics*, por ser a rede modeladora do uso social de *hahstags*. Além de relatórios de pesquisas sobre o tema realizadas por outras instituições, foram utilizadas também as ferramentas de monitoramento Hashtagify.Me, RiteTag, KeyHole e SocioViz para análise prévia da movimentação social mediada por *hashtag* no Twitter. Observou-se, assim, a relação entre *hashtags* predominantes, os usuários que mais influenciaram seu compartilhamento e dados demográficos.

A composição do *corpus* foi realizada considerando *hashtags* utilizadas diacronicamente pela imprensa e pelos grupos de midiativismo, identificadas na pesquisa exploratória, e em consonância com o acompanhamento sistemático de *Trending Topics* no Twitter. Averiguou-se, então, que nos momentos que marcaram a votação do processo de *impeachment* na Câmara Federal e no Senado, as *hashtags* que entraram no *trends* das plataformas digitais, como #impeachmentDay e #tchauQueridaDay, tiveram um período curto de compartilhamento. Já as *hashtags* #naovaitergolpe e #foradilma apareceram em todos os momentos do processo investigado, inclusive nos intervalos das votações, agenciando controvérsias e acionando inúmeros tópicos relacionados por extensão narrativa (Alzamora; Andrade; Silva, 2017). Por causa disso, delinearam o *corpus* da investigação.

Procedeu-se, então, à verificação do comportamento dessas duas *hashtags* em plataformas midiáticas distintas. No Twitter, utilizou-se *scripts* de coleta retroativa desenvolvidos pelo Laboratório de Estudos sobre Imagem e Cibercultura (Labic) da Universidade Federal do Espírito Santo (UFES).[29] Os dados coletados foram sistematizados conforme o método de tabulação eletrônica (Gil, 2008), resultando em planilhas no formato *csv*, compatível com a linguagem computacional do programa Microsoft Office Excel. Os dados foram organizados conforme as seguintes categorias: localização, *hashtags* relacionadas, palavras-chave, *URLs* compartilhadas, lista de todos os *tweets* coletados, *tweets* com maior número de compartilhamento e usuários mais ativos. Produziu-se *grafos* para visualização dos dados coletados por meio do *script TweetGraph*, cedido pelo Laboratório Experimental de Pesquisa em Redes Sociotécnicas, Visualidades, Tecnopolíticas e Subjetividades (MediaLAB) da Universidade Federal do Rio de Janeiro (UFRJ).

Com intuito de identificar como essas *hashtags* operavam no Facebook, Instagram e YouTube, utilizou-se o método de busca e tabulação manual (Gil, 2008). No Facebook, a coleta foi realizada sempre no dia seguinte ao evento, capturando os cem primeiros resultados em cada etapa de votação. Mas, como o Facebook não possui organização cronológica de busca, muitas vezes as publicações encontradas correspondiam às datas anteriores, considerou-se apenas aquelas que correspondiam às datas da votação. No mesmo período, observou-se o comportamento dessas *hashtags* no Instagram e os *links* do YouTube mais compartilhados no Twitter (análise da planilha de *URLs*) e no Facebook (análise dos links das postagens coletadas). Posteriormente, identificou-se a rede de vídeos relacionados gerada no YouTube. Procedeu-se, então, à realização de busca por essas *hashtags* na referida plataforma.

Com base em fundamentos teórico-metodológicos provenientes da semiótica de Charles Sanders Peirce, a análise transmídia de trajetórias *online/offline* das *hashtags* antagônicas investigadas considerou o uso simbólico, indicial e icônico delas próprias. Identificou-se como

29. A ferramenta Collect & Convert permite coletar *tweets* após sete dias de compartilhamento.

o significado dessas *hashtags* era alterado de acordo com a experiência colateral (associação sígnica) estabelecida em cada situação comunicativa, principalmente pela proximidade e articulação com outras *hashtags*, em rede móvel e complexa de sentidos (Alzamora; Andrade, 2016). Essa rede, ou semiose, é construída nas conexões investigadas como uma narrativa flexível e fragmentada que opera por hábitos provisórios de ação. O engajamento, nesse caso, se expressa por associação sígnica que deriva de adesão motivada por crença no posicionamento político que cada *hashtag* antagônica sintetiza. É essa crença que baliza a proliferação dessas *hashtags* em conexões *online/offline* por meio de ações coletivas que fortalecem seu estatuto mediador.

Entretenimento Transmídia[30]

O universo narrativo de *Attack on Titan*, uma das produções japonesas de maior sucesso na contemporaneidade,[31] é transmidiático porque se encontra em expansão continuada pela ação integrada de produtores e consumidores, permitindo diversas entradas midiáticas autônomas, porém, relacionadas entre si. Baseada em ampla disponibilidade de material oficial, essa expansão transmídia favorece, sobretudo, a produção dos fãs, normalmente estabelecida em torno de comunidades de interesse (*fandom*) que se organizam com a finalidade de produzir e compartilhar material próprio derivado da narrativa cânone.

Para Mittel (2009), as narrativas transmídia incentivam o engajamento, promovendo a pesquisa, colaboração, análise e interpretação por parte dos fãs. Trata-se, sobretudo, de um movimento participativo que evoca a interação entre os fãs em torno de conteúdos que os interessam e do material que produzem para consumo coletivo. Os fãs de *Attack on Titan* investigados na pesquisa de mestrado de Vitória Barros

30. Entretenimento transmídia delineia também a pesquisa de doutorado de Ana Carolina Souza, desenvolvida no PPGCOM/UFMG desde fevereiro de 2018, sob orientação de Geane Alzamora. Portanto, ainda em fase inicial quando este capítulo foi escrito.
31. Disponível em: <https://www.thoughtco.com/fun-facts-about-attack-on-titan-144562>.

consomem material criado pelo próprio grupo (*fandom*) baseado no Tumblr, num movimento constante de retroalimentação marcadamente mediado por *hashtags*.

Tumblr é uma rede que facilita a criação de comunidades baseadas em interesses comuns (Desouza, 2013). O uso de *hashtags* no Tumblr revela não apenas quais são os termos mais buscados ali, como também as produções de fãs que mais geram interesse na comunidade. As *hashtags* operam no Tumblr como instâncias mediadoras de interesses comuns, agenciando a formação de comunidades de fãs com conotação transmidiática. Segundo Graves (2011), as produções transmídia singularizam-se por suas qualidades interativas, imersivas e participativas, facilitadas especialmente pelas novas tecnologias midiáticas. Assim, redes digitais que favorecem o engajamento dos fãs, como o Tumblr, impulsionam a dinâmica transmídia da narrativa cânone.

Para compreender esse processo, buscou-se, inicialmente, descrever a dinâmica transmídia de *Attack on Titan* conforme os sete princípios da narrativa transmídia propostos por Jenkins (2010), mencionados anteriormente. Posteriormente, extraiu-se desses princípios aspectos balizadores do engajamento social em dinâmica transmídia para mapear e classificar as *hashtags* e os blogs a elas relacionados no universo narrativo de *Attack on Titan* no Tumblr. Com base nesses operadores analíticos, procedeu-se, então, à observação e à análise de encadeamento de *hashtags* a partir da conta pessoal da autora no Tumblr.

O período de coleta, entre 1 de abril e 17 de junho de 2017, compreendeu a exibição da segunda temporada de *Attack on Titan*. Procedeu-se, então, à coleta automática de *hashtags* relacionadas a essa produção com ferramentas do próprio Tumblr. Identificou-se a repetição padronizada de "#ShingekinoKyojin", "#SNK" e "#AOT" como ponto de partida para a observação sistemática. A recorrência das *hashtags* "#ErenJaeger" e "#LeviAckerman" em todas as sugestões de busca indicaram que os usuários postam, principalmente, sobre esses dois personagens, por isso elas foram incluídas no *corpus*. Notou-se que os personagens que mais apareceram na coleta sob tais *hashtags* eram recorrentemente relacionados à suas aparições recentes nos quadrinhos ou na animação, o que confirmou a hipótese de preponderância da narrativa cânone como motivação para extensões transmídia no Tumblr.

As relações derivadas da coleta foram visualizadas com o uso da ferramenta Gephi. O *grafo* gerado demonstrou a organização das *hashtags* principais em associação circunstancial com outras. Observou-se, assim, que as publicações referentes ao *mangá*, que originou a narrativa transmídia, pouco apareceram no *corpus*. No entanto, o fato de a *hashtag* #manga estar presente em todas as listas coletadas indica que os fãs consideram relevante a referência ao *mangá* a partir do qual se configurou o universo transmidiático de *Attack on Titan*.

A coleta evidenciou o protagonismo das produções do *fandom* na rede que se formou em torno do universo narrativo de *Attack on Titan* no Tumblr, em especial aquelas voltadas para os personagens preferidos oriundos da narrativa canônica. Notou-se, por exemplo, que os fãs se empenhavam em fornecer o máximo de informações sobre tais personagens e em criar situações que os favoreciam. É ilustrativo a presença marcante do personagem Marco (#marcobodt) e de seu *ship*[32] #jeanmarco, um relacionamento existente apenas no *fandom*. O personagem Marco morreu no episódio 13 da primeira temporada, exibida em 2014, mas, ainda em 2018, se produziam *fanfics* e *fanarts* protagonizadas por ele. Essas produções reforçam a ideia de que o *fandom*, por meio de suas próprias produções, eventualmente subvertem o material canônico, o que confirma a proposição de que dinâmica transmídia pode incluir adaptação, mas não se restringe a esse procedimento de tradução intersemiótica (Scolari, 2011). Observou-se ainda que os personagens preferidos pelo *fandom* eram inseridos em narrativas alternativas que evitavam a morte consumada na narrativa cânone ou nem mesmo aludiam à possibilidade de morte. Constatou-se, assim, que extensões cidadãs exercem papel preponderante no desdobramento de dinâmicas transmídia de entretenimento, delineando processos mediadores baseados

32. "Shippar" se refere ao ato de torcer pelo relacionamento amoroso de personagens. A expressão deriva da palavra inglesa *relationship* (relacionamento, em português). O neologismo foi popularizado em *fanfics* (histórias alternativas criadas por fãs) com o propósito de unir personagens que não formavam casal na narrativa original. Disponível em: <https://www.significados.com.br/shippar/>.

em produção coletiva que se configura por engajamento com a narrativa cânone, embora a ultrapasse.

Considerações finais

Os estudos relatados sobre dinâmicas transmídia em jornalismo, educação, ativismo e entretenimento, com foco prioritário nas noções de mediação e engajamento, evidenciam variações empírico-conceituais nos estudos realizados. Embora partilhem fundamentos teórico-metodológicos semelhantes, as investigações diferenciam-se por suas especificidades empíricas e, consequentemente, pelos procedimentos metodológicos adotados. Os conceitos norteadores, portanto, particularizam-se em cada dinâmica transmídia investigada.

É um exemplo a noção de transmídia ativismo, que se singulariza em cada contexto investigado. Em educação, tal como nos experimentos didáticos aqui relatados, transmídia ativismo compreende a proposição de ações que visam estimular a participação cidadã com base em identificação de questões prioritárias para os estudantes. A adesão pretendida remete à causa comum que agencia produção coletiva em torno da narrativa cânone, planejada em conformidade com aquilo que mobiliza os estudantes em cada contexto investigado. Perspectiva semelhante se observa em conexões *online/offline* medidas por *hashtags*, tal como identificado na pesquisa acerca do processo de *impeachment* de Dilma Rousseff. Nesse caso, porém, a ideia de ativismo transmídia aproxima-se mais do que vem sendo denominado mobilização transmídia, expressando-se, sobretudo, no antagonismo das *hashtags* que dominaram o período da coleta e, por causa disso, conformaram o *corpus* da investigação. Já na dinâmica transmídia observada a partir do *fandom* de *Attack on Titan* no Tumblr, práticas de ativismo transmídia se revelam em ações que subvertem a narrativa cânone em prol dos interesses compartilhados pelos fãs.

Cada dinâmica transmídia investigada, portanto, articula um conjunto específico de instâncias mediadoras que normatizam o curso das ações, tais como institucionais, deontológicas, materiais, políticas, sociais e culturais. Estas configuram práticas sociais tão mais robustas quanto mais associações (experiência colateral) agenciarem. É o caso da mediação exercida por *hashtags* nas dinâmicas transmídia relativas ao processo de *impeachment* de Dilma Rousseff e ao *fandom* de *Attack on Titan* no Tumblr. A primeira diz respeito ao engajamento social derivado de posicionamentos políticos antagônicos, enquanto a segunda se refere ao engajamento gerado por gosto comum. Em ambas, a empatia com a causa compartilhada favorece à expansão profícua da dinâmica transmídia, estabelecendo parâmetro para expansão fragmentada da narrativa coletiva mediada por *hashtag*.

Os estudos aqui relatados configuram abordagem própria da lógica transmídia, entendida como dinâmica comunicacional fundada em princípios semióticos e pragmáticos que especificam processos de mediação e engajamento. A lógica transmídia, conforme essa abordagem, é suficientemente maleável para se adequar às especificidades empíricas que cada dinâmica transmídia adjetiva. Por causa disso, cada investigação demanda proposição singular de procedimentos que elucide as condições midiáticas, institucionais, políticas, culturais e sociais envolvidas na dinâmica transmídia em estudo. Conjuntamente, os estudos realizados apresentam matizes empírico-conceituais que enriquecem a compreensão coletiva acerca da dinâmica transmídia como lógica comunicacional. Esse é o desafio teórico-metodológico que motiva a continuidade dos estudos acerca da dinâmica transmídia no NucCon e LabCon, em diálogo com os interesses acadêmicos da Linha de Pesquisa Textualidades Midiáticas do PPGCOM/UFMG.

REFERÊNCIAS

ALZAMORA, Geane; TÁRCIA, Lorena. "Diálogos entre transativismo, comunicação de interesse público e educomunicação". In: BRAIGHI, Antonio; LESSA, Cláudio; CÂMARA, Túlio (orgs.). *Interfaces do midiativismo*: do conceito à prática. Belo Horizonte: Editora CEFET, 2018. ISBN: 978-85-99872-43-7.

ALZAMORA, Geane; ANDRADE, Luciana. A dinâmica transmídia de fake News: interações sociais em torno da concepção pragmática de verdade. *Anais do XXVII Encontro Anual da Associação Nacional de Pós-Graduação em Comunicação*, Belo Horizonte (MG), 05 a 08 de junho de 2018. <http://www.compos.org.br/data/arquivos_2018/trabalhos_arquivo_Z5Y0PUC80AOYRVKDACM6_27_6302_26_02_2018_14_47_23.pdf>.

ALZAMORA, Geane. A televisão em semiose: mídia, intermídia, transmídia. *Anais do XXVI Encontro Anual da Associação Nacional dos Programas de Pós-Graduação em Comunicação*, São Paulo (SP), 06 a 09 de junho de 2017. <http://www.compos.org.br/data/arquivos_2017/trabalhos_arquivo_FG1AZ7KPGK43U2SK4OT2_26_5335_21_02_2017_13_09_09.pdf>.

ALZAMORA, G. ANDRADE, L. A representação do Impeachment Day mediada por hashtags no Twitter e no Facebook: semiose em redes híbridas. *Revista Interin*, Curitiba, v. 21. n. 2, p. 100-121, jul./dez. 2016. Disponível em: <http://interin.utp.br/index.php/vol11/article/view/478/pdf>.

ALZAMORA, G.; ANDRADE, L.; SILVA, P. "La producción de noticias por Mídia Ninja en Twitter durante el Impeachment Day". In: CALDERÓN, Carlos Arcila; IBÁÑEZ, Daniel Barredo; CASTRO, Cosette. (org.). *Analítica y visualización de datos en Twitter*. 1 ed. Barcelona: Editorial UOC, 2017. p. 85-96.

ALZAMORA, Geane; ZILLER, Joana; D'ANDREA, Carlos. "Mídia e dispositivo: uma aproximação". In: LEAL, Bruno; CARVALHO, Carlos Alberto; ALZAMORA; Geane. *Textualidades Midiáticas*. Belo Horizonte: PPGCOM UFMG, 2018. Disponível em: <http://www.seloppgcom.fafich.ufmg.br/index.php/seloppgcom/catalog/download/1/1/2-1?inline=1>.

BASTOS, Marco Toledo. "Medium, media, mediação e midiatização: a perspectiva germânica". In: JUNIOR, Jeder Janotti; MATTOS, Maria

Ângela; JACKS, Nilda. *Mediação e Midiatização*. 80 Textualidades midiáticas Mídia e dispositivo 81. Salvador: EDUFBA, 2012. p. 53-77.

BERGMAN, MATS. C.S. Peirce on interpretation and colateral experience. *Signs*, v. 4, p. 134-161, 2010.

CARVALHO, Carlos Alberto. "Com a mídia, sem a mídia, contra a mídia: reflexões sobre o processo de midiatização e o midiacentrismo". In: LEAL, Bruno; CARVALHO, Carlos Alberto; ALZAMORA; Geane. *Textualidades Midiáticas*. Belo Horizonte: PPGCOM UFMG, 2018. Disponível em: <http://www.seloppgcom.fafich.ufmg.br/index.php/seloppgcom/catalog/download/1/1/2-1?inline=1>.

COSTANZA-CHOCK, S. *Out of the shadows, into the streets! Transmedia Organizing and the Immigrant Rights Movement*, Cambridge: MIT Press, 2014.

______. *Se Ve, Se Siente*: Transmedia Mobilization in the Los Angeles Immigrant Rights Movement. Charleston: BiblioBazaar, 2011.

COPE, Bill; KALANTZIS, Mary. Multiliteracies: New Literacies, New Learning. *Pedagogies*, v. 4, n. 3, p. 164-195, 2009.

DESOUZA, Megan E. "A Case of the Red Pants Mondays: The Connection between Fandom, Tumblr, and Consumption." *Major Papers by Master of Science Students*. 2013. <http://digitalcommons.uri.edu/tmd_major_papers/3/>.

DUARTE, Jorge. *Comunicação Pública*. Disponível em <http://www.jforni.jor.br/forni/files/ComP%C3%BAblicaJDuartevf.pdf>.

FERRÉS, Joan; PISCITELLI, Alejandro. "La Competencia Mediática: Propuesta Articulada de Dimensiones e Indicadores" [Media Competition: Articulated Proposal of Dimensions and Indicators]. *Comunicar*, v. 38, n. XIX, p. 75-82, 2012.

FISH, M. *Peirce, semeiotic, and pragmatism*: essays by Max H. Fisch. Edited by KETNER, Kenneth Laine; KLOESEL, Christian J. W. Bloomington: Indiana University Press, 1986.

FORD, Sam. Transmedia journalism: A story-based approach to convergence. *Futures of Entertainment*, 2007. Disponível em: <http://www.convergenceculture.org/weblog/2007/04/transmedia_journalism_a_storyb.php>.

FRAU-MEIGS, Divina. "Transliteracy as the New Research Horizon for Media and Information Literacy." *Medijske studije,* v. 3, n. 6, p. 14-26, 2012.

FREEMAN, Matthew. Small change – big difference: tracking the transmediality of red nose day. Vieuu. *Journal of European Television History & Culture,* v. 5, n. 10/16, 2016.

FREEMAN, MATTHEW. *Historicising Transmedia Storytelling - Early twentieth-century transmedia story worlds.* New York: Routledge, 2017.

FUCHS, C. Against Henry Jenkins. Remarks on Henry Jenkins' ICA Talk "Spreadable Media". *Information – Society – Technology & Media,* 2011. Disponível em: <http://fuchs.uti.at/570/>.

GAMBARATO, Renira; ALZAMORA, Geane (eds). *Exploring transmedia journalism in the digital age.* Hershey: IGI Global, 2018.

GIL, C. *Métodos e técnicas de pesquisa social.* São Paulo: Atlas, 2008.

JENKINS, Henry. Transmedia storytelling. Moving characters from books to films to video games can make them stronger and more compelling. *Technology Review,* 2003. Disponível em: <https://www.technologyreview.com/s/401760/transmedia-storytelling/>.

______. *Convergence Culture*: where old and new media colide. New York: New York University Press, 2006.

______. *et al. Confronting the Challenges of Participatory Culture*: Media Education for the 21st Century. Chicago: The MacArthur Foundation, 2009.

______. *Transmedia education*: the 7 Princples Revisited, 2010. <http://henryjenkins.org/2010/06/transmedia_education_the_7_pri.html>.

______. *Cultura da convergência.* São Paulo: Editora Aleph, 2012.

______. "Participation? It's Complicated (a response to Martin Butler)." In: BUTLER, M; HAUSMANN, A; KIRCHHOFER, A. (eds.). *Precarious Alliances*: Cultures of Participation in Print and Other Media. Bielefeld: Transcript Verlang, 2016a. p. 33-46.

______. "Youth Voice, Media, and Political Engagement. Introducing the Core Concepts". In: JENKINS, H.; SHRESTHOVA, S.; GAMBER-THOMPSON, L.; KLIGLER-VILENCHIK, N.; ZIMMERMAN, A. *By*

Any Media Necessary: The New Youth Activism. New York: New York University Press, 2016b. p. 1-60.

______. "Transmedia Logics and Locations". In: BENJAMIN, W.; KURTZ, D.; BOURDAA, M. *The Rise of Transtexts*: Challenges and Opportunities. New York: Routledge, 2017. p. 220–240.

JEWITT, Carey; KRESS, Gunther (eds.). *Multimodal Literacy*. New York: Peter Lang., 2003.

KALOGERAS, Stavroula. *Transmedia Storytelling and the New Era of Media Convergence in Higher Education*. New York: Palgrave Macmillan, 2014.

KINDER, Marsha. *Playing with Power in Movies, Television, and Video Games. From Muppet Babies to Teenage Mutant Ninja Turtles*. Berkeley: University of California Press, 1991.

LATOUR, B. On technical mediation. *Common Knowledge*, v. 3, n. 2, p. 29-64, 1994b. Disponível em: <http://www.bruno-latour.fr/sites/default/files/54-TECHNIQUES-GB.pdf>.

LUGO, Nohemi. *Diseño de Narrativas Transmedia para la Transalfabetización*. PhD Disseration (pós-Doutorado em Comunicação Social) - Pompeu Fabra University, Barcelona, 2016.

MERREL, Floyd. *A semiótica de Charles S. Peirce*. Ijuí: Editora Unijuí, 2012.

MITTEL, J. Sites of participation: Wiki fandom and the case of Lostpedia. *Transformative Works and Cultures*, vol. 3. <http://journal.transformativeworks.org/index.php/twc/article/view/118>.

PEIRCE, Charles Sanders. Collected Papers of Charles Sanders Peirce. In: *Os Pensadores*. (Trad. Luís Henrique dos Santos). São Paulo: Abril Cultural, 1983.

ROMERO, D.; MEEDER, B.; KLEINBERG, J. Differences in the mechanics of information diffusion across topics: Idioms, political hashtags, and complex contagion on twitter. *Proceedings of the 20th International Conference on World Wide Web*, 2011, p. 695-704. Disponível em: <https://www.cs.cornell.edu/home/kleinber/www11-hashtags.pdf>.

SALGADO, Tiago B. *Fundamentos pragmáticos da mediação para análise de redes sociais online*. Tese (Doutorado em Comunicação Social) - Faculdade de Filosofia e Ciências Humanas, Universidade Federal de Minas Gerais, Belo Horizonte, 2018. 289 p.

SANTAELLA, Lúcia. *A assinatura das coisas – Peirce e a literatura*. Rio de Janeiro: Imago, 1992.

SCOLARI, Carlos. *Narrativa Transmediatica y adaptaciones*: ele caso Tintin. <https://hipermediaciones.com/2011/11/10/narrativa-transmediatica-y-adaptaciones-el-caso-tintin/>.

SCOLARI, Carlos. *Narrativas transmedia*: cuando todos los medios cuentan. Barcelona: Deusto, 2013.

SCOLARI, Carlos Alberto. Literacia Transmedia na nova ecologia midiática. *White Paper*. Disponível em <https://repositori.upf.edu/bitstream/handle/10230/33910/Scolari_TL_whit_port.pdf?sequence=5&isAllowed=y>.

SILVEIRA, S. Game-Ativismo e a Nova Esfera Pública Interconectada. *Líbero*. São Paulo, v. 12, n. 24, p. 131-138, dez., 2009.

SOARES, Ismar. *Educomunicação*: O Conceito, o Profissional, a Aplicação. São Paulo: Paulus, 2011.

SRINIVASAN, R.; FISH, A. *After the Internet*. Cambridge: Polity Press, 2017.

SRIVASTAVA, L. *Transmedia Activism*: Telling Your Story Across Media Platforms to Create Effective Social Change, 2009. Disponível em: <http://www.mediarights.org/news/Transmedia_Activism_Telling_Your_Story_Across_Media_Platforms_to_Create_Eff>.

TÁRCIA, Lorena. *Educomunicação em perspectiva transmídia*. Apresentação oral. PUC Minas, 2016.

THOMAS, Sue *et al*. "Transliteracy: Crossing Divides". *First Monday*, vol. 12, n. 12, 2017. Disponível em: <http://journals.uic.edu/ojs/index.php/fm/article/view/2060/1908>.

TOFFLER, Alvim. *A terceira onda*. Trad. João Távora. 8ª. ed. Rio de Janeiro: Record, 1980.

ZAGAL, José. 2010. *Ludoliteracy*: Defining Understanding and Supporting Games Education. Pittsburgh: ETC Press, 2010. Disponível em:

<http://press.etc.cmu.edu/content/ludoliteracy-defining-understanding-and-supporting-games-education>.

Mapeando controvérsias algorítmicas (e suas tensões com e no jornalismo)

Carlos d'Andréa
Amanda Jurno
Silvia DalBen

Introdução

A crescente importância das mediações algorítmicas nas práticas midiáticas contemporâneas tem resultado em um extenso conjunto de pesquisas e de discussões sobre as diferentes agências desencadeadas por esses artefatos. Neste artigo, voltamos nossa atenção para uma certa dimensão pública das reações desencadeadas pelas mediações algorítmicas nos ambientes digitais. Em diálogo com autores como Introna (2016), interessa-nos, aqui, ressaltar a dimensão performativa dos algoritmos ou, mais especificamente, sua intensa capacidade de agir e de fazer outros atores agirem, gerando, então, associações e redes sociotécnicas mais amplas. Essa visada está alinhada ao campo transdisciplinar dos *Science and Technologies Studies* (STS), que, ao propor uma abordagem teórico-metodológica que supere a dicotomia entre as materialidades e as práticas a elas associadas, propõe novos olhares para a pesquisa em mídia e internet (Lievrouw, 2014).

Considerando que as controvérsias são momentos privilegiados para acompanharmos a formação do social (Venturini, 2010), os dois estudos de caso sintetizados neste trabalho se concentram em evidenciar situações em que as mediações algorítmicas geraram incertezas e provocaram debates e translações de atores heterogêneos. Denominamos "controvérsias algorítmicas" uma diversidade de ações, reações, repercussões etc., desencadeadas pelos algoritmos não apenas em função de sua 'executabilidade' nas interfaces das plataformas digitais, mas também para além delas, principalmente a partir das redes sociotécnicas desencadeadas por suas performances.

No presente artigo, as práticas, os valores e as instituições jornalísticas têm um lugar destacado por dois motivos. Primeiro, é na tensão com a mediação jornalística que se constituem as controvérsias algorítmicas nos estudos de caso aqui sintetizados. Como aponta Gillespie (2014), a retórica em torno de uma 'objetividade algorítmica' muitas vezes opera inspirada pela pretensa 'objetividade jornalística', gerando debates, por exemplo, sobre como ou se jornalistas e algoritmos poderiam agir conjuntamente. Em segundo lugar, é por meio de reportagens publicadas por instituições jornalísticas tradicionais que, em grande parte, se dão os debates públicos em torno das controvérsias algorítmicas. Seja pela publicação de denúncias de abusos cometidos pelas plataformas, seja dando voz a diferentes atores, publicações tradicionais e emergentes (como *The Atlantic* e *Gizmodo*, respectivamente) ocupam um lugar central nas cartografias aqui apresentadas.

Tendo como ponto de partida a Cartografia das Controvérsias, os movimentos metodológicos aqui utilizados buscam ainda propor um olhar mais atento às especificidades desses movimentos de desestabilização do social a partir dos ambientes digitais. Ao destacar os debates travados nas e pelas publicações jornalísticas, nos apoiamos em uma "abordagem discursiva" de estudos de controvérsias (Marres, 2015). Ao mesmo tempo, ao enfatizar as redes sociotécnicas desencadeadas por algoritmos, nos aproximamos da ideia de "participação material" proposta pela autora (Marres, 2012).

Sintetizado a partir da dissertação de mestrado de Silvia Dalben (2018), nosso primeiro estudo de caso trata das incertezas desencadeadas pela introdução, em alguns webjornais nos EUA, de algoritmos capazes de redigir notícias sobre esportes, finanças e outros temas. Popularmente chamados de "robôs-repórteres", os *softwares* de *Natural*

Language Generation[1] (NLG) aplicados ao jornalismo vêm intensificando o debate sobre uma possível extinção de atividades e cargos nas instituições de notícias. O estudo de caso destacado neste capítulo trata das redes mobilizadas pela empresa estadunidense Narrative Science, que ganhou visibilidade a partir de 2010 com parcerias e declarações polêmicas, como a afirmação de que um robô em breve ganharia um prêmio Pulitzer.[2] Mas, contrariando tal expectativa, a *startup* desistiu de atuar no campo do Jornalismo Automatizado cinco anos depois.

O segundo estudo de caso faz parte do projeto de tese de doutorado em andamento de Amanda Jurno (2016). Trata-se da controvérsia desencadeada pela denúncia de que 'curadores' humanos do Facebook estariam interferindo na seleção algorítmica de *links* populares a serem exibidos no serviço "*Trending Topics*" em 2016. A polêmica incluiu uma suposta exclusão de notícias 'conservadoras' dos destaques personalizados exibidos aos usuários do Facebook, o que levou Mark Zuckerberg (CEO da empresa) a ser reunir com representantes do Partido Republicano estadunidense. A cartografia dessa controvérsia mostra, entre outras questões, como a intervenção de jornalistas foi considerada, por diferentes atores, como uma ameaça para as mediações algorítmicas.

Nas considerações finais do capítulo, discutimos como os dois estudos de caso sinalizam diferentes relações percebidas entre os algoritmos e o jornalismo, e apontamos como as controvérsias algorítmicas aqui discutidas dialogam com questões mais amplas sobre as incertezas desencadeadas pelas inovações tecnológicas.

Algoritmos: da caixa-preta à performatividade

O termo algoritmo, em seu sentido denotativo, refere-se a uma fórmula matemática, ou a uma série de instruções a se seguir para atender a um determinado objetivo. De acordo com Tarleton Gillespie (2014, p. 167),

1. Em português, Geração de Linguagem Natural (tradução nossa).
2. O Pulitzer é um prêmio estadunidense entregue pela Universidade de Columbia a trabalhos de excelência na área do jornalismo, literatura e composição musical.

algoritmos "são procedimentos codificados que, com base em cálculos específicos, transformam dados em resultados desejados". Ao evidenciar uma definição mais operacional dos algoritmos, Lucas Introna (2016, p. 21) explica que eles expressam "a solução computacional em termos de condições lógicas (conhecimento sobre o problema) e estruturas de controle (estratégias para resolver o problema), levando à seguinte definição: algoritmos = lógica + controle [Kowalski, 1979]".

Mesmo sendo autorizados a automatizar várias das nossas atividades e escolhas diárias, os algoritmos continuam sendo difíceis de compreender e, muitas vezes, invisíveis para grande parte dos usuários. De acordo com Malte Ziewitz (2011, p. 1), os algoritmos são "duros de compreender, difíceis de descrever e virtualmente impossíveis de observar". Entre as razões que explicam essas dificuldades estão os interesses mercadológicos e estratégicos das empresas. A fim de evitar que os concorrentes copiem seus algoritmos ou que os usuários aprendam a burlar o sistema para conseguir vantagens na seleção automatizada, as empresas se esquivam de dar explicações esclarecedoras sobre seu funcionamento.

Assim, a arquitetura técnica complexa e privada dos algoritmos que mediam ações nos ambientes digitais faz com que eles sejam frequentemente tomados como "caixas-pretas". Esse termo, como lembra Taina Bucher (D'Andréa e Jurno, 2018), tem origem nas discussões em torno de controle e regulação empreendidas no campo da Cibernética, mas, recentemente, vem sendo usado para rotular "tudo o que é desconhecido, tudo o que pode ou deve ser escondido". Ao ser apropriado por autores ligados aos *Science and Technology Studies* (STS) e à Teoria Ator-Rede (TAR), o conceito de "caixa-preta" é usado para designar redes sociotécnicas estabilizadas e cujo funcionamento seria previsível. Nesse sentido, uma caixa-preta é um "caso encerrado, uma asserção indiscutível" (Latour, 2012, p. 43) devido à agência fortemente convergente dos atores que a compõem.

Por não serem estáveis ou previsíveis em sua vasta maioria,[3] os algoritmos aqui considerados então não poderiam ser tomados como caixas-pretas. De acordo com Tarleton Gillespie (2014, p. 178),

> embora a tecnologia possa ser [...] 'encaixapretada' [Latour 1987, Pinch; Bijker, 1984] por designers e usuários, isso não deveria nos levar a crer que ela permaneça estável. Na verdade, os algoritmos podem ser facilmente, instantaneamente, radicalmente e invisivelmente alterados. Embora grandes atualizações possam acontecer apenas ocasionalmente, os algoritmos estão regularmente sendo 'ajustados'.

Gillespie (2014, p. 179) também ressalta que os algoritmos estão relacionados aos bancos de dados aos quais estão conectados, às materialidades dos computadores e dos processadores e às ações dos diversos atores que fazem parte da rede sociotécnica na qual estão inseridos. "Na verdade, o que nós nos referimos enquanto um algoritmo muitas vezes não é apenas um, mas são muitos algoritmos".

Em diálogo com outros pesquisadores, Rob Kitchin (2017, p. 6) aponta três motivos pelos quais os efeitos dos algoritmos e do poder delegado a eles não podem ser previstos ou totalmente antecipados:

> primeiro, os algoritmos agem como parte de uma rede mais ampla de relações que medeiam e refratam seu trabalho, por exemplo, dados ruins levarão a resultados fracos [Goffey, 2008; Pasquale, 2014]. Em segundo lugar, a performance dos algoritmos pode ter efeitos colaterais e conseqüências não intencionais, e se deixados desacompanhados ou sem supervisão podem executar ações imprevistas [Steiner, 2012]. Terceiro, os algoritmos podem ter vieses ou cometer erros devido a falhas ou erros de codificação [Diakopoulos, 2013; Drucker, 2013].

3. Alguns algoritmos são relativamente estáveis e continuam funcionando de forma muito parecida (ou até igual) à versão original anos após sua criação. Porém, estes ainda não fogem à possibilidade de alteração por parte dos seus desenvolvedores (ver Kitchin, 2017).

Sintetizando essa tensão entre um suposto "encaixapretamento" dos procedimentos algorítmicos e os diferentes modos como esses artefatos agem e fazem agir, Lucas Introna (2016, p. 25) destaca dois dos motivos pelos quais os algoritmos são tomados como "poderosos" e "perigosos": o fato de serem 'impenetráveis' e 'executáveis'. De acordo com o autor, os algoritmos são percebidos como impenetráveis porque, em geral, não se pode inspecionar seu funcionamento, e, mesmo tendo acesso ao seu código-fonte, é improvável que se possa efetivamente examinar todas as ações possíveis. Assim, aponta Introna, os algoritmos se tornam caixas-pretas mesmo para seus *designers*.

A "executabilidade" dos algoritmos, por outro lado, ressalta as agências por eles desencadeadas. É essa dimensão, por exemplo, que permite que decisões sejam tomadas como "automáticas", isto é, sem a intervenção direta de um ator humano no processo. Se os algoritmos são inescrutáveis e executam automaticamente um conjunto de ações, argumenta Introna (2016, p. 23), então é com sua "performatividade" que devemos nos ocupar ao pesquisá-los. Nas palavras do autor, um algoritmo "é um algoritmo porque é colocado em prática como tal por um conjunto heterogêneo de atores, conferindo a ele a própria ação".

As discussões deste capítulo, portanto, se concentram nessa diversidade de atores que agem e se articulam a partir da execução dos algoritmos e/ou a partir de sua inescrutabilidade. Nessa perspectiva, o que caracteriza um algoritmo não é sua composição formal, mas sim as associações que eles podem desencadear a partir de sua performatividade, principalmente em momentos de desestabilização, como discutimos a seguir.

Cartografando controvérsias algorítmicas

Assumindo a perspectiva de que o social não é algo dado, mas sim uma rede sociotécnica constantemente articulada em função das agências dos atores nela engajados (Latour, 2012), não há momento mais intenso e singular para se compreender as associações e translações de um conjunto heterogêneo de atores do que as controvérsias. Para Venturini (2010, p. 262), controvérsias são os momentos

> onde a vida coletiva se torna mais complexa: onde a maior e mais diversa seleção de atores está envolvida; onde as alianças e oposições se transformam sem muita prudência; onde nada é tão simples quanto parece; onde todos estão gritando e brigando; onde conflitos crescem de maneira áspera.

Conceito-chave para os *Science and Technology Studies* (cf. Lemieux, 2007), as controvérsias vêm sendo progressivamente apropriadas para estudos da 'formação do social' em articulação com as plataformas digitais (D'Andréa, 2018). Para a discussão enfatizada neste artigo, interessa-nos ressaltar as especificidades do que Pinch (2017), ao sintetizar a genealogia do conceito, chama de estudos 'contemporâneos' de controvérsias. Para os autores, a crescente porosidade entre ciência, tecnologia e política tornaram os espaços de contestação cada vez mais heterogêneos e intrincados em diferentes instâncias da vida social. De forma complementar, Callon, Lascoumes e Barthe (2009) apontam que as controvérsias são momentos ímpares de incerteza compartilhada e, por extensão, momentos de "proliferação do social" pelos atores afetados.

Neste capítulo, interessa-nos enfocar as controvérsias geradas a partir das interfaces e das tensões entre as mediações algorítmicas e as práticas e instituições jornalísticas. Gillespie (2014) argumenta que a pretensa 'objetividade algorítmica', em vários aspectos, opera de maneira análoga à ideia de 'objetividade jornalística'. Para os jornalistas, a objetividade seria como um "ritual estratégico" (Tuchman [1972] *in* Gillespie, 2014) que auxilia o profissional a realizar escolhas cuidadosas na busca por legitimidade, por exemplo, se afastando dos próprios preconceitos e convicções. A anunciada objetividade algorítmica, por sua vez, está fundamentada na promessa de neutralidade mecânica da tecnologia, que pretende invisibilizar a *expertise* técnica ou as regras institucionais estabelecidas internamente pelos desenvolvedores dos algoritmos. Nas duas situações, a objetividade está ligada a uma busca por legitimidade a partir de diretrizes processuais que determinam como será realizada, por exemplo, a seleção de informações (Gillespie, 2014, p. 181).

Nesse cenário, Gillespie (2014, p. 192) defende que os algoritmos introduzem uma nova lógica nas redações jornalísticas e trazem tensões para o trabalho executado pelos editores. Enquanto a lógica editorial depende das escolhas subjetivas de profissionais treinados, autorizados institucionalmente e validados pelo público, a lógica algorítmica depende de escolhas processuais desempenhadas por um computador, projetadas por programadores para automatizar algum *proxy* de julgamento humano ou desvendar padrões em traços sociais coletados. A ação de ambos – editores e algoritmos – busca identificar informações relevantes para o público, livres de erros, tendências e manipulações, em abordagens importantes, mas igualmente problemáticas e cabíveis de armadilhas.

Em geral, o discurso de grandes plataformas como o Facebook e o Google sustenta-se na diferenciação entre as mediações algorítmicas e as jornalísticas, com ênfase nas vantagens do primeiro modelo. Como argumenta Gillespie (2014, p. 179),

> mais do que meras ferramentas, os algoritmos também são estabilizadores da confiança, garantias práticas e simbólicas de que suas avaliações são justas e precisas, livres de subjetividade, erro ou tentativas de influência. [...] é muito importante para os provedores desses algoritmos que eles pareçam ser isentos de interferência humana. A legitimidade desses mecanismos deve ser performada junto à disponibilização da própria informação.

Nos últimos anos, no entanto, as sucessivas controvérsias protagonizadas pelas plataformas mais populares (em especial o Facebook) e seus algoritmos colocam em xeque a retórica da imparcialidade que antes os legitimava e os envolvem em um acalorado debate público em torno de questões antes invisibilizadas (cf. Dias, 2018). Nesse contexto, destaca-se o papel ocupado pelas instituições jornalísticas tradicionais, que não apenas são tematizadas nas controvérsias algorítmicas, mas ainda agem e provocam novas ações ao publicarem em primeira mão e/

ou repercutirem denúncias e declarações sobre as incertezas compartilhadas. Nesse cenário, vale pontuar, empresas jornalísticas e de base tecnológica disputam mercados e investimentos (Bell *et al.*, 2017)

Os dois estudos de caso aqui sintetizados buscaram inspiração metodológica na Cartografia de Controvérsias, que é um conjunto de técnicas e procedimentos criados inicialmente por Bruno Latour como uma versão didática da Teoria Ator-Rede (TAR). Seu intuito é auxiliar estudantes e pesquisadores no exercício de observação e descrição de debates sociais em torno principalmente, mas não exclusivamente, de disputas tecnocientíficas (Venturini, 2010).

Dentre as especificidades desse tipo de cartografia está o estímulo para o acompanhamento dos momentos em que os atores estão agindo na disputa pela estabilização das redes de associações, sendo possível, assim, observar o social em formação. Para Latour (2000), é fundamental dar voz aos atores envolvidos na rede sociotécnica estudada, pois eles próprios podem explicar o que pensam e o que os diferencia de seus oponentes. Segundo o autor, "no estudo de controvérsias e discordâncias, testes de força e translações, sempre parti do pressuposto de que as alegações e contra-alegações são claramente visíveis e estimulam o debate" (Latour, 2000 p. 273).

O objetivo de uma pesquisa que adota a Cartografia de Controvérsias como metodologia não é a de estabilizar a rede sobre a qual dedica-se a observar e descrever. A responsabilidade por encontrar soluções para as controvérsias não é do pesquisador, e sim dos atores daquela rede. O objetivo da pesquisa não é silenciar uma discussão em busca de uma verdade, mas sim de mostrar que várias verdades merecem ser observadas e reconhecidas em tal processo. Seguindo os atores, somos guiados por eles e voltamos nosso olhar para os actantes centrais das controvérsias, entendendo suas movimentações e o caminho pelo qual as controvérsias se desenvolvem.

A qualidade de uma cartografia vai depender da capacidade do pesquisador de acumular dados, documentos, notas, entrevistas e da sua sensibilidade para monitorar todas essas informações que deixam rastros sobre a riqueza e diversidade da vida coletiva (Venturini, 2010,

p. 269). Nos casos aqui sistematizados, mostramos como os atores das controvérsias algorítmicas debatem sobre seus temas de discordância em busca de uma possível estabilização. Nesse sentido, nos apoiamos na abordagem "discursiva" descrita por Marres (2015, p. 661) ao discutir as possibilidades de pesquisa de controvérsias nos ambientes digitais. Essa abordagem permite "detectar relações entre argumentos substantivos e atores localizados em termos políticos e sociais, e tornar tais relações disponíveis para interpretações por variadas audiências". De forma complementar, ao enfatizarmos os modos específicos de engajamento desencadeados pela performance dos algoritmos, nos aproximamos da ideia de "participação material" proposta pela autora (Marres, 2012).

Incertezas do Jornalismo Automatizado (estudo de caso 1)

Como o incremento e a popularização de algoritmos que redigem notícias desencadeiam reações e debates em torno do futuro do jornalismo? Que redes sociotécnicas são mobilizadas nesse processo não só para viabilizar a implementação dos *softwares* desenvolvidos por *startups*, mas também para ampliar seu reconhecimento público e mercadológico?

Desde a década de 1970, a aplicação de *softwares* de *Natural Language Generation* (NLG) ao jornalismo permite a produção de narrativas curtas a partir de informações e estatísticas extraídas de bancos de dados de temáticas variadas, como jogos esportivos, balancetes financeiros, pesquisas sismológicas e previsões do tempo. Nos últimos anos, grandes empresas de comunicação, em diversos países, firmaram parcerias com *startups* ou investiram na expansão das equipes de tecnologia e engenharia para o desenvolvimento de "robôs" que automatizam a redação e a publicação de notícias.[4] De forma mais ampla, a introdução

4. Nos EUA, por exemplo, a *Associated Press* firmou parceria com a *startup Automated Insights*, em 2014; o *Los Angeles Times* desenvolveu o *software Quakebot* para automatizar a redação de notícias sobre terremotos; e o *The Washington Post* adotou o *software Heliograf* para a cobertura das Olimpíadas e das eleições presidenciais dos Estados Unidos, ambos em 2016.

do chamado Jornalismo Automatizado (Graefe, 2016) é parte de um processo cada vez mais generalizado de integração de *softwares* e *Big Data* pelas redações jornalísticas, em uma tendência denominada por Hamilton e Turner (2009) como Jornalismo Computacional.

Em sua dissertação de mestrado, Dalben (2018) se propõe a cartografar diferentes redes sociotécnicas mobilizadas pelo Jornalismo Automatizado. Para tal, a autora fez um extenso levantamento de reportagens, documentos, artigos científicos, patentes e outras inscrições que, articulados, permitiram traçar como os entrelaçamentos entre os diferentes atores constituíram um novo conjunto de técnicas e práticas e desencadearam um debate público em torno das consequências dessas inovações para o jornalismo e seus profissionais.

Muitas das controvérsias e das incertezas desencadeadas pelo Jornalismo Automatizado giram em torno de uma "suposta" autonomia tecnológica de 'robôs' redatores de notícias (d'Andréa e Dalben, 2017). Para além desse aspecto, e visando revelar como se dão as intensas associações de diferentes atores em episódios específicos, Dalben (2018) voltou-se para alguns processos de desenvolvimento e de implementação de *softwares* que redigem notícias, assim como para as controversas repercussões dessas iniciativas. Um dos casos mais reveladores das controvérsias desencadeadas por esses algoritmos nas interfaces com o jornalismo é o da empresa estadunidense Narrative Science.

A *startup* Narrative Science foi fundada a partir de um projeto acadêmico, denominado StatsMonkey, criado em 2009 por jornalistas e programadores na Northwestern University, nos Estados Unidos. A proposta desse trabalho, desenvolvido em uma disciplina interdisciplinar de Pós-Graduação, era escrever de forma automatizada notícias de jogos de beisebol da liga universitária utilizando estatísticas disponíveis na internet. Ainda enquanto iniciativa universitária, o projeto gerou reações em tradicionais veículos jornalísticos. Andrew Greiner, da *NBC Chicago*, afirmou que "Em breve, os repórteres de esporte devem se tornar obsoletos" (Gordon, 2009), enquanto David Carr, do *The New York Times*, escreveu: "O estranho sobre o StatsMonkey é o fato de as notícias não serem terríveis" (Carr, 2009). Um dos responsáveis pelo seu desenvolvimento, o professor Rich Gordon ponderou à época: "Eu não acho que os jornalistas esportivos devam se preocupar – se o StatsMonkey se tornar um produto comercial, é altamente improvável que os jornalistas fiquem sem trabalho" (Gordon, 2009). O StatsMonkey deu origem à *startup* Narrative Science que, a partir de 2010, implementou seu algoritmo para 'cobrir' jogos de *baseball*, *softball*, basquete e futebol americano nos Estados Unidos.

Em setembro de 2011, em uma reportagem publicada pelo *The New York Times*, Stuart Frankel e Kristian Hammond – professores de Ciências da Computação e fundadores da empresa – argumentaram que essa tecnologia poderia se tornar uma ferramenta barata para as empresas jornalísticas aumentarem o alcance de sua cobertura. A grande repercussão dessa notícia se deve a uma declaração em que Hammond enfatiza que "em cinco anos, um programa de computador vai ganhar o Pulitzer, e eu serei condenado se não for a nossa tecnologia" (Lohr, 2011). Essa polêmica afirmação desencadeou várias reações, uma vez que o prestigiado prêmio Pulitzer é um símbolo de qualidade e credibilidade do "bom" jornalismo. O pesquisador Evgeny Morozov, por exemplo, publicou, em março de 2012, o artigo "*A robot stole my Pulitzer!*", que foi traduzido para diversas línguas, inclusive para o português. Para Rebecca Greenfield, em reportagem publicada pela *The Atlantic*, o mais assustador é a visão que Kristian Hammond tem sobre 'o que é jornalismo'. Para ela, "em última análise, se os jornalistas (e as pessoas que dependem deles) devem ou não ter medo de um futuro maquínico vai depender do que você pensa que o jornalismo é" (Greenfield, 2012).

O acalorado debate em torno das incertezas geradas pela crescente apropriação de algoritmos na produção de textos jornalísticos parece ter impulsionado ainda mais o Narrative Science. Em 2012, a empresa formalizou uma parceria com a *Forbes* para a publicação automatizada de notícias sobre o mercado financeiro. No ano seguinte, associou-se à *ProPublica* no projeto *The Opportunity Gap*,[5] que reunia informações e gráficos sobre as escolas públicas e o desempenho dos estudantes

5. Ver: <http://projects.propublica.org/schools>.

nos Estados Unidos, entre 2009 e 2010, a partir de variáveis como raça, gênero e renda.

As repercussões na imprensa em torno das inovações da *Narrative Science* continuavam a oscilar entre a surpresa e a (auto)crítica. Decidido a investigar o assunto, o repórter da *The Atlantic,* Joe Fassler, revela que chegou à sede do *Narrative Science* com a expectativa de ter suas próprias convicções confirmadas: a de que a mente humana é um "mistério sagrado" e de que a relação que os escritores e jornalistas têm com as palavras é "única e profunda", duvidando da capacidade de escrita de um algoritmo. "Mas conversando com Hammond, eu percebi o quanto o processo da escrita – o que eu acreditava que era imprevisível, até variável – pode ser quantificado e modelado", afirmou Fassler (2012). Por outro lado, o próprio Hammond, ao comentar o desafio de produzir 52 mil notícias na parceria com a *ProPublica,* admitiu as limitações do algoritmo. "Mesmo que os dados se pareçam os mesmos, há tantas condições ambientais diferentes que estão fora do escopo desses dados que as comparações não funcionaram e, de fato, estavam criando falsas analogias" (Lecompte, 2015).

A Narrative Science foi listada pela CNBC, em 2015, como uma das 50 empresas mais disruptivas do mundo, ao lado de *startups* como Airbnb, Pinterest, Spotify e Snapchat, mas sua parceria com a Forbes se encerrou naquele mesmo ano. A produção de relatórios de *Business Intelligence* (BI) para o mercado financeiro se tornaram, a partir daquele ano, o foco da empresa.

Da euforia mercadológica à desistência de produzir textos jornalísticos para se dedicar a um mercado certamente mais rentável, a experiência da Narrative Science sinaliza que a associação dessa tecnologia ao Pulitzer foi uma estratégia mercadológica que teve como intuito conferir visibilidade e legitimidade, em uma ação intencional dos executivos da *startup* que já previam a controvérsia que uma afirmação como essa geraria. Essa estratégia fica clara em uma das falas de Stuart Frankel, CEO da Narrative Science, em uma recente entrevista para o *MIT Technology Review,* em que justifica a mudança de rumo da empresa. "Começamos a atrair muito interesse de várias pessoas que nos conheceram a partir do nosso trabalho com a mídia. Eu sempre brinco que se você quiser atrair a imprensa em um estágio inicial da empresa, faça algo que se pareça disruptivo para o jornalismo, pois repórteres amam escrever sobre a sua própria indústria" (Winick, 2018).

Para além da polêmica envolvendo o Pulitzer e a Narrative Science, essa controvérsia algorítmica ganha ainda mais repercussão com a associação dessa tecnologia à imagem de robôs humanoides e à ameaça que ela representaria à manutenção do emprego pelos jornalistas. Nesse contexto, existe uma superlativização do papel do programador, que acaba por invisibilizar a atuação de outros profissionais no desenvolvimento de *softwares*, que envolvem, normalmente, o trabalho de equipes multidisciplinares. Na cartografia, DalBen (2018) revela as redes sociotécnicas envolvidas na produção das notícias automatizadas, que são resultado do trabalho em equipe de jornalistas, editores, analistas de dados, programadores, empreendedores, etc., que se associam a objetos técnicos como computadores, *softwares*, planilhas, bancos de dados, textos. Contrariando a ideia de que os *softwares* NLG agem sem a intervenção de pessoas, a cartografia revela a ação de diferentes atores humanos nos processos de desenvolvimento, implementação, monitoramento e manutenção que extrapolam, portanto, a etapa de programação dos algoritmos.

A controvérsia *Trending*, do Facebook (estudo de caso 2)

Como editores humanos e algorítmicos podem ou devem se associar no esforço de seleção – personalizada – de notícias mais "relevantes" em uma plataforma como o Facebook? O que a repercussão de uma suposta 'manipulação' dos resultados exibidos na lista de *links* selecionados sinaliza sobre a percepção pública da agência dos algoritmos, dos jornalistas e da empresa liderada por Mark Zuckerberg? Estas são algumas das questões cartografadas a partir da controvérsia "*Trending*", que se desencadeou em maio de 2016 a partir da publicação de uma reportagem no site Gizmodo sobre interferência de humanos na seleção dos destaques exibidos a usuários do Facebook na ferramenta "*Trending*".[6]

Disponível em países com forte presença da língua inglesa, como EUA, Austrália e Índia, a ferramenta era então apresentada como "uma lista de tópicos e *hashtags* que tenham um pico de popularidade recente no Facebook" (Facebook, 2016). Exibido ao lado direito do *feed* de notícias, o serviço foi implementado em 2014 e anunciado como "um novo produto designado a fazer emergir conversações interessantes e relevantes como forma de lhe ajudar a descobrir o melhor conteúdo de todo o Facebook" (Struhar, 2014). No site oficial da plataforma, o *Newsroom*,[7] informa-se ainda que a nova ferramenta oferecia aos usuários uma lista de tópicos que "recentemente atingiram pico de popularidade" (Struhar, 2014) e que a lista seria personalizada para cada um deles.

Os parâmetros de funcionamento do *Trending* só se tornaram uma questão de interesse quando, em 9 de maio de 2016, o jornalista Michael Nunez, do site *Gizmodo*, publicou a matéria intitulada "*Former Facebook Workers: We Routinely Suppressed Conservative News*" ("Ex-funcionários do Facebook: nós rotineiramente suprimíamos notícias conservadoras", em português). Baseada em informações anonimizadas de ex-funcionários do Facebook, a reportagem denunciava que, após uma pré-seleção de *links* feita por algoritmos, os "curadores" trabalhavam selecionando o que seria classificado como destaque com base em critérios editoriais definidos pelo Facebook. Esses editores humanos estariam se sobrepondo às mediações algorítmicas, principalmente suprimindo 'notícias conservadoras', ou mais especificamente, notícias favoráveis a interesses do Partido Republicano estadunidense. Segundo Nunez (2016), o Facebook estaria operando como

> uma redação jornalística tradicional, refletindo os preconceitos dos seus funcionários e os imperativos institucionais da corporação. Impor valores editoriais humanos na lista de tópicos selecionada pelos algoritmos não é

6. Ver "What is Trending?", disponível em: <https://www.facebook.com/help/1401671260054622>.
7. Disponível em: <https://br.newsroom.fb.com/>.

uma coisa ruim – mas contrasta com as afirmações da companhia de que o Trending simplesmente lista 'tópicos que recentemente se tornaram populares no Facebook'. (Nunez, 2016)

Na cartografia realizada entre 9 e 18 de maio de 2016 (data em que o CEO Mark Zuckerberg se encontrou com líderes republicanos para prestar esclarecimentos), Jurno (2016) acompanhou as publicações sobre o assunto em diferentes fontes, tais como: jornais internacionais e nacionais; os conteúdos oficiais do Facebook, entre os quais o *blog* da empresa (*Newsroom*), e os perfis pessoais dos responsáveis pelo *Trendings* na plataforma; documentos relativos à controvérsia, como a carta enviada a Mark Zuckerberg pelo representante do Senado estadunidense, John Thune, exigindo explicações formais sobre o ocorrido; e o documento de circulação interna no Facebook com as diretrizes para o trabalho dos profissionais.

A controvérsia "*Trending*" se aqueceu ainda mais no dia 12 de maio, quando o jornal *The Guardian* publicou "documentos vazados" mostrando como o Facebook "se baseia em valores-notícia antiquados sobre seus algoritmos para determinar quais serão as histórias mais quentes para o bilhão de pessoas que visita a rede social todos os dias" (Thielman, 2016, grifo nosso). No mesmo dia, o Facebook disponibilizou o mesmo documento de circulação interna, o "*Trending Review Guidelines*", que evidencia uma lista de critérios de seleção (e exclusão) de *links* com grande influência jornalística. No documento, os curadores são instruídos a separar as notícias por editorias (chamadas de *Topic Category*); têm acesso a uma lista com o nome de "fontes confiáveis"; recebem instruções sobre abrangência e relevância do *lead*; e sobre como tratar as informações a partir de critérios como temporalidade e novidade. Junto com o documento, o Facebook explicou que os potenciais tópicos a figurar na lista são, primeiramente, revelados por um algoritmo, depois são revisados por uma equipe de profissionais capacitados para garantir que os *links* listados se referem a 'eventos no mundo real', e então passam por outro algoritmo que personaliza a seleção de acordo com vários fatores como a importância do tópico, as páginas que o usuário curte, sua localização e o *feedback* dado pelo próprio usuário.

Um aspecto que vale ser ressaltado nessa síntese da controvérsia é o modo como a quebra da suposta 'neutralidade' algorítmica do Facebook foi tratada com certa surpresa e indignação por diferentes atores envolvidos no debate. Como é de se esperar, o Facebook se defendeu, por exemplo, por meio de um *post* em que Mark Zuckerberg (2016) afirma que a empresa mantém "diretrizes rigorosas que não permitem a priorização de um ponto de vista sobre outro ou a supressão de perspectivas políticas". Já Nunez (2016), ainda que afirme que "impor valores editoriais humanos na lista de tópicos selecionada pelos algoritmos não é uma coisa ruim", parece sinalizar que, ao contrário de uma "*redação jornalística tradicional*", as mediações algorítmicas não refletiriam "os preconceitos dos seus funcionários e os imperativos institucionais da corporação".

No caso da controvérsia analisada, a subjetividade é apresentada como inerente à ação humana, mesmo se respaldada por critérios e *modus operandi* profissionais, como no caso do jornalismo, e culminou com a demissão de vários dos "moderadores" envolvidos no processo (Thielman, 2016). Já os algoritmos são descritos como atores que agem objetivamente, entre outros motivos, por não estarem atrelados a velhas estruturas e práticas. Ao comentar o caso, Tarleton Gillespie (2016) ressalta como a seleção algorítmica é sempre carregada de valores. A seleção do que será considerado como "notícia" ou como "relevante" é feita às vezes "no projeto do algoritmo, às vezes em torno dele. O resultado que vemos (..) não é o *output* do 'algoritmo' sozinho, mas sim um esforço que combinou atividade humana e análise computacional para, juntas, o produzirem" (Gillespie, 2016, s.p., tradução livre).

Análise e considerações finais

As duas controvérsias sintetizadas neste capítulo revelam encaminhamentos opostos para as discussões sobre as tensões entre mediações algorítmicas e jornalísticas. No caso do Jornalismo Automatizado e, mais especificamente, das redes sociotécnicas cartografadas em torno da *startup* Narrative Science, o crescente uso de algoritmos para redação e para publicação de notícias é frequentemente tomado como uma ameaça. A delegação dessas atividades jornalísticas a 'robôs' é frequentemente abordada não só como um risco para os profissionais da área, mas também como uma simplificação do que o jornalismo seria. Nesse sentido, destaca-se a inserção estratégica do ator "Pulitzer" na rede articulada pela *startup*: ao sinalizar uma disputa em torno de um prêmio caro para o jornalismo, a empresa garantiu mais debates públicos e, por consequência, mais visibilidade mercadológica.

Já no caso da controvérsia "*Trending*", nos chama a atenção como a intervenção humana na seleção de notícias personalizadas no Facebook foi diretamente associada a uma perda de confiabilidade dessa plataforma. Em grande parte, as argumentações problematizando a hibridização entre as agências humanas e não humanas veio inclusive de instituições jornalísticas cujas práticas estão tradicionalmente ancoradas nos valores e critérios criticados.

Para além das relações entre algoritmos e jornalismo, os dois casos aqui relatados são parte de um conjunto de discussões públicas em torno das incertezas desencadeadas pelos algoritmos e, de forma mais ampla, pelas inovações tecnológicas. O caso *Trending*, por exemplo, pode ser tomado como um dos embriões de uma discussão maior sobre as mediações exercidas pelo Facebook durante as eleições presidenciais dos EUA, em 2016, e de forma ainda mais ampla, sobre o futuro das democracias ocidentais quando entrelaçadas por diferentes mediações algorítmicas. Já os debates em torno do Jornalismo Automatizado mimetizam uma discussão sobre as incertezas desencadeadas pelos avanços da robotização, que alimenta a ideia de que, no futuro, vários profissionais serão substituídos por 'robôs' e que as novas profissões necessariamente estarão relacionadas ao conhecimento de linguagens de programação.

Em diálogo com autores como Introna (2016) e Kitchin (2017), reafirmamos, por fim, a importância de olharmos analiticamente para os algoritmos no esforço de revelar as amplas redes em que eles se inserem e as associações que são por eles desencadeadas. No mesmo sentido, a performatividade dos algoritmos evidencia uma diversidade de atores que eles colocam em prática (Marres, 2012), em especial – mas não apenas – em situações controversas. Nesse sentido, ao seguir as redes repletas de incertezas e translações que os algoritmos agenciam, é possível tensionar as retóricas institucionais das plataformas que, de forma estratégica, se apropriam ou se distanciam das práticas e das instituições jornalísticas. Assim, acreditamos, podemos compreender os algoritmos para além da metáfora da "caixa-preta".

REFERÊNCIAS

BELL, E. J. *et al*. *A Imprensa Nas Plataformas*: Como O Vale Silício Reestruturou o Jornalismo. [s.l.] Columbia University, 2017. Disponível em: <https://academiccommons.columbia.edu/catalog/ac:msbcc2fr14>.

CALLON, M; LASCOUMES, Pierre; BARTHE, Yannick. *Acting in an uncertain world*: An essay on technical democracy. Boston: MIT Press, 2009.

CARR, David. The Robots Are Coming! Oh, They're Here. *The New York Times*, 19/10/2009. Disponível em: <https://mediadecoder.blogs.nytimes.com/2009/10/19/the-robots-are-coming-oh-theyre-here/>.

D'ANDRÉA, Carlos; DALBEN, Silvia. Redes sociotécnicas e controvérsias na redação de notícias por robôs. *Contemporânea*, v. 15, n. 1, p. 118-140, 2017.

D'ANDRÉA, Carlos. *Cartografando controvérsias com as plataformas digitais*: apontamentos teórico-metodológicos. Galáxia, 2018 (no prelo)

D'ANDRÉA, Carlos; JURNO, Amanda. Algoritmos com um devir: uma entrevista com Taina Bucher. *Parágrafo*, v. 6., n. 1, p. 165-170, 2018.

DALBEN, Silvia. Cartografando o Jornalismo Automatizado: redes sociotécnicas e incertezas na redação de notícias por "robôs". 2018.

Dissertação (Mestrado em Comunicação Social) - Faculdade de Filosofia e Ciências Humanas, UFMG, Belo Horizonte.

DIAS, TATIANA. O algoritmo é mais embaixo. *UOL TAB*. Disponível em: <https://tab.uol.com.br/crise-facebook/>.

FACEBOOK. "Populares". In: *Central de ajuda*. 2016. Disponível em: <https://www.facebook.com/help/1401671260054622>.

FASSLER, Joe. Can the computer at Narrative Science Replace Paid Writers? *The Atlantic*, 12/04/2012. Disponível em: <http://www.theatlantic.com/entertainment/archive/2012/ 04/can-the-computers-at-narrative-science-replace-paid-writers/255631/>.

GILLESPIE, Tarleton. Algorithms, clickworkers, and the befuddled fury around Facebook Trends. *Culture Digitally*, 18/05/2016. Disponível em: <http://culturedigitally.org/2016/05/facebook-trends>.

______. "The Relevance of Algorithms". In: GILLESPIE, T.; *et al.* (orgs.). *Media technologies*: Essays on communication, materiality, and society. Cambridge, MA: MIT Press, 2014. p. 167-194.

GORDON, Rich. Machine-Generated a Threat to Journalists? *I think not*, 19/10/2009. Disponível em: <http://mediashift.org/2009/10/machine-generated-news-a-threat-to-journalists-i-think-not292/>.

GRAEFE, Andreas. Guide to Automated Journalism. *Tow Center for Digital Journalism*. Janeiro, 2016. Disponível em: <http://towcenter.org/research/guide-to-automated-journalism/>.

GREENFIELD, Rebecca. Robot Journalism Isn't Scary, It's Just Plain Bad. *The Atlantic*. 20/03/2012. Disponível em: <https://www.theatlantic.com/technology/archive/2012/03/robot-journalism-isnt-scary-its-just-plain-bad/330324/>.

HAMILTON, James T. TURNER, Fred. Accountability through algorithm: Developing the field of computational journalism. Report from the Center for Advanced Study in the Behavioral Sciences (CASBS). Stanford University, Summer workshop, 2009.

INTRONA, L. D. Algorithms, Governance, and Governmentality: On Governing Academic Writing. *Science, Technology, & Human Values*, v. 41, n. 1, p. 17-49, 2016.

JURNO, Amanda; D'ANDRÉA, Carlos. (In)visibilidade algorítmica no "Feed de Notícias" do Facebook. *Contemporânea*, v. 15, n. 2, p. 463-484, 2017.

JURNO, Amanda. Objetividade e algoritmos: o Facebook e a controvérsia na lista Trending. In: *Anais do XXXIX Congresso Brasileiro de Ciências da Comunicação*, 2016. Disponível em: <http://portalintercom.org.br/anais/nacional2016/resumos/R11-1456-1.pdf>.

KITCHIN, Rob. Thinking critically about and researching algorithms. *Information, Communication & Society*, v. 20, n. 1, p. 14–29, 2 jan. 2017.

LATOUR, Bruno. *Ciência em ação*: como seguir cientistas e engenheiros sociedade afora. São Paulo: Editora UNESP, 2000.

______. *Reagregando o social*: uma introdução à teoria do ator-rede. Salvador: Edufba, 2012; Bauru, São Paulo: Edusc, 2012.

LECOMPTE, Celeste. Automation in the Newsroom: How algorithms are helping reporters expand coverage, engage audiences and respond to breaking news. *NiemanReports* 01/09/2015. Disponível em: <http://niemanreports.org/ articles/automation-in-the-newsroom/>.

LEMIEUX, C. À quoi sert l'analyse des controverses? *Mil neuf cent. Revue d'histoire intellectuelle*, v. 1, n. 25, p. 191-212, 2007.

LIEVROUW, Leah A. "Materiality and media in communication and technology studies: An unfinished project". In: GILLESPIE, T.; *et al.* (orgs.). *Media technologies*: Essays on communication, materiality, and society. Cambridge, MA: MIT Press, 2014. p. 21-51.

LOHR, Steve. In case you wondered, a real human wrote this column. *The New York Times*. 10/09/2011. Disponível em: <http://www.nytimes.com/2011/09/11/business/computer-generated -articles-are-gaining-traction.html?mcubz=0>.

MARRES, Noortje. *Material participation*: technology, the environment and everyday publics. Houndmills, Basingstoke, Hampshire; New York: Palgrave Macmillan, 2012.

MARRES, N. Why Map Issues? On Controversy Analysis as a Digital Method. *Science, Technology & Human Values*, v. 40, n. 5, p. 655-686, set. 2015.

NUNEZ, Michael. Former Facebook Workers: We Routinely Suppressed Conservative News. *Gizmodo*, 2016. Disponível em: <http://gizmodo.com/former-facebook-workers-we-routinely-suppressed-conser-1775461006>.

PINCH, Trevor; LEUENBERGER, Christine. Studying Scientific Controversy from the STS. In: *EASTS Conference "Science Controversy and Democracy". Anais...*, 2016.

STRUHAR, Chris. Finding Popular Conversations on Facebook. *Newsroom*, 16/01/2014. Disponível em: <http://newsroom.fb.com/news/2014/01/finding-popular-conversations-on-facebook/>.

THIELMAN, Sam. Facebook news selection is in hands of editors not algorithms, documents show. *The Guardian*, 12/05/2016. Disponível em: <https://www.theguardian.com/ technology/2016/may/12/facebook-trending-news-leaked-documents-editor-guidelines>.

______. Facebook fires trending team, and algorithm without humans goes crazy. *The Guardian*, 29/08/2016. Disponível em: <https://www.theguardian.com/technology/2016/aug/29/facebook-fires-trending-topics- team-algorithm>.

VENTURINI, Tommaso. Diving in magma: How to explore controversies with actor-network theory. *Public understanding of science*, v. 19, n. 3, p. 258-273, 2010.

WINICK, Erin. Bridging the communications gap between human and machine. *MIT Tecnology Review*, 15/03/2018. Disponível em: <https://www.technologyreview.com/s /610512/bridging-the-communications-gap-between-human-and-machine/>.

ZIEWTIZ, Malte. *How to think about and algorithm*: Notes from a not quite random walk. Discussion paper of the Symposium "Knowledge Machines between Freedom and Control"., Austria: Kulturfabrik Hainburg, October 6-7, 2011. Draf version: september 29, 2011.

ZUCKERBERG, Mark. "12 mai. 2016a. Post". In: *Facebook*. Disponível em: <https://www.facebook.com/zuck/posts/10102830259184701>.

______. "18 mai. 2016b. Foto". In: *Facebook*. Disponível em: <https://www.facebook.com/photo.php?fbid=10102840575485751&set=a.529237706231.2034669.4&type=3&theater>.

Semiótica e ativismo *hashtag*: experimentações metodológicas

Maria Aparecida Moura[1]

Introdução

You know my method. It is founded upon the observation of trifles.
(Arthur Conan Doyle)

A ampliação dos ambientes digitais introduziu diferentes desafios à compreensão dos fenômenos humano-sociais atravessados por elementos tecnológicos. Abrigo de acontecimentos de grande complexidade, esses ambientes ofertam os meios para as mais variadas atuações na fronteira *online/offline*.

Nesses ambientes, as *hashtags* tornaram-se rapidamente um potente dispositivo de comunicação, de agregação de informações e um dinâmico marcador semiósico de pertencimentos sociopolíticos.

O monitoramento em tempo real, via algoritmos cada vez sofisticados, permite que as nossas incursões na rede sejam ainda mais filtradas e orientadas pela latência semiótica de nossos gestos e trocas. Assim, consumo, comunicação e ativismo político tornaram-se permeáveis pelas etiquetagens voluntárias e fortuitas realizadas em nossas interações heterotópicas e *mobile*. Nada parece escapar à rastreabilidade dessa rotulagem ostensiva.

1. Agradecimentos são devidos ao CNPq e à Fapemig, pelo apoio dado nas diferentes etapas do desenvolvimento deste trabalho.

O ativismo político é certamente aquele que mais se vale das potencialidades desses marcadores semióticos para realizar um conjunto de ações.

Neste capítulo, abordam-se as dimensões metodológicas da epistemologia semiótica em interface com o ativismo digital.

Do ponto de vista teórico, dedicou-se atenção especial ao conceito de semiose e à primeira tricotomia do interpretante dinâmico constituída pelo interpretante emocional, o energético e o lógico.

Para a efetivação do método semiótico aplicado ao ambiente digital, tomou-se como referência empírica o ativismo digital gerado em torno do assassinato da vereadora do PSOL do Rio de Janeiro, Marielle Franco, em 14 de março de 2018.

As reações ao acontecimento, conforme Toledo e Moraes (2018), "romperam fronteiras ao deflagrarem 3,573 milhões de tuítes. Nas 42 horas seguintes, mobilizaram 400 mil usuários do Twitter em 54 países e 34 idiomas. Mas os três nós que amarraram essa rede global têm muito em comum: são mulheres, cariocas, periféricas e negras".

O propósito da movimentação teoria e empiria demarcada pelos atravessamentos digitais foi o de compreender o fluxo da semiose no processo de significação do acontecimento nas ruas e nas redes, considerado o "maior acontecimento político-digital no Brasil".[2] Para tanto, tomou-se como base os rastros digitais e discursos evidenciados nas *hashtags* adotadas por usuários do Twitter no período.

Epistemologia semiótica

Nas duas últimas décadas, a semiótica de inspiração peirceana tornou-se fundamentação teórica e metodológica para a análise de diferentes questões referentes aos fenômenos humano-sociais transpassados pelo imperativo tecnológico. Isso se deve, em grande medida, à dimensão triádica da semiótica peirceana e à possibilidade de, por meio dela, ser

2. Disponível em: <http://piaui.folha.uol.com.br/marielle-bate-impeachment-em-alcance-no-twitter/>.

possível compreender a ação contínua do signo em uma perspectiva multidimensional. Para Santaella (1993, p. 15):

> É justamente a atenção que a semiótica peirceana presta a todos tipos de signo, aquilo que lhe possibilita investigar inclusive os fenômenos que a tradição excluiu do domínio dos métodos científicos porque apresentam desafios intransponíveis a esses métodos. Trata-se aqui dos fenômenos rebeldes a métodos fixos, fenômenos imprecisos, vagamente determinados, manifestando ambiguidade e incerteza, ou ainda dos fenômenos irrepetíveis na sua singularidade, isto é, fenômenos, em suma, que, em termos semióticos, pertencem ao reino dos signos icônicos e dos indexicais, nas suas diversas modalidades. [...] a semiótica embute, em seu seio, uma lógica que também pode tratar dos problemas da indeterminação e incerteza, o que vem colocar no horizonte das teorias e metodologias científicas e filosóficas modernas uma nova condição epistemológica que está em profunda sintonia com as aquisições e especulações mais perturbadoras das artes e ciências criativas que nos são contemporâneas.

A semiótica proposta por Charles Sanders Peirce (1839-1914) comporta uma teoria geral dos signos (gramática especulativa), a lógica crítica e a metodêutica. A gramática especulativa determina o caráter das coisas, a lógica crítica indica a relação entre duas coisas com foco nos argumentos ou raciocínios, e a metodêutica ou retórica especulativa orienta a interpretação dada às coisas.

Pensar a metodologia no âmbito da semiótica implica articular esses elementos constituintes da abordagem triádica de modo que seja possível compreender os aspectos epistemológicos e ontológicos dos signos e seus desdobramentos.

Particularmente a metodêutica ocupa-se dos signos após estes serem percebidos por uma mente, tornando-os efetivamente compreensíveis e úteis em processos dinâmicos. A metodêutica lida com o uso, a manipulação, a comunicação e a eficácia dos signos, não se atendo à análise de signos particulares. Nessa perspectiva, o seu foco é o exame dos tipos gerais de processos.

Peirce analisava as produções e expressões humanas sob o prisma da semiótica que deve ter na análise da experiência o ponto de partida. Assim, são três as faculdades que, do seu ponto de vista, o homem deveria desenvolver: 1. Capacidade contemplativa; 2. Capacidade analítica; 3. Capacidade de generalização em categorias[3] ou classes abrangentes.

Segundo Santaella (1993), cada elemento da relação semiótica assinala aspectos de uma epistemologia semiótica.

A epistemologia semiótica toma como referência a função mediadora do signo. Nela, o lugar do sujeito do conhecimento está vinculado à relação entretecida pela tríade objeto-signo-interpretante. Decorre dessa trama sígnica a compreensão dos processos interpretativos e cognitivos instaurados pelos signos.

Santaella (1993, p. 13) assinala que essa epistemologia pode ser assim estruturada:

> Da relação do signo consigo mesmo, isto é, do exame da natureza do seu fundamento, ou daquilo que lhe dá capacidade para funcionar como tal – uma qualidade, sua existência concreta ou seu caráter de lei – advém uma teoria das potencialidades e limites da significação.
>
> Da relação do fundamento com o objeto – ou aquilo que o signo se explica – com todas as implicações ontológicas aí subentendidas, extrai-se uma teoria da objetivação, que estuda os problemas relativos à realidade e referência, verdade e ficção, mentira e decepção.
>
> Da relação do fundamento com o interpretante deriva-se uma teoria da interpretação, com implicações quanto aos seus efeitos sobre o intérprete, individual ou coletivo.

3. De acordo com Pinto (1995), a triadicidade é a marca fundamental da teoria semiótica de Peirce. As três categorias peircianas são denominadas primeiridade (*firstness*), secundidade (*secondness*) e terceiridade (*thirdness*). Ao contrário do que se possa imaginar, à primeira vista não há uma hierarquia entre essas categorias. Elas encontram-se nos fenômenos de forma simultânea. Mora (1993) compreende as categorias precedentes como *faneroscópicas* e destaca outros dois sistemas categoriais igualmente triádicos presentes na obra de Peirce: categorias metafísicas e categorias cosmológicas. As categorias metafísicas, segundo o autor, classificam-se em modos de ser (possibilidade, atualidade, destino) e em modos de existência (acaso, lei, hábito). As categorias cosmológicas referem-se ao acaso, evolução e continuidade. Mora ressalta que esses sistemas categoriais por vezes encontram-se entrelaçados.

Os estudos dos processos semiósicos têm, na gramática especulativa, um operador de leitura importante na medida em que se compreende o signo como mediação. Isso se deve ao fato de, na teoria peirceana, todo pensamento se realizar em uma perspectiva dialógica através dos signos.

No contexto semiótico de produção do conhecimento tem proeminência o conceito de percepção, um processo conduzido por algo externo a nós (percepto), pelo *percipuum*, que é o percepto em uma fase de racionalização comandada pelo juízo perceptivo.

O conhecimento se vale em extremos da sugestão abdutiva e do julgamento realizado pelo juízo perceptivo. Entre esses dois elementos admite-se um quase raciocínio que seria o responsável pela operação mental de *nossos insights*, exercida pela abdução e pelo caráter renitente e ostensivo do juízo perceptivo.

Para Santaella (2008, p. 99), a percepção é comandada pela função mediadora do signo. Nesses termos, o processo cognitivo é sempre mediado e inicia-se como uma sugestão abdutiva que se realiza na percepção.

O sujeito do conhecimento semiótico não detém a primazia do processo e performa em meio a uma pletora de signos sempre dependentes do seu potencial para significar. Assim, o signo possui um potencial interpretativo a ser acionado por um intérprete espaço-temporalmente situado.

O interpretante é uma criatura objetiva do signo que, conforme assinala Pinto (1995, p.29), funciona como a mola mestra da semiose.

Seguindo a divisão triádica proposta por Peirce, o interpretante se organiza em: imediato (primeiridade), dinâmico (secundidade) e final (terceiridade).

O interpretante imediato é aquele que não possui mediações e que é concebido como o conjunto de *interpretantes dinâmicos* prováveis de um determinado signo. Nesse aspecto, ele vincula-se a uma série de possibilidades de interpretação que um dado signo terá em certo momento da semiose.

Sobre o interpretante dinâmico, trata-se da possibilidade interpretativa escolhida pelo intérprete entre as diversas oferecidas pelo signo. Por ter essa natureza, ele é responsável pela dinâmica da semiose e possui uma segunda tricotomia composta pelos interpretantes: emocional, energético e lógico.

> Definindo-se este como o efeito real produzido sobre dado intérprete, numa dada ocasião e num dado estágio de consideração do signo, daí se conclui sobre o caráter irredutivelmente singular, relativo inevitavelmente psicológico do interpretante dinâmico. (Santaella, 1995, p. 112)

Por seu turno, o interpretante final corresponde a uma antecipação do desdobramento do interpretante imediato na consecução final da semiose. Essa tríade de interpretantes equivale à produção sígnica como algo finito. Santaella (1993, p. 187) enfatiza que:

> Se o propósito, que o signo visa atingir, é a mudança de hábito – mudança, de resto, que só pode ser efetuada através do autocontrole crítico deliberado que exercemos sobre uma crença – então, a direção do interpretante final desse signo será pragmática. Longe de ser guiado por idiossincrasias ou humores pessoais, o autocontrole sobre nossas crenças, de acordo com Peirce, um dos maiores tesouros da espécie humana, deve ser orientado principalmente pelos princípios guias da lógica.

Na segunda tricotomia do interpretante dinâmico encontram-se os interpretantes emocional, energético e lógico. O interpretante emocional é considerado o primeiro efeito semiótico, em termos de qualidade de sentimento, de um signo. Ele relaciona-se ao aspecto qualitativo produzido por um signo.

> O primeiro efeito significado de um signo é o sentimento por ele provocado. Na maioria das vezes, existe um sentimento que interpretamos como prova de que compreendemos o efeito específico de um signo, embora a base da verdade neste caso seja frequentemente muito leve. Este interpretante emocional, como denomino, pode importar em algo mais do que o sentimento de recognição; e, em alguns casos, é o único efeito significado que o signo produz. (Peirce *apud* Santaella, 1995, p. 104)

Já o interpretante energético é aquele que, no processo de significação, despende alguma energia muscular ou mental.

> Se um signo produz algum efeito desejado fá-lo-á através da mediação de um interpretante emocional, e tal efeito envolverá sempre um esforço. Denomino-o interpretante energético. O esforço pode ser muscular [...], mas é usualmente um exercer do mundo interior, um esforço mental. (Peirce *apud* Santaella, 1995, p. 104)

O interpretante lógico está relacionado com o pensamento ou com a plena apreensão intelectual do signo. Envolve, de acordo com Santaella, "uma mudança de hábito ou um novo estado de prontidão para a ação e para o pensamento".

> Devemos dizer que este efeito pode ser um pensamento, o que quer dizer, um signo mental? Sem dúvida pode sê-lo; só que se esse signo for de natureza intelectual – como teria de ser – tem que possuir um interpretante lógico; de forma que possa ser o derradeiro interpretante lógico do conceito. Pode provar-se que o único efeito, que pode ser assim produzido e que não é um signo, mas uma aplicação geral, é uma mudança de hábito: entendendo por mudança de hábito uma modificação nas tendências de uma pessoa para a ação, que resulta de exercícios prévios da vontade ou dos atos, ou de um complexo de ambas as coisas. (Peirce *apud* Santaella, 1995, p. 104-105)

No que se refere ao método semiótico, Sebeok e Umiker-Sebeok (1991), no texto "Você conhece meu método: uma justaposição de Charles Sanders Peirce e Sherlock Holmes", fornecem uma série de sugestões derivadas da cultura detetivesca e do pensar semiósico. Da sobreposição proposta pelos autores sobressaem algumas orientações que acabam por se constituir as linhas mestras de um método semiótico.

Os autores assinalam a importância da observação e enfatizam que é preciso "saber onde olhar para não perder algo importante" e nunca confiar nas impressões gerais, sendo necessário concentrar-se nos pormenores.

Em relação às hipóteses, salientam que é preciso selecionar as melhores, fragmentá-las em seus menores componentes lógicos e experimentar uma de cada vez. Apontam ainda que o "preconceito, ou as hipóteses que relutamos em submeter ao teste da indução são o maior obstáculo a um raciocínio bem-sucedido" (Sebeok; Umiker-Sebeok, 1991, p. 29).

Para Sebeok e Umiker-Sebeok, a atenção às insignificâncias é fundamental, assim como é imprescindível articular adequadamente teoria e empiria, visto que, no contexto científico, "a abdução persegue uma teoria e a indução persegue os fatos". O teste da indução toma como referência inaugural a indução abdutória em virtude da vagueza e certa dose de adivinhação envolvida.

Além disso, alertam os autores que o jogo de ruminação, processo em que a mente busca conexões entre elementos do universo da experiência (observação, meditação e intercâmbio de comunhão consigo mesmo), pode se converter em estudo científico na medida em que os problemas aparentemente sem solução trazem "em sua própria circunstância (...) suas chaves mais reveladoras".

Para eles, a manipulação de dados é parte da norma científica, sendo fundamental para a construção de um diagnóstico da situação observada. De sua perspectiva, enfatizam a importância da retrodução, capacidade de pensar retrospectivamente, como uma característica fundamental a ser alcançada na análise dos fenômenos. Chamam a atenção para o caráter antinatural do lugar comum e, em razão disso, consideram importante a sua sistematização. Nesse sentido, enfatizam que "a conjectura é uma parte importante de toda operação lógica".

Do ponto de vista da realidade triádica assumida por Peirce, Zechetto (2005, p. 51) assinala que a terceiridade "realiza o enlace lógico entre primeiridade e secundidade, ou seja, estabelece as condições hipotéticas para que algo ocorra". Nessa direção, as relações triádicas organizam-se em comparação (possibilidades lógicas), funcionamento (feitos reais) e pensamento (leis).

Cabe destacar ainda, nesse contexto, o conceito de *acontecimento* proposto por Quéré (2005). Segundo o autor, o acontecimento é um fenômeno de ordem hermenêutica que envolve encontros, interação, confrontação e determinação recíproca.

> A abordagem pragmatista desenvolve a dupla ideia de que as coisas são sentidas antes de serem colocadas em discurso. É o que Peirce chamava de "força de percussão", de coisas que se impõem, que persistem. Essa seria a primeira fase, correspondente ao que chamo de acontecimentos existenciais, no sentido de que são coisas que existem. Nós as transformamos, posteriormente, em objetos de pensamento. E lhes atribuímos sua significação examinando as consequências que elas podem ter. Preocupando-nos com para onde nos conduzem os acontecimentos. No acontecimento transformado em objeto de pensamento, em objeto de pesquisa, vamos encontrar o terceiro momento da tripla mimese através da passagem pelo pensamento, pela reflexão. Só então podemos intervir no curso dos acontecimentos, para controlá-lo em partes e eventualmente atenuar sua capacidade de nos atingir. Isso serve tanto para o nível da experiência individual quanto para o da experiência coletiva. [...] uma vez que o acontecimento acontece, trabalhamos para domesticá-lo, trabalhamos para torná-lo inteligível, para compreender porque ele aconteceu, dar-lhe um passado e vislumbrar as consequências que ele pode trazer. Compreender o futuro possível que ele pode ter. (Lage; Salgado, 2011, p. 179-182)

Acredita-se que o caráter pansemiótico do universo (Nöth, 1995; Zechetto, 2005) pressuposto pela semiótica peirceana evidencia a potência do método para compreender dinamicamente os fenômenos sociais contemporâneos encobertos pelos infinitos véus digitais.

Ativismo *hashtag*: uma *affordance* comunicacional?

As possibilidades sociotécnicas de compartilhamento de conteúdos nas redes sociais ampliaram a necessidade do estabelecimento de diálogos pautados nos discursos disseminados e na natureza da conversação etiquetada.

Conforme Paveau (2013), a *hashtag* é uma das principais *affordances* técnicas incorporadas à rede a partir de 2007. Trata-se de uma forma linguageira, essencialmente social, que permite a afiliação difusa dos usuários (ambiente de afiliação), a tecnoconversação e a investigação (recuperabilidade) dos discursos. Originário do IRC (Internet Relay Chat), um protocolo de comunicação na internet, chegou ao Twitter por meio de Chris Messina em 2007. Na ocasião, o pesquisador utilizou as *hashtags* para propor grupos ou canais de conteúdos *ad hoc* no *microblogging*.

Desde então, as *hashtags* ganharam outras funcionalidades nas redes sociais, tornando-se, na perspectiva de Paveau (2013), uma *affordance* comunicacional específica que implica formas endêmicas de participação e rituais discursivos.

As *hashtags* permitem a articulação de um fluxo de narrativa e contextualizam o conteúdo narrado ofertando-lhe performatividade. Refere-se, portanto, a uma ação tecnodiscursiva que, associada à cultura participativa, tem a potencialidade de alterar o ambiente. Os sujeitos da conversação nem sempre são identificáveis por tratar-se de uma conversa pública mediada tecnologicamente e com possibilidades de, no caso do Twitter, ser retuitado e provocar afiliações difusas, moldadas muito mais pelo fluxo de conteúdos do que pelo emissor.

Nos últimos anos, o Twitter tornou-se muito utilizado nas pesquisas em Comunicação Social devido à expressividade dos diálogos e mensagens disseminados e à relativa facilidade de se reutilizar os dados disponibilizados. A partir dele foram desenvolvidas inúmeras aplicações digitais e efetivadas diferentes pesquisas.

O Twitário, por exemplo, é um aplicativo baseado na API (Application Programming Interface) do Twitter que gera um diário digital das 3.200 últimas postagens do assinante em formato PDF ou EPUB.

Um aspecto importante na economia da atenção desenvolvida pelo Twitter é o retuíte, uma forma de apoiar um ponto de vista, discutir e amplificar a circulação de uma mensagem já disponibilizada no *microblogging*.

Conforme assinalam Boyd *et al* (2010), entre outras razões encontradas para retuitar estão: a necessidade de amplificar ou disseminar *tweets* para novos públicos; entreter ou informar um público específico; tornar a presença de um ouvinte visível; concordar publicamente com alguém; validar os pensamentos dos outros usuários; reconhecer ou referir-se a pessoas menos populares ou a conteúdo menos visível; ganhar seguidores ou reciprocidade de participantes mais visíveis; e para salvar *tweets* para futuro acesso pessoal.

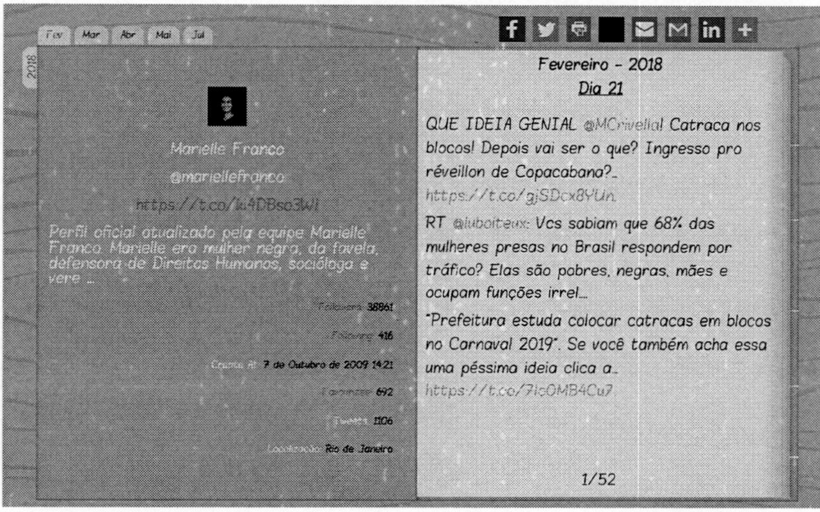

Figura 1 – Diário da conta de Marielle Franco no Twitter

Fonte: <http://www.twitario.com/pt/>.

Além disso, o *microblogging* é aberto a diferentes formas de filiação difusa, articuladas, em grande medida, pelas *hashtags*.

No contexto de múltiplos usos das *hashtags* ocorre a sua apropriação para fins políticos. Nesse âmbito, Yang (2016, p. 1) compreende que o ativismo *hashtag* renovou a atenção em relação à força do ativismo digital devido ao impacto na formação do discurso público, pelo caráter distributivo e de agência narrativa. Trata-se de um protesto discursivo disseminado nas mídias sociais através de uma palavra, frase ou sentença etiquetada. Yang (2016) considera a agência narrativa, expressa pelo ativismo *hashtag*, "a capacidade de criar histórias em mídias sociais utilizando as hashtags em uma direção coletiva que é reconhecida pelo público, ilustrada com uma análise de um texto histórico".

Baseado nas proposições de Campell (2005), Yang (2016) apresenta algumas características da agência retórica: a agência é simultaneamente comunal, social cooperativa e participativa; é, ao mesmo tempo, inventada e uma invenção; é materialmente limitada, linguisticamente constrangida e organiza-se como assuntos historicamente situados; surge como uma arte ou construção consolidada por meio de convenções genéricas, dispositivos textuais e retóricos; e, devido à abertura narrativa envolvida, pode revelar perversões. No âmbito do ativismo digital, essa agência retórica funciona com um ato simbólico a ser captado pela audiência.

O ativismo *hashtag* ocorre em meio a uma pletora de *tags* triviais, contudo, conforme Yang (2016), estas se articulam em uma forma narrativa temporalmente reconhecível com início, meio e final. Entretanto, devido ao seu caráter semântico, as *hashtags* podem ser descontinuadas, ressignificadas ou retomadas em outro momento sócio-histórico nem sempre percebido em uma mirada horizontal dos fenômenos humano-sociais na rede. Cabe ainda examinar a presença semiótica dos robôs que, ao simular comportamentos plausíveis na rede, embaralham significativamente a percepção e a performance do agente humano.

Os marcadores semióticos revelados pelas *hashtags* utilizadas no ativismo digital permitem acompanhar os desdobramentos de um evento através de narrativas ao vivo, porém, dispostas em ordem cronológica reversa na *timeline* do usuário. Dessa perspectiva, quando alcançamos um debate na rede por meio das *hashtags* é como se, momentaneamente, alcançássemos o interpretante final, dado que observamos o curso da significação de modo reverso.

Devido às complexidades assinaladas, atualmente é possível pensar no emprego das *hashtags* a partir de um olhar etnográfico com recortes analíticos específicos. Isso se deve, sobretudo, às diferentes formas de utilização.

No quadro ao lado, sistematizam-se alguns dos principais usos das *hashtags* nos ambientes digitais, com especial atenção ao ativismo exercido por seu intermédio.

Quadro 1 – Práticas tecnodiscursivas

Prática tecnodiscursiva	*Hashtags* adotadas
Demonstrar um sentimento ou humor	#wary #chateada
Maximizar o alcance da *hashtag* e organizar os diferentes tipos de fonte sobre um assunto sob uma *hashtag* única	#worldcoup
Alertar sobre situações perigosas, eventos de crise	#Tsunami #fuiassaltado
Evocar valores identitários	#eusoubrasileiro
Funcionar como uma meta-*hashtag* – voltada a públicos *ad hoc* e *praeter hoc*	#LGBT
Denunciar e divulgar causas e protestos, comunicar eventos e mobilizações (os eventos podem ser ou não efêmeros)	#refugiados #devolveopassaporte #blacklivesmatter #HandsUpDontShoot #meuprimeiroassédio
Coordenar públicos – para informar e organizar um movimento a partir da rede	#bringbakeoursgirls #MeToo
Abordar temas específicos; demonstrar uma posição política de acordo com um contexto social; emitir opiniões	#jesuischarlie #somostodoscláudia #Elenão #nãofoiassalto #Mariellevive #lulalivre
Revelar um conjunto de habilidades heurísticas que envolvem estratégias e sutilezas	#devolveopassaporte #ficaquerida #Ahbrancodaumtempo
Compartilhar histórias relacionadas	#NoireNestPasMonMetier #meuprimeiroassédio

Fonte: Elaborado pela autora

Sobre o método em ambientes digitais

O exame de fenômenos humano-sociais em ambientes digitais é uma atividade de elevada complexidade, pois demanda conhecimentos sobre o assunto em análise, assim como implica o uso de habilidades tecnológicas para coletar dados na emergência dos acontecimentos que permitam conhecer aspectos distintos de sua dinâmica.

No que se refere à complexidade da pesquisa em ambientes digitais, Ruediger (2018) destaca que o volume de dados é sempre um desafio, sendo necessário construir metodologias que auxiliem na compreensão dos aspectos sociais e políticos.

Na seara plurivocal de interesses e pertencimentos na rede, é imprescindível identificar o *modus operandi* das subjetividades coletivas em interação discursiva. É, portanto, fundamental mapear os níveis de homogeneidade interna, intencionalidade, identidade e organização.

> Tais grupos possuem como característica sua causalidade coletiva, o que significa que as subjetividades e coletividades interagem de tal forma internamente e em relação aos outros grupos do mundo real que acabam exercendo um efeito seja intencional ou não. Se assumirmos que são sistemas sociais que existem realmente, temos que enxergar a causalidade exercida neles de uma dada subjetividade como sendo diferente daquela causalidade ativa. (Ruediger, 2018, p. 8)

No caso das *hashtags*, por se tratarem de objeto linguístico vocalizado dinamicamente por subjetividades coletivas em interação na rede, torna-se urgente compreendê-las como instância sígnica com referência ao caráter indicial e simbólico que, alternadamente, exercem no fluxo digital.

A modelagem do *corpus* de *hashtags* pode ser realizada levando-se em consideração os seguintes critérios: descrição da essência dos materiais e temas implicados, caracterização do tópico da pesquisa, a modalidade de ampliação do *corpus* (critérios), os estratos sociais implicados, as evidências para saturação, a duração dos ciclos de coleta e a fonte da coleta dos dados.

Em função disso, o *corpus* deve ser homogêneo, responder aos propósitos gerais e específicos da pesquisa, ser revelador da estabilidade e da mudança em uma dada realidade e ajudar a tipificar representações desconhecidas presentes nos ambientes digitais (Bauer; Aarts, 2002).

A automação da coleta das *hashtags* para fins de análise precisa considerar o contexto de modo que seja possível produzir rotinas ou algoritmos para a coleta de dados contextualizados e estruturados, ou seja, é indispensável evidenciar a terminologia frequente e sua variação e contexto de uso, "o sistema linguístico do idioma em que se coletam com especial atenção às variações regionais, erros gramaticais e o uso de expressões idiomáticas e gírias, antevendo potenciais contrações, comuns no âmbito da internet, quaisquer construções coloquiais que integrem o debate" (Ruediger, 2018, p. 11).

Sobre esse aspecto, a FGV/DAPP dispõe, atualmente, de um monitor de temas que, em tempo real, "identifica tendências, oscilações e assuntos que centralizam, por certo momento, as discussões no Twitter" (Ruediger, 2018, p.12).

Conforme já assinalado, por sua função no Twitter, os retuítes também podem se configurar como elemento de análise importante e evidenciar construções simbólicas e relações fundamentais à compreensão das questões de pesquisa.

Para visualizar e formalizar as redes de interação, extrair informações estáticas acerca das relações estruturais observadas e auxiliar na composição dos *clusters*, é oportuno utilizar *softwares* de análise de redes sociais, tais como o Gephi, Ucinet, Pajek, entre outros. Contudo, é importante ressaltar que a interpretação das métricas e dos grafos gerados está sempre em articulação com a indagação de origem e o quadro teórico adotado.

Neste capítulo, optou-se por analisar o potencial das *hashtags* como agência retórica, tomando-se por referência a sua característica de perversão. Essa característica foi analisada na onda de *fake news* iniciada em 16 de março de 2018, quando a vereadora Marielle Franco foi associada ao traficante Marcinho VP. A associação intensificou a polarização do debate nas redes sociais, exercido fundamentalmente, por retuítes e *hashtags*.

Necropolítica, relações de poder e o discurso de ódio nas redes sociais: o assassinato da vereadora Marielle Franco

#MarielleFrancoPresente

O debate sobre a interface entre as relações de poder, a necropolítica e os discursos de ódio na rede ocupam o centro da cena de um modo contínuo. Na *terra brasilis*, a barbárie com a qual se dizimam física e moralmente os "diversos" é algo assustador, para dizer o mínimo. As redes sociais verbalizam os interesses dessas diferentes personas em fluxos de crônicas heterotópicas. Conforme destaca Mbembe (2018, p. 5),

> A expressão máxima da soberania reside, em grande medida, no poder e na capacidade de ditar quem pode viver e quem deve morrer. Por isso, matar ou deixar viver constituem os limites da soberania, seus atributos fundamentais. Ser soberano é exercer controle sobre a mortalidade e definir a vida como implantação e manifestação de poder.

Atualmente, a instância de biopoder exercido pelo Estado alcança a esfera planetária, produz performances midiáticas *online* enquanto banaliza o valor das corporeidades diversas e dissidentes.

Diante desse contexto de relações de poder comandadas pelo timão da necropolítica, é oportuno não perder de vista o direito à vida como uma luta imediata e transversal, "contra o governo da individualização". Foucault (1995, p. 234) sugere que:

> Uma outra forma de prosseguir em direção a uma nova economia das relações de poder, que é mais empírica, mais diretamente relacionada à nossa situação presente, e que implica relações mais estreitas entre a teoria e a prática. Ela consiste em usar as formas de resistência contra as diferentes formas de poder como um ponto de partida. Para usar uma outra metáfora, ela consiste em usar esta resistência como um catalisador químico de modo a esclarecer as relações de poder, localizar sua posição, descobrir seu ponto de aplicação e os métodos utilizados. Mais do que

analisar o poder do ponto de vista de sua racionalidade interna, ela consiste em analisar as relações de poder através do antagonismo das estratégias.

O Brasil recebeu, entre incrédulo e atônito, a notícia do assassinato da vereadora Marielle Franco em 14 de março de 2018.

Nascida no Complexo da Maré, Zona Norte do Rio de Janeiro, em 27 de julho de 1979, a vereadora era considerada uma referência nacional na luta pelos direitos humanos. Em março de 2018, atuava em seu primeiro mandato como vereadora na Câmara Municipal do Rio de Janeiro, assumindo agendas políticas que tomavam como referência os direitos humanos, o apoio e a assistência às vítimas da violência urbana. Em função dessa atuação, a vereadora tornou-se a responsável pela relatoria da Comissão da Câmara de Vereadores do Rio, criada para acompanhar a intervenção federal na segurança pública do Rio de Janeiro.

Figura 2 – Último tuíte de Marielle Franco em 10/03/2018, 18h37

A vereadora Marielle foi executada a tiros, junto com seu motorista, Anderson Gomes, no centro da cidade do Rio de Janeiro. O crime teve grande repercussão nacional e internacional e motivou cerca de 2,14 milhões de menções no Twitter entre os dias 14 e 18 de março de 2018. As menções sobre o assassinato nas redes sociais constituíram três eixos: o assassinato em si, as *fake news* difamatórias que vinculavam Marielle a criminosos e, finalmente, a onda de desmentidos dos boatos sobre a vereadora. De acordo com a Fundação Getúlio Vargas, o debate em torno do assassinato da vereadora Marielle Franco contou com a evidência da ação de 1.883 robôs.

Devido ao impacto do acontecimento no contexto político e seus desdobramentos para a pesquisa realizada em ambientes digitais, considera-se oportuno compreender o fluxo semiótico das práticas tecnodiscursivas subsumidas no ativismo *hashtag*, indo além dos repertórios da vertiginosa pletora de *hashtags* produzidas.

Discussão

A repercussão do assassinato de Marielle Franco foi acompanhada em tempo real por vários institutos de pesquisa que coletaram dados e produziram análises sobre o acontecimento em diferentes perspectivas.

Na ocasião, o DAPP/FGV mapeou as principais *hashtags* que envolveram o acontecimento e as organizou de modo contextual. Segundo a instituição,

> O nome da vereadora aparece em mais de metade das publicações (60% do debate), em 340 mil menções. Além de palavras relacionadas à Marielle, entre as dez palavras mais usadas no debate estão 'negra', em 74 mil menções (ou 13%); 'mulher' (10%, 62 mil) e 'assassinada' (10%, 57 mil); 'execução' e 'executada', com 57 mil menções cada (ou 9%). Esses dados destacam o debate sobre as motivações da morte da vereadora, colocando o fato como um assassinato e não uma tentativa de assalto.
>
> A hashtag mais usada no debate, #mariellepresente, aparece em 44,7 mil postagens (ou 8% do debate) e constou dos trending topics do Twitter no Brasil. Outras hashtags mais usadas são #nãofoiassalto, em 17 mil postagens (ou 3%); #mariellefranco, em 11 mil postagens (ou 2%); e #mariellefrancopresente e #justiçaparamarielle, em cerca de 5,7 mil postagens (ou 1%) cada.

No período de 14 a 18 de março de 2018, o debate dinamizou a opinião pública, sendo possível afirmar que os tecnodiscursos dispostos na rede pautaram a formação de opiniões, a cobertura jornalística e a movimentação pública nas ruas.

Figura 3 – Batalha de narrativas

Fonte: DAAP/FGV4

No dia 16 de março de 2018, foi publicado o primeiro tuíte que associava Marielle Franco ao traficante Marcinho VP. Esse tuíte foi retuitado pelo deputado federal Alberto Fraga, presidente do DEM/DF, e teve influência no Facebook por meio das postagens de Paulo Nader e da desembargadora Marília Castro Neves, conforme dispostos na página a seguir.

A batalha tecnodiscursiva que se seguiu provocou polarizações entre as subjetividades coletivas que movimentam os fluxos digitais dispostos na rede. O conteúdo difundido em respostas aos ataques contra a vereadora compôs 72,71% do total das postagens, e os tuítes com postagens que a atacaram e difundiram notícias falsas totalizaram 22,19%.

4. Disponível em: <http://dapp.fgv.br/reacao-boatos-superou-difusao-de-informacoes-contra-marielle-no-twitter-aponta-estudo-da-fgv-dapp/>.

Deputado do DEM espalha calúnias sobre Marielle Franco

17 de março de 2018 eduguim Destaque, Todos os posts, Últimas notícias

3.016

Alberto Fraga
@alberto_fraga

Blog da Cidadania ÚLTIMAS NOTÍCIAS

Seguir

Conheçam o novo mito da esquerda, Marielle Franco. Engravidou aos 16 anos, ex esposa do Marcinho VP, usuária de ma[...] defensora de facção rival e eleita pelo [...] do Vermelho, exonerou recente[...]6 funcionários, mas quem a m[...]foi a PM.

22:19 - 16 de mar de 2018

Figura 4 – Postagem de Alberto Fraga no Twitter

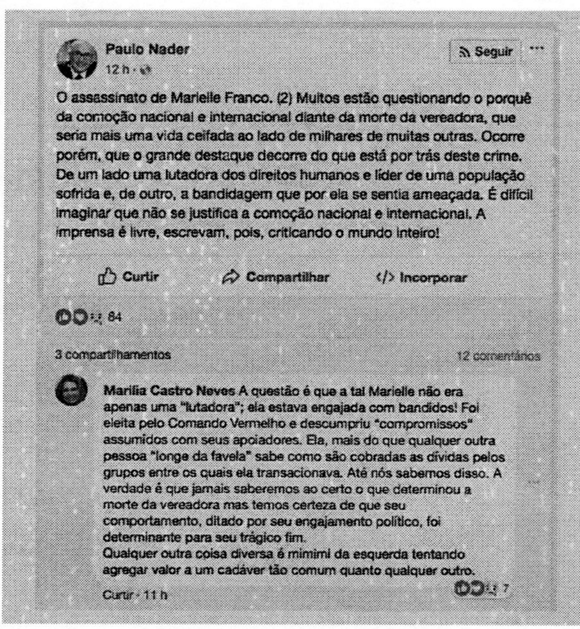
Paulo Nader
12 h

Seguir

O assassinato de Marielle Franco. (2) Muitos estão questionando o porquê da comoção nacional e internacional diante da morte da vereadora, que seria mais uma vida ceifada ao lado de milhares de muitas outras. Ocorre porém, que o grande destaque decorre do que está por trás deste crime. De um lado uma lutadora dos direitos humanos e líder de uma população sofrida e, de outro, a bandidagem que por ela se sentia ameaçada. É difícil imaginar que não se justifica a comoção nacional e internacional. A imprensa é livre, escrevam, pois, criticando o mundo inteiro!

Curtir Compartilhar </> Incorporar

84

3 compartilhamentos 12 comentários

Marília Castro Neves A questão é que a tal Marielle não era apenas uma "lutadora"; ela estava engajada com bandidos! Foi eleita pelo Comando Vermelho e descumpriu "compromissos" assumidos com seus apoiadores. Ela, mais do que qualquer outra pessoa "longe da favela" sabe como são cobradas as dívidas pelos grupos entre os quais ela transacionava. Até nós sabemos disso. A verdade é que jamais saberemos ao certo o que determinou a morte da vereadora mas temos certeza de que seu comportamento, ditado por seu engajamento político, foi determinante para seu trágico fim.
Qualquer outra coisa diversa é mimimi da esquerda tentando agregar valor a um cadáver tão comum quanto qualquer outro.

Curtir · 11 h 7

Figura 5 – Postagens de Paulo Nader e Marília Castro Neves no Facebook

A onda de ataques foi vencida discursivamente em 19 de março de 2018 pela presença de um volume maior de postagens em defesa de

Marielle Franco. Nesse contexto, várias iniciativas foram realizadas para conter a onda de boatos e criada uma rede de apoio à memória da vereadora.[5]

Figura 6 – Postagem contendo boatos viralizada na rede

A forte presença de robôs e a adoção de retuítes foram a marca principal desse acontecimento nas redes digitais.

O ambiente de afiliação das subjetividades coletivas organizou-se em torno do suporte à vereadora e às causas apoiadas por ela, à organização de eventos públicos para exigir soluções em relação a sua morte e às *fake news* sobre a sua vida e atuação política.

No contexto conversacional, foi possível identificar a postagem que mais reverberou na rede. A postagem foi feita por Milena Martins, a @badgcat, uma jovem de 17 anos que teve sua publicação retuitada cerca de 33 mil vezes. Nela, Milena Martins dizia "marielle morreu dps de denunciar abuso dos militares e a galera tá falando 'morreu pelas mãos dos bandidos que ela defende'. acho que ela morreu pelas mãos dos bandidos que você defende, amigo".

Em decorrência dessa postagem, o perfil de Milena foi muito acessado na rede e a jovem passou a receber muitas mensagens e ameaças,

5. Disponível em: <https://www.mariellefranco.com.br/averdade>.

como a postagem feita pelo perfil @FelipeA72601589, que dizia: "A próxima a morrer é tu se ficar falando mt".

O assassinato de Marielle Franco foi um acontecimento político de proporção internacional, amplamente coberto e analisado pelos institutos de pesquisas digitais no Brasil e no exterior. Os dispositivos utilizados nas análises realizadas em tais instâncias produziram quadros contextuais detalhados e permitiram extrair, conforme destacado acima, os diferentes fluxos semióticos presentes no debate por meio dos vestígios digitais dispostos na rede. Foi possível individualizar os atores sociais mais proeminentes em virtude das estratégias tecnodiscursivas adotadas (*hashtags*, *retuítes* e *fake news*).

As características centrais da agência retórica mostraram-se válidas, permitindo identificar os elementos de perversão em funcionamento no fenômeno analisado.

O fluxo de semiose oriunda das subjetividades coletivas dispostas em rede e materializadas como postagens revelou, em termos prospectivos e projetivos, o funcionamento do interpretante dinâmico em sua tríade (emocional, energética e lógica). Desse ponto de vista, dependendo do contexto de análise, foi possível tipificar as evidências digitais presentes no debate sobre o assassinato de Marielle Franco como interpretante emocional, energético ou lógico.

No quadro ao lado, relacionam-se alguns trechos extraídos do *corpus* de *hashtags* dispostos na rede. Esses tecnodiscursos foram articulados tendo em vista a confluência entre a agência narrativa e o interpretante dinâmico. Cabe ressaltar, no entanto, que o propósito dessa demonstração não foi o de categorizar os tecnodiscursos em extratos fixos de interpretante, mas explicitar o caráter dinâmico da semiose.

No desenvolvimento das pesquisas, é importante não perder de vista que as novas *affordances* tecnológicas e comunicativas empregadas no mapeamento da semiose em ambientes digitais podem acarretar inúmeros embaraços éticos. Os instrumentos tecnológicos utilizados no curso de compreensão dos fenômenos podem levar à individualização dos sujeitos sociais envolvidos e, de acordo com o contexto, acarretar prejuízos e riscos desproporcionais.

Quadro 2 – Tecnodiscursos do caso Marielle Franco

Agência retórica	Interpretante emocional	Interpretante energético	Interpretante lógico
Comunal participativo	RT @AntiracismCtr: We join in demanding justice for Marielle Franco #MariellePresente #SayHerName international #antiracism	RT @amnistiapt: Hoje, sem serem precisas explicações, pedimos: ajudem a exigir PROTEÇÃO para todos os defensores de direitos humanos. Eles precisam de nós. > https://t.co/r5Z3Ogf6jL #Brave #JustiçaParaMarielle #MariellePresente	A cantora Katy Perry interrompeu na noite deste domingo (18) o show no Rio para fazer uma homenagem a Marielle! #MarielleVive #MariellePresente
Invenção/ inventada	Nas próximas eleições lembrem de Marielle, votem em Marielles exemplos de algumas Marielle espalhadas pelo nosso país #MarielleVive #MariellePresente	RT @DilmaResiste: #Mariellepresente Enquanto a central de boatos da direita tenta dizer que Marielle era casada com traficante...	RT @DilmaResiste: #MariellePresente Ministros do Supremo e a defesa de Lula encontraram um jeito de acabar com a prisão após...
Limites	É que é o último dia da novela. Coisa sagrada. Nosso abençoado país vai sempre preferir samba, novela e futebol ao radicalismo político. #ResistaCarmenLucia, #MariellePresente. Leis para todos, proteção para todos, justiça para todos.	A maior votação de Marielle Franco aconteceu no Jardim Botânico, bairro nobre do Rio de Janeiro. É um dado. Portanto, além de mentira, dizer que ela foi eleita por membros do CV nas comunidades é também um erro estatístico. #MariellePresente	Tentando eliminá-la, lançaram um facho de luz sobre sua luta e tudo o que ela representa. Quem queriam calar, grita mundo afora! #MariellePresente
Convenção	#MariellePresente	#nãofoiassalto	#JustiçaParaMarielle
Perversão	Marielle engravidou aos 16 anos	Marielle era ex-mulher do traficante Marcinho VP	Marielle foi eleita pelo Comando Vermelho

Fonte: elaborado pela autora

Considerações finais

A realização de pesquisas científicas em simultaneidade à emergência dos fenômenos humano-sociais tem sido um desafio de grandes proporções na contemporaneidade.

A dinâmica social em ambientes digitais exige, cotidianamente, a reinvenção dos métodos de abordagem em face de novas *affordances* tecnológicas e comunicativas.

A rastreabilidade, a flexibilidade e a facilidade de armazenamento, manuseio e processamento de dados tornaram possível o acompanhamento em tempo real dos fenômenos sociais em suas diferentes dobras digitais.

No estudo realizado, a epistemologia semiótica se revelou potente para apoiar a identificação, a análise e a compreensão acerca dos desdobramentos do acontecimento político digital referente ao assassinato da vereadora Marielle Franco, no Rio de Janeiro, em março de 2018.

A disputa tecnodiscursiva, que se seguiu ao acontecimento, foi compreendida no âmbito do ativismo *hashtag*. Apesar do apelo à presumida neutralidade das plataformas, foi possível repertoriar e compreender os diferentes usos e narrativas políticas produzidas em ambientes digitais.

REFERÊNCIAS

BAUER, Martin W.; AARTS, Bas. "A construção do *corpus*: um princípio para a coleta de dados qualitativos". In: BAUER, Martin W.; GASKELL, George. *Pesquisa qualitativa com texto, imagem e som*: um manual prático. Petrópolis: Vozes, 2002. p. 39-63.

BOYD, Danah, GOLDER, Scott, LOTAN, Gilad. Tweet, Tweet, Retweet: Conversational Aspects of Retweeting on Twitter. 43rd Hawaii International Conference on System Sciences, Kauai, 6 January

2010, 1-10. Disponível em: <http://www.danah.org/papers/TweetTweetRetweet.pdf>.

FOUCAULT, Michel. "O sujeito e o poder". In: DREYFUS, Hubert; RABINOW, Paul. *Michel Foucault*: uma trajetória filosófica – Para além do estruturalismo e da hermenêutica. Rio de Janeiro: Forense Universitária, 1995.

LAGE, Leandro Rodrigues; SALGADO, Tiago Barcelos Pereira. Por uma abordagem pragmatista dos acontecimentos: entrevista com Louis Quéré. *Revista do Programa de Pós-graduação da Escola de Comunicação da UFRJ*, Rio de Janeiro, v. 14, n. 2. jan. 2011.

MBEMBE, Achille. *Necropolítica*. Rio de Janeiro: N-1, 2018.

MORA, José Ferrater. *Dicionário de Filosofia*. São Paulo: Martins Fontes, 1994.

MOURA, Maria Aparecida. Semiótica e Mediações Digitais. Tese (Doutorado em Comunicação e Semiótica) - Faculdade de Filosofia, Comunicação, Letras e Artes da PUC-SP, São Paulo, 2002.

PAVEAU, Marie-Anne. *Hashtag*. Disponível em: <https://technodiscours.hypotheses.org/488>.

PINTO, Júlio. *1, 2,3 da semiótica*. Belo Horizonte: Editora UFMG, 1995. 69p.

QUÉRÉ, L. Entre o facto e o sentido: a dualidade do acontecimento. *Trajectos*, Lisboa, n. 6, p. 59-75, 2005.

RAMBUKKANA, Nathan. *Hashtag publics*: the power and politics of discursive networks. New York: Lang, 2015.

RUEDIGER, Marco Aurélio. *Nem tão #simples assim*: o desafio de monitorar políticas públicas nas redes sociais. Rio de Janeiro: FGV/DAPP, 2017. Disponível em: <http://dapp.fgv.br/publicacao/nem-tao-simples-assim-o-desafio-de-monitorar-politicas-publicas-nas-redes-sociais/>.

SANTAELLA, Lúcia. Epistemologia semiótica. *Cognitio*, São Paulo, v. 9, n. 1, p. 93-110, jan./jun. 2008.

SANTAELLA, Lúcia. *Metodologia semiótica*: fundamentos. São Paulo: USP, 1993.

SEBEOK, Thomas A.; UMIKER-SEBEOK, Jean. "Você conhece meu método: uma justaposição de Charles Sanders Peirce e Sherlock Holmes". In: ECO, Umberto, SEBEOK, Thomas A. (orgs.). *O signo de três*: Dupin, Holmes, Peirce. São Paulo: Perspectiva, 1991. p. 13-58.

TOLEDO, José Roberto de. MORAES, Kellen. Marielle bate impeachment no Twitter. *Folha de São Paulo*. 17/03/2018. Disponível em: <http://piaui.folha.uol.com.br/marielle-bate-impeachment-em-alcance-no-twitter/>.

YANG, Guobin. Narrative agency in hashtag activism: the case of #BlackLivesMatter. *Media Communication*, v. 4, n. 4, p. 13-17.

ZECCHETTO, Victorino. *Seis semiólogos en busca del lector*: Saussure, Peirce, Barthes, Greimas, Eco, Verón. Buenos Aires: La Crujía, 2005.

Entre *hashtags* e textos visuais: textualidades constituídas na interseção de metodologias digitais e análises qualitativas de imagens[1]

Joana Ziller
Maiana Abi-Sâmara
Bruno Furtado

Introdução

Como agregar tematicamente publicações que vão além dos textos planos e se encontram dispersas em vários perfis de plataformas de redes sociais? Este artigo apresenta dois exemplos de pesquisas que se depararam com tal desafio ao mergulharem em ambientes digitais – o Tumblr e o Instagram. Em ambos os casos, a solução encontrada para chegar a imagens selecionadas por temáticas, e não publicadas em perfis específicos, se baseou no uso de *hashtags*.

Utilizadas para *etiquetar* os conteúdos, as *hashtags* agem também como agregadores e ajudam a tecer um contexto de fruição das imagens (e outras formas de texto). Nesse sentido, tendem a ter especial importância naquelas plataformas em que as palavras não são o elemento central das postagens. Formadas pelo caractere # (cerquilha, ou *hash* em inglês) e por uma palavra (vista como etiqueta ou *tag*), as *hashtags* apresentam a função técnica de destacar termos-chave que ajudem a

1. Trabalho desenvolvido com apoio da Fapemig, projeto APQ-03164-16.

indexar o conteúdo associado a elas, de modo que "são, por padrão, categorizadoras ou organizadoras" (Wikstrom, 2014, p. 128). Assim, agem também como elementos a partir dos quais se podem empreender buscas.

Se pensarmos na etapa anterior à sua utilização na busca, o uso de *hashtags* em plataformas de rede social – considerando sua função de categorizar e agregar a postagem do usuário a um conjunto de conteúdo – pode indicar uma audiência presumida (Zappavigna, 2011; Rocheleau & Millette, 2015; Bruns & Burgess, 2015), ou seja, a expectativa do usuário de tornar sua postagem encontrável e contribuir para o fluxo de textos sobre algum tópico que será visto por outras pessoas, apontando para a intencionalidade de diálogo e de participação em textualidades coletivamente constituídas. Nota-se então que a assimilação do recurso de *hashtags* se dá em dinâmicas sociais e abre um leque de funções diversas em seu uso (Wikistrom, 2014).

Pensar as *hashtags* como balizadoras de estratégias metodológicas implica levar em conta suas potencialidades e as intencionalidades envolvidas em seu uso, numa espécie de disputa semiótica em constante negociação. Tais características são constituintes das duas pesquisas aqui abordadas: a que se volta ao microgênero músico-visual #Vaporwave em postagens no Tumblr, desenvolvida por Maiana Abi-Sâmara; e a que tem como foco as postagens no Instagram marcadas com #vemprarua, planejada e implementada por Bruno Furtado.

Hashtags como objeto digital: funcionalidades, práticas de uso e circulação

O recurso de etiquetagem (atribuição de *tags*, que funcionam como palavras-chave) está presente em diversas plataformas online e, entre as redes contemporâneas,[2] se disseminou principalmente no Twitter a

2. A relevância das *hashtags* vai além das dinâmicas de plataformas online, se espraiando de forma híbrida em contextos offline. Um exemplo foram as Jornadas de Junho de 2013, nas quais era possível ver com frequência cartazes com *hashtags* como a #vemprarua (D'Andréa, Alzamora e Ziller, 2015), mas também outras manifestações populares ao redor do mundo (Ferguson, Occupy Gezi, protestos no Egito, manifestações pró e

partir de 2007. *Hashtags* também são metadados, ou seja, destacam-se do corpo primário do texto e fornecem informação sobre a própria informação a que estão atreladas, a fim de oferecer contexto relevante, comentários adicionais e otimizar a possibilidade de um conteúdo ser encontrado (Zappavigna, 2011). Nos ambientes digitais, têm usos diversos, desde os códigos de programação invisíveis ao usuário comum até as publicações em plataformas de redes sociais. Em cada um desses contextos, sua utilização guarda peculiaridades.

O uso de metadados é bastante presente, já há um longo tempo, nas áreas de organização de informação e de programação. A novidade teórico-metodológica a que nos referimos aqui é a aproximação entre o uso desses metadados e o estabelecimento de interações sociais. Assim, as *hashtags* expandem seu alcance e se mostram, além de ferramentas de demarcação de assunto, como recursos sociais atuando no estabelecimento de vínculos interpessoais, de comunidades, públicos e dinâmicas comunicativas (Zappavigna, 2015).

Configuradas como hiperlinks nas plataformas de rede social, por exemplo, as *hashtags* funcionam como agregadores temáticos, mediando o acesso a páginas de resultados em que têm primazia conteúdos que outras pessoas estão publicando, em uma aproximação que não é apenas temática, mas também temporal. Tal "deslocamento para uma busca interpessoal resultou na emergência da conversação pesquisável, ou seja, um discurso online onde a função primária parece ser a de afiliação pela 'encontrabilidade'" (Zappavigna, 2011, p. 789).

As *hashtags*, entretanto, não são o recurso exclusivo que viabiliza a articulação dos tópicos mediados por seu uso, assim como também não são mero reflexo passivo de discursos e organizações sociais preexistentes (Rambukkana, 2015, p. 3). Esses itens são parte importante na construção de eventos e de saberes, fazem parte de redes potencialmente infinitas, conformando pontos a partir dos quais é possível estabelecer conexões variadas (Bruns & Saute, 2015), "(...) são nós na formação

antigoverno no Brasil em 2016). Inscritas em muros e cartazes, as *hashtags* migram das interfaces de aparelhos eletrônicos, mas mantém sua potência como elemento cultural contemporâneo, circulando em espaços coletivos e ressaltando o caráter híbrido entre ruas e redes.

de discussões distribuídas nas quais sua própria materialidade como elocução performativa está profundamente implicada" (Rambukkana, 2015, p. 3).

D'Andréa, Alzamora e Ziller (2015, p. 119) apontam que, em diversos casos, as *hashtags*, mais do que manifestar consensos, reúnem e deixam ver as contradições e disputas em torno de um tópico. Essa visibilidade de incongruências pode ser de grande valor para a compreensão de um assunto e sua negociação coletiva. Observando o que se agrega a partir da articulação de uma *hashtag*, além da busca por uma unificação ali manifestada, parece produtivo buscar justamente pelos conflitos e multiplicidades que orientam uma visão do discurso como processo em formação, como texto em emergência.

Assim, metodologicamente, as *hashtags* podem basear estratégias de construção do corpus de pesquisas tematicamente recortadas e que busquem por narrativas que emergem de tal recorte temático, desejando, com isso, não a uniformização dos textos, mas a valorização de semelhanças e contradições constituintes. Nas pesquisas que detalhamos a seguir, as *hashtags* foram ponto de partida fundamental para constituição do corpus e, também, balizaram análises qualitativas implementadas em uma fase posterior à coleta automatizada.

#Vaporwave: hashtags músico-visuais no Tumblr

No período entre 2015 e 2017, desenvolvemos a pesquisa que resultou na dissertação de mestrado *tumblr.com/tagged/vaporwave: redes de sentidos articuladas pela hashtag vaporwave*. O trabalho se debruçou sobre o vaporwave, uma palavra associada à publicação de imagens e músicas com um estilo fortemente marcado pela intervenção digital. Produzidas por meio de apropriações midiáticas, as publicações atreladas à palavra vaporwave começaram a circular em plataformas digitais como o Reddit, Tumblr, Soundcloud e Bandcamp em meados de 2012. Através do uso da ferramenta Google Trends, foi possível verificar o início das buscas por “vaporwave” em 2012, a ausência do termo nos anos anteriores e o crescimento acentuado da procura nos anos posteriores.

Apesar de possuir um nome próprio, o objeto da pesquisa se mostrou dinâmico, em expansão e múltiplo na tentativa de uma definição. As poucas referências teóricas disponíveis indicaram variações como: gênero musical, estilo, movimento artístico, subcultura e meme de internet. Além disso, as referências e publicações apontaram que o vaporwave se associa a questões de ironia, crítica ao capitalismo e retomada nostálgica das representações de futuro tecnológico do final do século XX.

Tendo em mãos um signo verbal inventado para identificar um tipo de conteúdo midiático, o trabalho se desenvolveu a partir da possibilidade de observar o surgimento e o desdobramento desse termo novo, buscando mais mapear questões que se mostram quando seguimos o fio nomeado de vaporwave na rede digital contemporânea, do que circunscrever um sentido para o termo. Justamente pela fugacidade da definição do objeto, pelas práticas de apropriação midiática e por sua circulação através da internet, optou-se por propor um olhar sobre o vaporwave enquanto categoria reconhecível e atribuível, sendo observada sua manifestação como *hashtag*: uma categoria de indexação operante em diversos ambientes online e que pode ser atribuída por usuários a qualquer conteúdo nesses ambientes.

Essa proposta de foco na circulação como hashtag surge do interesse na observação da construção dinâmica do termo: ao ser usado como rótulo indexador, o termo vaporwave tanto articula quanto é articulado pela rede de postagens na qual se insere.

Como vaporwave é uma palavra surgida recentemente, também as *hashtags*, que são utilizadas juntamente com ela, têm potencial para compor sentido e detalhar adjacências do campo abarcado pelo termo. A pesquisa, ao propor esse entendimento do vaporwave focado em sua dinâmica como *hashtag*, se voltou também para o conjunto das *hashtags* co-ocorrentes.

A pesquisa propôs observar as postagens feitas no Tumblr, um serviço de rede social e plataforma de publicações que permite o compartilhamento de material em diversos formatos: textos, imagens, vídeos, links e áudio. O Tumblr é uma das plataformas relevantes na circulação do vaporwave, e o uso de hashtags é um mecanismo central na comunidade de usuários.

De posse da escolha do objeto e de um *locus*, a pesquisa se confrontou com a indagação sobre qual seria a dimensão total do corpus – formado por todas as postagens marcadas como vaporwave na plataforma escolhida – uma vez que o Tumblr não disponibiliza esse dado em sua página de busca.

Quando a pesquisa foi desenvolvida, não havia ferramentas para coleta de dados retroativos no Tumblr, de modo que partimos para uma verificação da API[3] pública à procura da possibilidade de obtermos a informação sobre o número total de postagens que comporia o corpus. Por meio de um *script* constituído especificamente para isso, recolhemos todas as postagens com #vaporwave publicadas no Tumblr entre dezembro de 2014 e abril de 2016.[4]

Obteve-se assim um conjunto de dados estruturados relativos a 44.000 publicações feitas ao longo de 17 meses. Essas postagens foram organizadas em tabelas mensais contendo sete metadados, entre eles data de publicação, tipo (imagem, áudio, vídeo, texto ou link) e *hashtags* co-ocorrentes.

3. A API (Aplication Programming Interface) é um conjunto de recursos e protocolos que viabiliza a programação de aplicações que utilizem parte dos dados ou funcionalidades de uma plataforma para exibir resultados diversos. O Tumblr oferece, em sua API pública, o método *tagged*, por meio do qual é possível requisitar dados, aplicando como critério de filtragem a presença de uma *hashtag* especificada e obtendo um conjunto de postagens com seus respectivos metadados estruturados. Nesse ponto da pesquisa, recorremos à fundamental colaboração de um pesquisador e programador, que escreveu, na linguagem Python, um *script* para requisição de dados das postagens que contivessem #vaporwave. Vale registrar que, pouco tempo após a coleta feita através do *script*, a iniciativa Digital Methods lançou uma ferramenta que faz justamente uso do *tagged method* da API do Tumblr. Por meio de interface no site da ferramenta, especifica-se uma *tag* e obtém-se um arquivo com os dados referentes às postagens que contenham o termo solicitado. A ferramenta está disponível em: <https://tools.digitalmethods.net/netvizz/tumblr/>.

4. Vale registrar que se desejava que a data inicial fosse 2012, mas uma indisponibilidade não identificada na API pública do Tumblr restringiu o período possível de coleta/constituição do corpus.

Esses dados estruturados permitiram a observação de alguns aspectos, dos quais dois foram particularmente relevantes para os passos seguintes: cerca de 70% das postagens eram do tipo imagem e mais de 95% das postagens traziam outras hashtags além de #vaporwave – em uma média de 7 *hashtags* em cada publicação.

Com a confirmada frequência e importância da presença de outras hashtags junto a #vaporwave, partiu-se para a elaboração de um grafo da rede de co-ocorrências, considerando as 100 *tags* mais utilizadas. Nessa etapa, esperava-se que o grafo pudesse indicar agrupamentos (*clusters*) de palavras que se conectavam mais intensamente entre si, abrindo espaço para uma proposta de leitura desses grupos como modo de mapear a rede dos sentidos do vaporwave. Entretanto, a rede obtida se mostrou bastante uniforme, com cada nó se conectando a um grande número de outros nós e sem formação clara de grupos.

A partir daí, ganhou vulto a necessidade de uma abordagem metodológica que permitisse a identificação e exploração mais a fundo dos elementos presentes na rede de sentidos mobilizados pela #vaporwave. Qualitativamente, propusemos agrupamentos a partir de alguns temas que ofereceram consistência para mostrar vínculos entre os 100 termos que se apresentaram na lista de *hashtags*.

As 100 *tags* foram categorizadas em grupos relativos a: aspectos visuais e menção a arte; aspectos musicais e nomes de estilos; temporalidade e nostalgia; digitalidade; sujeito e estado de espírito; Japão e referências orientais; sadboys; e adjetivos e palavras amplas. A intenção não foi definir categorias fixas e absolutas, sendo possível ponderar que algumas *hashtags* poderiam ser incluídas em mais de um grupo ou que outras linhas temáticas poderiam também organizar os agrupamentos.

Os grupos destacados na análise das 100 *hashtags* mais frequentes se mostraram em outros momentos da pesquisa e permearam também o passo metodológico seguinte, que consistiu em uma aproximação cartográfica das postagens em si. Até esse ponto, a metodologia do trabalho se concentrou em questões relativas à coleta e à análise de metadados estruturados, permitindo o traçado de gráficos, grafos, cálculos de porcentagem e categorizações. A seguir, lançamos mão de uma abordagem que abrisse espaço para expandir leituras possíveis a partir da rede de *hashtags* mobilizada pela busca de #vaporwave. Considerando a própria noção de rede, propôs-se uma abordagem cartográfica a fim de observar uma trama em que as *hashtags* não eram os únicos elementos, apesar de estarem no foco da pesquisa. Essa abordagem partiu da importância de lidar com as imagens e estrutura das publicações em si (e não só seus metadados).

Então, começamos a procurar mudanças e novas variáveis, ou reiterações e repetições, e de elementos talvez imprevistos, linhas que permitissem observar a #vaporwave não somente em um recorte estático, mas como processo em fluxo de entendimentos compartilhados. Foram selecionados dois conjuntos de postagens para compor a aproximação cartográfica: um referente ao momento atual e outro voltado para o início do uso da hashtag vaporwave no Tumblr. Para o primeiro conjunto, foram contabilizadas todas as publicações contendo #vaporwave no intervalo de uma semana de 2016 (a escolha do período de sete dias se faz como tentativa de abarcar as flutuações de uso da plataforma em diferentes horários e dias úteis ou finais de semana) e selecionados os cinco posts com mais *notes*. O número de *notes* se mostra um critério interessante para acompanhar quais publicações possivelmente circularam mais amplamente.

Quanto à composição do segundo conjunto de postagens, mais antigas, rastreamos a primeira postagem com a #vaporwave, feita em 26 de outubro de 2011. Nesse período, a frequência de publicações contendo #vaporwave é bastante reduzida, e manter a estratégia de uma semana nos levaria a uma amostra insuficiente. Assim, o procedimento para seleção do segundo conjunto foi coletar o mesmo número total de postagens que se verificou na semana de dezembro de 2016 – 941 postagens – e só então, dentre essas, selecionar as 5 que apresentavam mais *notes*. Esse volume de publicações, dentre as quais foi selecionado o conjunto B, se distribui num período de 18 meses.

Certamente, a cartografia não se dá de modo isolado do que foi desenvolvido e observado previamente na pesquisa. Alguns aspectos trabalhados ao longo da pesquisa foram trazidos como foco para fomentar a observação da rede. O procedimento inicial para percorrer cada postagem foi partir da sequência de *tags* atribuídas à publicação e traçar conexões possíveis entre elas e entre os outros elementos das postagens. Foram trazidas, como foco possível para a análise, também as categorias propostas na observação e agrupamento das 100 *hashtags* mais frequentes.

Outras noções trazidas da pesquisa exploratória prévia foram as de apropriação midiática, inserção no capitalismo, retrofuturismo e ironia. Essas linhas repercutiram ao longo de todo o trabalho e se fizeram presentes no traçado do mapa como âncoras possíveis de atenção.

A observação das imagens em conjunto com as *hashtags* e a interface em que se inseriam corroborou algumas percepções que se foram mostrando ao longo da pesquisa e trouxe à tona outros elementos que, sem esse modo de análise, não seriam abordados.

Figura 1: captura de tela que exemplifica a análise conjunta de elementos

Disponível em: <http://splashclub7.*tumblr*.com/post/43884058575/520-above-the-influence-please-follow-for>.

A Figura 1 é um exemplo da importância que a análise do conjunto (e não só das *hashtags* isoladas) teve para a constituição de uma leitura da rede do vaporwave. Nela, o layout do Tumblr simula uma interface conhecida de *desktop*, trazendo a nostalgia de tecnologias digitais antigas para a leitura. Outra linha que se destaca no conjunto é a de ironia. Esta perpassa, de início, a imagem da publicação, mas esse desdém se desenrola também no campo de texto que acompanha a imagem, por meio da *hashtag* 520, que indica a tentativa de uma participação no código 420 vindo da cultura canábica. E ainda: a presença de *hashtags* no campo de texto, de modo que elas não indexem efetivamente a publicação, ironiza também a funcionalidade técnica da prática digital de atribuição de *tags*.

Por meio do procedimento metodológico de cartografia, foi possível construir uma costura para os diversos elementos constitutivos da articulação de sentidos do vaporwave, se destacando como conclusão a percepção de um texto sobre uma condição contemporânea de imersão na digitalidade e sobre a negação da eficiência técnica. Trazendo novamente as *hashtags* como objeto digital em foco, nas avaliações feitas foi possível observar como a funcionalidade técnica desse recurso é colocada em xeque. As *hashtags* podem ter a função de organizar e indexar conteúdo para ampliar as vias de acesso a ele. Nesse sentido, é como se o tema de uma publicação precedesse em sentido às hashtags: o conjunto de *tags* serviria apenas para tornar encontrável o que já está na "parte principal" da postagem. Porém, o que se observa é que as próprias *hashtags* atribuídas fazem emergir linhas de leituras possíveis na postagem, que, de outro modo, permaneceriam não cogitadas.

Ou seja: na rede observada, as *hashtags* têm sua eficiência técnica inicial desvirtuada, mas têm potencial de indicar e de criar sentidos ancorados nas publicações, que se ampliam com o uso de termos em conjunto. As *hashtags*, em nosso recorte de pesquisa, não são apenas decalques de uma estrutura de significado já estabelecida, mas constituem linhas de entendimentos possíveis nos próprios mapas feitos nos percursos de navegação. A ideia de percursos de navegação nos leva à *hashtag* #vemprarua e à sua inserção política no cotidiano recente.

#vemprarua: a vivência política no Instagram

Em 16 de abril de 2017, o Instagram informou que havia 687.335 postagens com a *hashtag* #vemprarua, número que incluía conteúdos definidos como públicos e privados pelos usuários (estes últimos, apesar de integrarem a contagem, não poderiam ser acessados).

Após as frustradas tentativas de acesso à base de dados do Instagram, recorremos ao trabalho de um programador, que, por sua vez, desenvolveu um *script* para extração de todas as postagens públicas no Instagram com a *hashtag* #vemprarua. Executado no dia 23 de outubro de 2016, o *script* foi capaz de coletar 115.518 postagens públicas, retroativas até a data de 21 de junho de 2013, limite definido pela API do Instagram. A coleta, ao todo, equivale a 16,8% de todas as postagens marcadas com #vemprarua no Instagram – e a seleção de quais postagens serão coletadas é determinada pela API do Instagram, sob critérios que não estão claros.

O *script* permitiu extrair seis metadados, entre eles o número de curtidas, o número de comentários, o texto da descrição e as *hashtags* co-ocorrentes. A partir desse conjunto, tendo em vista o objetivo de identificar e analisar disputas entre processos estratégicos e táticos que tematizam a ação policial na *hashtag* #vemprarua do Instagram, começamos a distribuir as mais de 115 mil postagens em uma linha cronológica, de forma a compreender em quais momentos houve maior e menor produção de conteúdos e identificar quais episódios nas manifestações de rua e no contexto político brasileiro podem estar relacionados a esses momentos.

Em seguida, identificamos as principais *hashtags* co-ocorrentes. Tendo em vista que não utilizamos ferramentas de análise semântica, a identificação de *hashtags* correlacionadas é vista por nós como um segundo nível de abordagem dos conteúdos analisados e dialoga com a percepção de que as *hashtags* podem ser compreendidas como ambiente e agente no qual e pelo qual ocorrem disputas entre processos táticos e estratégicos nas redes digitais (Callon, 2011; Bruns & Saute, 2015; Rambukkana, 2015;).

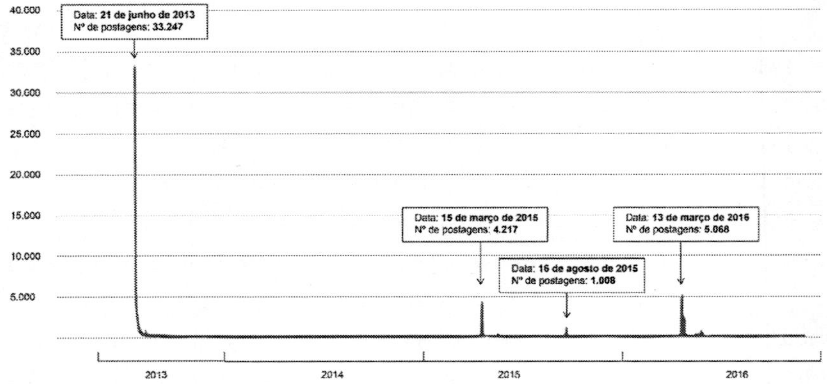

Gráfico 1: distribuição de postagens com a hashtag #vemprarua, produzido pelo autor

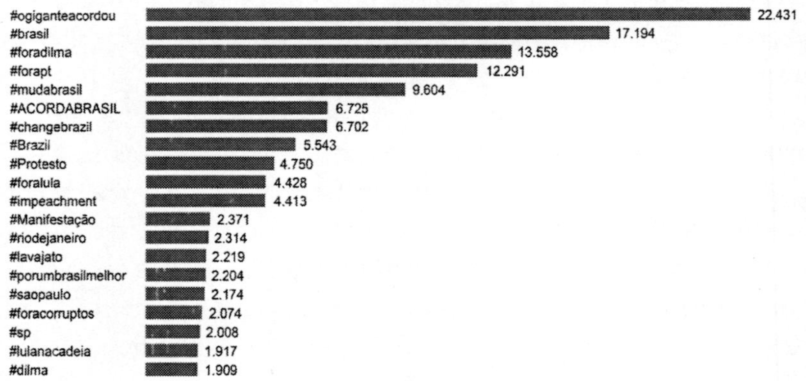

Gráfico 2: Principais hashtags relacionadas à #vemprarua, produzido pelo autor

Após a identificação das principais *hashtags* co-ocorrentes, selecionamos apenas aquelas que tematizam explicitamente a ação da polícia e de forças de segurança nas manifestações. Por fim, destacamos e analisamos publicações nesse grupo de *hashtags* que tematizam a ação policial de forma a apontar como processos táticos e estratégicos (Certeau, 2009) disputaram reconhecimento e sentido em relação a essa ação.

As análises qualitativas foram feitas a partir de um grupo de 24 postagens: as seis publicações com mais curtidas em junho de 2013 e em agosto de 2016; e as seis publicações com mais curtidas dentre aquelas que utilizam 60 *hashtags* que apontem para a ação policial nas manifestações, a polícia ou a violência nos dois períodos. A análise foi guiada pela seguintes perguntas:

i) Quais atores e grupos distintos realizam essas publicações? ii) Como a co-ocorrência de outras *hashtags* apontam para temas e públicos? iii) Quais níveis de engajamento (crítica, apoio, neutralidade) é possível perceber nas publicações? iv) Quais semânticas de emoções estão presentes nessas publicações (raiva, indignação, solidariedade etc.) v) Quais estilos de vida, comportamento e grupos sociais participam dessas publicações? vi) Há esforços de definição de protagonistas, antagonistas e entidades neutras ao movimento? Quais? vii) Quais recursos expressivos esses indivíduos utilizam para publicizar seu próprio engajamento (texto de descrição, *hashtags*, *selfies*)? viii) É possível perceber a ressignificações de conteúdos e de formatos, como leituras humorísticas, lúdicas ou sarcásticas, nessas publicações? ix) Há tematização da ação policial na manifestação, da polícia, de forma geral, ou de violência? x) É empreendida alguma forma de caracterização da violência policial ou o contrário, de respaldo da conduta profissional da polícia? xi) As imagens retratam a violência? Elas podem ser caracterizadas como imagens violentas? xii) Em que medida as publicações podem ser aproximadas de processos estratégicos (trata-se de um sujeito isolável que define lugar, ponto de vista e saber próprios) ou táticos (são ações desviacionistas, apropriações, bricolagens) em relação à ação policial ou à violência nas manifestações?

Os quatro movimentos metodológicos empreendidos no trabalho levaram a algumas considerações sobre a produção digital no #vemprarua no Instagram no período coletado. A primeira é uma concentração temporal em junho de 2013, ainda que a coleta não tenha alcançado datas anteriores ao dia 21. Esse resultado dialoga com um progressivo "esvaziamento" dos atos de rua após os grandes protestos de 13 e 17 de junho, que pode ter ocorrido, dentre outros motivos, pela ampliação das pautas, como apontou autores como Viana (2015).

Nesse sentido, a pesquisa aponta como a produção do #vemprarua no Instagram foi marcada, sobretudo, por disputas no período das Jornadas de Junho, mesmo quando consideramos um período de quase três anos após essa data. De todo modo, é importante notar o crescimento do compartilhamento de conteúdos em 2015 e, mais significativamente, em 2016, período do desfecho do processo de impeachment de Dilma Rousseff e das maiores manifestações contrárias à então presidente. Essa constatação aponta para uma capacidade de manifestantes e de grupos organizadores de atos de manter ativa a *hashtag* #vemprarua, sobretudo de atores e grupos que agiram nos dias de manifestações anti-Dilma, quando a coleta notou os principais picos de compartilhamento de conteúdo. Nesse sentido, percebemos que a *hashtag* #vemprarua foi ressignificada ao longo do período que se seguiu a 2013, passando a tematizar pautas que não aquelas que estavam presentes nas manifestações que catapultaram sua visibilidade.

Essa percepção reforça a conceituação da *hashtag* como ambiente e agente no qual e pelo qual ocorrem disputas entre processos táticos e estratégicos (Certeau, 2009) nas redes digitais. Assim, a #vemprarua no Instagram parece ter se aproximado do comportamento de um fórum híbrido, operando como um ambiente de discussão relativamente aberto no qual participam atores heterogêneos que disputam a representatividade desse ambiente, mas que também realizam essa disputa em diversos níveis e sobre uma variedade de temas. Ao ser empregada por atores e grupos distintos ao longo de quase quatro anos, a própria chamada de "vir pra rua" significou convocações variadas, às vezes antagônicas – vir para as ruas contra Dilma ou a favor da presidenta; para questionar a ação policial ou para reforçá-la; para denunciar a alta das tarifas ou diversas outras pautas.

Por sua vez, a tematização de valorização da ação policial, apesar de presente em toda a análise do corpus, alcançou mais visibilidade na análise dos períodos mais próximos ao impeachment. Destacamos, em agosto de 2016, a presença de *hashtags* como a #podeconfiarpmesp

(100 utilizações, cerca de 12,4% do total), de criação publicitária da própria polícia; e a #policiafeminina (também com 100 ocorrências, cerca de 12,4% do total), que costuma ser utilizada como divulgação pessoal e profissional da presença e do trabalho de policiais militares mulheres.

Gráfico 3: Hashtags utilizadas junto à #vemprarua que apontam para ação policial nas manifestações (20 mais presentes), produzido pelo autor.

No mesmo período, a coleta apontou publicações que valorizam a violência e a polícia e colocam o PT e seus militantes como antagonistas do povo brasileiro. As FIG. 2 e FIG. 3, que compõem nossa amostra, evidenciam como certas postagens com a *hashtag* #vemprarua estabelecem uma polarização em que a visualidade ajuda a construir a ideia de oposição entre esses dois grupos.

É nesse período que surge com bastante evidência a apropriação da #vemprarua pelo @podeconfiarpmesp, usuário que divulga a campanha da Polícia Militar do Estado de São Paulo, que demonstra claro apoio à ação policial, sugere que a população é aliada e que pode contar com o serviço policial, aponta militantes petistas como bandidos e se aproxima de um processo estratégico, isto é, pode ser confundida como a fala da própria instituição policial.

Figura 2: captura de tela do Instagram
Disponível em: <https://www.instagram.com/p/BJsQOoIh5zb>

Figura 3: Captura de tela do Instagram (as imagens não estão mais disponíveis)

Esse resultado – de concentração, em agosto de 2016, de postagens que valorizam a ação policial e a violência frente a determinados grupos (FIG. 2 e FIG. 3) – parece dialogar com a avaliação de Cavalcante (2015) de que as manifestações pós-eleições de 2014 estão relacionadas a uma presença ainda mais evidente de setores conservadores da sociedade brasileira nos protestos. Os dados também vão ao encontro da percepção de França e Bernardes (2016), para as quais a intenção de "não violência" e o relacionamento estreito com a Polícia Militar foram incorporados pelos manifestantes anti-Dilma, sobretudo, a partir de 2015.

Dessa forma, chegamos ao que parece ser a principal contribuição da pesquisa – de que a produção digital na #vemprarua pode ser percebida como uma "fabricação" produzida por usuários que são, antes de tudo, "anti-heróis", atores "sem qualidades" (Certeau, 2009), que agem a partir de interesses que podem conflitar, mas também reforçar sistemas autoritários e concentradores. Em outras palavras, apesar de reconhecermos a existência de processos táticos que questionam a ação policial, é importante perceber, na *hashtag* #vemprarua do Instagram, processos estratégicos de legitimação da ação policial desde junho de 2013, e que ganham destaque quando nos aproximamos de agosto de 2016.

Paralelamente, a análise destacou como, desde 2013, é presente a tematização da população questionando a classe política, considerada antagonista ao povo devido à corrupção. Desde 2013 é possível perceber como parte dessa crítica já era direcionada a Dilma e ao PT, antes mesmo da reeleição da presidenta e do início do movimento de impeachment. O que notamos, com a análise, foi uma exacerbação dessa crítica a partir de 2015 e de uma maior capacidade de grupos anti-Dilma de ressignificarem a #vemprarua.

Acrescentamos que, desde o início do período analisado, é possível perceber valores nacionalistas bastante evidentes. Diferentes demonstrações de sentimentos de orgulho em relação ao Brasil foram utilizadas junto a sentimentos de indignação (com os rumos do país e a corrupção) e de otimismo em relação às mudanças que as manifestações poderiam trazer – esse sentimento foi ainda mais evidente nas postagens a partir de 2015, sobretudo próximo ao impeachment de Dilma.

Além disso, destacamos a presença significativa de atores, atrizes e outros profissionais de mídia dentre as publicações com mais curtidas nos picos analisados. Se, por um lado, esse resultado aponta para uma dinâmica típica da rede do Instagram, nas quais profissionais de mídia possuem grandes visibilidade, por outro, essa constatação indica uma "politização voluntária" desses atores nos seus perfis, atitude que, inclusive, destoa das demais publicações dessas contas. É curioso notar também que, junto a atores e profissionais de mídia, há uma série de perfis de pessoas ligadas à moda, esporte, fitness e empreendedorismo. Esse resultado parece ter ligação com a constatação, já apontada, que a *hashtag* #vemprarua no Instagram é frequentemente utilizada para publicações sobre moda, esporte, fitness e empreendedorismo, ainda que sem nenhuma relação com os protestos de rua (por exemplo, para divulgar um evento esportivo, anunciar um festival de gastronomia em praça pública ou mesmo para postagens motivacionais de crescimento profissional). Essa coincidência de áreas nas quais a *hashtag* #vemprarua é utilizada no Instagram pode indicar um estilo de vida e grupos sociais que participaram das mobilizações de rua (ou que foram sensibilizadas por elas) e que ressignificaram #vemprarua em suas atividades cotidianas para além das manifestações.

Figura 4: Captura de tela do Instagram
Disponível em: <https://www.instagram.com/p/BI1TbIUgwPb/>.

Considerações finais

As pesquisas aqui abordadas partem das *hashtags* para traçar análises mais amplas de plataformas em que as imagens cumprem papel central nas publicações – Instagram no caso da #vemprarua; Tumblr, no caso da #vaporwave. Tematicamente diferentes, ambas as pesquisas se deram em ambientes em que as produções de pessoas comuns são numerosas e relevantes, estabelecendo diálogos que acabam por atribuir significado (ou ressignificar) às próprias *hashtags* pesquisadas. Ao valorizar o papel de curador e agente dos usuários comuns em um campo de interesse, o uso de *hashtags* como balizadoras do rol de métodos utilizados em uma pesquisa permite entender melhor os processos de criação e negociação de sentido.

Assim, partir das *hashtags* para constituir a metodologia de pesquisa se dá, aqui, em contextos em que a disputa semiótica é bastante relevante para a análise proposta. Tal característica nos parece central às escolhas metodológicas que fizemos. Entretanto, não é a única possível, e métodos como a análise de redes sociais, por exemplo, podem partir das *hashtags* para analisar conversações com o foco em identificar os atores centrais ou as redes de compartilhamento.

Em todos esses casos, é preciso atentar que ter uma *hashtag* como ponto de partida muito provavelmente significa lidar com uma grande quantidade de dados. Nas pesquisas que abordamos, isso exigiu um esforço quantitativo inicial, aliado a uma abordagem qualitativa. Ambas as etapas foram vistas por nós como complementares, uma não se sobrepõe à outra – ao contrário, a primeira etapa, muito mais do que uma amostra a ser analisada na segunda, aponta pistas que foram fundamentais à análise qualitativa das imagens.

Por fim, vale ainda registrar que partir da coleta de dados em plataformas de redes sociais significa lidar com limitações e indeterminações impostas pelas próprias plataformas. Nas duas pesquisas aqui apontadas, a quantidade de dados recuperada foi limitada por imposições incontornáveis da API. Que tipo de interesse determina tais limitações nos códigos – e mesmo que limitações exatamente são essas – é parte das incertezas que permeiam todas as pesquisas que trabalham na interface de APIs públicas e *scripts* para coleta/análise de dados.

REFERÊNCIAS

BRUNS, Axel; BURGESS, Jean. "*Twitter* hashtags from ad hoc to calculated publics". In: RAMBUKKANA, Nathan (ed.). *Hashtag publics*: the power and politics of discursive networks. New York: Peter Lang, 2015. p. 13-27.

BRUNS, Axel; SAUTE, Theresa. "#auspol: The Hashtag as Community, Event, and Material Object for Engaging with Australian Politics". In: RAMBUKKANA, Nathan. (org.). *Hashtag Publics*: The Power and Politics of Discursive Networks. 1. ed. Nova York: Peter Lang Publishing, 2015.

CALLON, M; LASCOUMES, Pierre; BARTHE, Yannick. *Acting in an uncertain world*. An essay on technical democracy. Cambridge: MIT Press, 2011.

CAVALCANTE, Sávio. "Classe média e conservadorismo liberal". In: Sebastião Velasco e Cruz; André Kaysel; Gustavo Codas. (org.). *Direita, volver!*: o retorno da direita e o ciclo político brasileiro. 1ed. São Paulo: Perseu Abramo, 2015.

CERTEAU, Michel. *A invenção do cotidiano*: V. 1. artes de fazer. Petrópolis: Vozes, 2009.

D'ANDRÉA, Carlos; ALZAMORA, Geane; ZILLER, Joana. Hashtags as intermedia agency resources before FIFA World Cup 2014 in Brazil. In: RAMBUKKANA, Nathan (ed.). *Hashtag publics*: the power and politics of discursive networks. New York: Peter Lang, 2015. p. 115-126.

RAMBUKKANA, Nathan. "Hashtags as technosocial events". In: RAMBUKKANA, Nathan (Ed.). *Hashtag publics*: the power and politics of discursive networks. New York: Peter Lang, 2015.

ROCHELEAU, Sylvain; MILLETTE, Mélanie. “Meta-hashtag and tag co-occurrence: from organization to politics in the french canadian twittersphere”. In: RAMBUKKANA, Nathan (Ed.). *Hashtag publics*: the power and politics of discursive networks. New York: Peter Lang, 2015. p. 243-253.

VIANA, Nildo. A Luta de Classes no Brasil (2013-2015). *Revista Espaço Livre*, v. 10, n 20, 2015.

WIKISTRÖM, P. #srynotfunny: Communicative functions of hashtags on *Twitter*. *SKY Journal of Linguistics*, v. 27, p. 127-152, 2014.

ZAPPAVIGNA, Michele. Ambient affiliation: a linguistic perspective on *Twitter*. *New Media Society*, v. 13, 2011. p. 788-806.

______. Searchable talk: the linguistic functions of hashtags. *Social Semiotics*, v. 25, n. 3, p. 274-291, 2015.

IV. Desafiando as materialidades

Desafios da "escuta" das (inter)textualidades sonoras de um dispositivo midiático[1]

Graziela Mello Vianna
Elias Santos

Os textos verboaudiovisuais

Para entender os nossos objetos, acreditamos ser necessário partir da delimitação da noção de "texto" e de seus conceitos derivados. Etimologicamente, o termo vem do latim "*textus*", "*textum*", o que aponta para tecido, teor, contextura de um discurso, obra formada de diversas partes que produzem coerência de sentido. Quando procuramos definir o conceito de texto, a palavra autor aparece com frequência e em destaque. Para Jorge Gracia (1996, p. 1), os textos são formados por "grupos de entidades usadas como signos, que podem ser selecionadas, arranjadas e entendidas por um autor em um contexto para construir um significado específico para uma audiência". Mais uma vez, a figura do autor é reforçada.

Sem desconsiderar a ideia de que um texto possui um *autor*, podemos nos perguntar: onde se encontra a participação do *leitor*; onde está o outro e onde se encontra a relação com este outro? Afinal, texto pode ser definido também como um material escrito para ser lido em silêncio

1. Uma versão deste trabalho foi apresentada no GP Rádio e Mídia Sonora do XVI Encontro dos Grupos de Pesquisa em Comunicação, evento componente do XXXIX Congresso Brasileiro de Ciências da Comunicação em 2016.

ou falado em voz alta. Portanto, o processo de construção de um texto pede um sujeito que precisa lê-lo ou escutá-lo, ou seja, são criadas várias relações entre leitores e autores. Estes sujeitos, autores e leitores, estão inseridos em contextos, em mundos com condições culturais, históricas e sociais diversas, que produzem relações que provocam instabilidade para os sentidos de um texto.

A ação ativa do leitor nos remete à noção de leitor-modelo, apresentada por Umberto Eco (2002, p. 37). Para ele, o "texto está, pois, entremeado de espaços brancos, de interstícios a serem preenchidos (...) o texto quer deixar ao leitor a iniciativa interpretativa, todo texto quer que alguém o ajude a funcionar". Ainda de acordo com Eco, o texto pode ser representado por um conjunto de nós, ou "juntas", que estimula a cooperação entre autores e leitores. Portanto, mais uma vez, podemos pensar na perspectiva de sentidos abertos que se formam a partir das múltiplas articulações de nós, de "juntas" ou de entidades percebidas em um movimento que constrói marcas de textualidades. Partindo dessa noção de Eco, propomos, em trabalhos anteriores (Mello Vianna, 2009; 2017), o conceito de "ouvinte-modelo", segundo o qual entendemos que os textos sonoros, assim como os textos impressos analisados por Eco, devem prever as competências do ouvinte a fim de produzir o efeito estético adequado. Tal destino interpretativo, ou o ouvinte distante, deve ser previsto pelo criador dos textos audioverbovisuais nos processos de elaboração do texto, na escolha dos elementos sonoros que o constituem, na direção da interpretação dos locutores e dos músicos (Mello Vianna, 2017).

O leitor-modelo de Umberto Eco está "presente" no texto em decorrência dos pressupostos do autor sobre ele, apesar de ser uma interação mediada pelos meios de reprodução do texto – cartazes, jornais, livros, revistas, etc. Da mesma forma que o "leitor-modelo" de Umberto Eco, o ouvinte-modelo do texto audioverbovisual – apesar de "estar presente" na peça por meio dos pressupostos sobre ele a respeito do produtor da mensagem – também não presencia o momento da produção da mensagem, em uma relação também mediada pelo meio técnico, pois, como constata Murray Schafer (2001, p. 136), o rádio amplia o excesso de som para produzir perfis grandemente expandidos, os quais foram notados porque formavam espaços acústicos interrompidos. Nunca antes, o som tinha desaparecido do espaço para aparecer novamente, à distância. A comunidade que antes havia sido definida pelos sinos e gongos do templo é, agora pelo seu transmissor local.

Nos estudos sobre a ontologia dos textos e suas textualidades, Gracia (1996) chama atenção para a importância das entidades que compõem um texto. Segundo ele, os textos são formados por grupos de entidades relacionadas e usadas como signos. Contudo, entidades não são signos: elas ganham significado quando usadas ou tomadas como signos. As entidades podem ser imagens (como, por exemplo, performances corporais, figurinos e cenários), áudios (como, por exemplo, as vozes e os sons diversos do programa), textos impressos (como, por exemplo, os roteiros, as críticas e as crônicas sobre o programa) e outros elementos que só formam o texto quando estão relacionados entre si. O resultado da relação entre essas entidades é que vai constituir o texto.

É preciso cuidado, porque ele não deve ser entendido fechado em si próprio. É preciso sair dele, colocá-lo em movimento, percebendo suas textualidades. É necessário abrir o texto, ou seja, não podemos perder de vista que os seus sentidos são múltiplos.

Consideramos aqui como "textualidades" as articulações dessas diversas entidades (sons, imagens e corpos /objetos) que, em movimento, constroem um texto aberto a leituras diversas, como o *show* de calouros, por exemplo. Um texto é algo rico, dinâmico, efêmero e, portanto, um objeto bastante complexo para análise, que "distingue-se de outros tipos de expressão por sua maior complexidade" (Eco, 2002, p. 36). Ele, inclusive, passa e escapa por várias áreas do conhecimento – como, no nosso caso, a comunicação. A partir desse movimento criado pelas relações das entidades, surgem as textualidades como marcas perceptíveis, marcas estas que não são estanques, são processos de construção de sentidos instáveis, dos quais participam o ouvinte/espectador modelo.

Aceitamos o desafio de pensar os textos verboaudiovisuais não como ilhas isoladas, mas como arquipélagos banhados por mares de sentidos abertos e como objetos permeados pela mediação. Gonzalo Abril (2007) propõe levarmos em conta três dimensões específicas nas análises de um texto verboaudiovisual: a visualidade, o olhar e a imagem. Propomos somar, a essas dimensões discutidas por Abril, as dimensões do escutar e do ouvir. Dimensões estas que podem nos auxiliar no exercício de interrogar os limites do próprio texto verboaudiovisual.

A visualidade do texto verboaudiovisual nos aponta para a importância de pensarmos os textos como práticas sociodiscursivas com qualidades sensíveis e variáveis perceptivas de uma trama audiovisual. A dimensão da visualidade aponta para fora do texto, mostrando que ele é resultado de um processo interpretativo. O texto verboaudiovisual não cabe nele mesmo, a visualidade lhe escapa. É importante lembrar que a experiência da visualidade escapa também ao se integrar com outras experiências sensoriais, como a experiência sonora.

Ao pensarmos em termos do som, o equivalente à visualidade pode ser a escuta. Para discutir esses aspectos, nos valemos das quatro funções da escuta apontadas por Pierre Schaeffer (1970): escutar, ouvir, *entendre* e compreender.

O *escutar* é um ato intersubjetivo e está ligado ao reconhecimento da fonte sonora. É apresentar interesse, ter a atenção despertada por um som. *Ouvir*, por sua vez, é um processo passivo. É um ato receptivo, significa "perceber pelo ouvido". Trata-se de um ato contínuo, pois vivemos imersos em uma infinidade incessante de ruídos. *Entendre*, por sua vez, é um verbo que não é facilmente traduzido para a língua portuguesa. Se, etimologicamente, na língua portuguesa, está ligado ao entendimento, à intencionalidade da escuta e a um possível direcionamento da percepção, em francês se aproxima da definição de ouvir um som, de forma ainda passiva, mas ao qual se dirige alguma atenção. Compreender, por fim, está ligado à atribuição de sentido para o som. Diz respeito à operação do sujeito de relacionar o som com noções extrassonoras, criando um sentido próprio àquilo que se escuta.

Articulando essas quatro funções, a escuta é um ato que nos aponta para fora. Ela nos escapa e está no âmbito do sensível. Podemos *ouvir* vários textos ao mesmo tempo, sem parar em nenhum – o ruído da digitação deste texto no computador, ao mesmo tempo o som dos carros na rua, o som dos pássaros cantando, o chiado do rádio ligado sem saber ao certo o que está sendo dito, podemos "*entendre*" alguém ao telefone, dentre outros. Mas a escuta é diferente. É cultural e pede a participação ativa do ouvinte. É preciso parar, prestar atenção e interpretar para que se dê a escuta efetiva de algo, assim como ocorre no âmbito do ato de olhar: também é necessária a parada atenta e interpretativa do sujeito para que ele efetivamente veja algo.

Textos midiáticos, como os programas de auditório, possuem uma inscrição na vida social. Inscrição que se dá, também, a partir de sua materialidade, manifestada, muitas vezes, na dimensão dos dispositivos. Os programas de auditório escutados no rádio, principalmente até a década de 1950, também podem ser "escutados" hoje por meio da televisão, uma vez que os elementos sonoros também constituem a materialidade do dispositivo televisual. É sobre a relação dos dispositivos com os textos que nos detemos a seguir.

O dispositivo abrindo horizontes metodológicos

Pensar os produtos midiáticos como dispositivos e textos relacionados nos conduz a interessantes desafios metodológicos, que mais expandem do que recortam os objetos. Essa expansão de horizontes nos leva a estudar as mídias e seus produtos valorizando o processo da comunicação e seus interlocutores. Evita-se, dessa forma, aquilo que Antunes e Vaz (2006) classificam como uma abordagem "midiacêntrica", que não se preocupa em captar as conexões dos produtos midiáticos com a dinâmica da vida social e com a lógica das interações.

Um programa de auditório não pode ser considerado apenas nas suas mídias (rádio e TV). Apesar de trazer em seus textos marcas perceptíveis de textualidades midiáticas, este dispositivo pode trazer também marcas de outras textualidades. Ele possui textos verboaudiovisuais que não sofrem influência exclusivamente do rádio e da televisão, mas também de outros dispositivos. O dispositivo articula diferentes dimensões, compostas, por sua vez, por linhas de visibilidade com diversas formas de ver, linhas de enunciação com diversas formas de falar, linhas de fissura/brechas que transformam o dispositivo e linhas de subjetivação com capacidade de abrir caminhos, criar, modificar e romper com o próprio dispositivo de origem.

Trabalhar com essa concepção de dispositivo nos permite descrever as dimensões heterogêneas que atravessam esse objeto, no caso, as diversas linhas que tensionam os sentidos dos textos dos programas de auditório (diferentes formas de ver/falar, o dito e o não dito, as mudanças e os rompimentos em relação às suas origens no rádio, etc.) e articular conceitos variados para análise do dispositivo investigado, com base nas especificidades de cada abordagem. Trata-se, pois, de investigar o programa de auditório de forma articulada com os conceitos de performance social de Erving Goffman (1996) e de perfomance artística de Paul Zumthor (2000); bem como com a ideia da estética radiofônica de Rudolf Arnheim (1979), que considera o rádio um veículo de expressão, e não apenas um veículo de transmissão de informações. A partir dessa articulação, abre-se espaço para um diálogo diferente não só com a televisão, mas também o circo e o teatro de revista.

O programa de auditório como dispositivo

O programa de auditório pensado como dispositivo independente e multidimensional de uma trama intertextual ampla nos aponta para textos de origens diferentes, que podem deixar as suas marcas no programa (musicalidade, humor, ligeireza, diversidade, caos, excentricidade etc.). Entendemos que o dispositivo deve ser estudado a partir da sua inserção no tempo histórico, considerando a historicidade do objeto de estudo e essa articulação com outros dispositivos. Portanto, o panorama histórico-social dos programas de auditório que desenvolvemos no tópico seguinte, remete a essas marcas, de outros dispositivos em uma perspectiva diacrônica, situada no tempo.

Dessa forma, pensamos o programa de auditório como um dispositivo independente em relação a esses outros dispositivos, mas também relacionado e encaixado a eles. Porém, ainda que independente, pode trazer em si algumas marcas das condições de textualidades alteradas do rádio, da televisão, do teatro de revista e do circo. Esse movimento de convergência e transformação dos dispositivos é duplo: tanto o programa de auditório é modificado pelos outros dispositivos como também os outros dispositivos sofrem transformações vindas da relação com o programa de auditório.

Compreender o programa de auditório como dispositivo independente e multidimensional, fruto das manifestações de intertextualidades entre diferentes dispositivos, nos leva a superar visões metodológicas redutoras que limitam a compreensão de uma produção de entretenimento às intenções de seus emissores. A busca por relações e por articulações, não apenas espaço-temporalmente distantes, mas também alicerçadas em outros dispositivos distintos, ajuda a pensar as complexidades da cultura da mídia (Kellner, 2001) na vida contemporânea.

Programas de auditório: breve panorama histórico

A partir da década de 1930, a programação do rádio brasileiro começaria a mudar: deixaria de ser cultural-elitista, como nas primeiras emissoras da década de 1920, para se tornar popular, jocosa e calorosa, baseada no humor anárquico oriundo do sucesso do teatro de revista e dos folhetins brasileiros. Esse riso provocado no ouvinte vinha de esquetes humorísticas, das paródias musicais, dos *jingles* engraçados, das radionovelas de gêneros diversos, do *show* de calouros e de um lugar que misturava tudo isso: os programas de auditório.

Os quadros humorísticos e musicais tiveram sua origem principalmente nas peças do teatro de revista (influenciadas, por sua vez, pelas operetas europeias). Eles traziam, nas suas textualidades, duas formas marcantes: o humor e a música. Eram algumas características dessas esquetes, que, depois, seriam aproveitadas para o rádio: fala coloquial, humor ligeiro (fruto de textos ligeiros mais músicas ligeiras),[2] repetição

2. Merece menção o fato de que a estratégia de condução baseada no humor perdura até hoje em alguns programas radiofônicos populares e/ou voltados ao público jovem, tais

de formatos, agilidade nas narrativas para dar dinamismo à apresentação. Os programas radiofônicos de auditório se tornariam espaços de encontros e de sociabilidade das camadas mais populares. O pesquisador Tinhorão (1981) vai chamar o rádio brasileiro desse período de "teatro dos pobres dos grandes centros urbanos".

Assim, o rádio começaria a se consolidar no Brasil, de forma majoritariamente comercial, vivendo, a partir de meados da década de 1930 até a década de 1950, a sua "era de ouro". Os ouvintes da época começaram a visitar as emissoras de rádio para conhecer de perto seus artistas e radialistas prediletos. Quem eram os donos daquelas vozes que entravam nas casas dos ouvintes e dialogavam com toda a família? Com o tempo, os produtores perceberam que a presença física dos ouvintes nas emissoras trazia calor à programação e gerava adesão do público, ou seja, as audiências aumentavam consideravelmente. Os veículos passaram a investir em atrações mais interativas e divertidas, que proporcionassem ao ouvinte a sensação de proximidade com o meio pela via de uma linguagem simples, coloquial e oral. Um dos estilos que mais se encaixavam nesse novo formato de programação eram os programas de auditório. Nos auditórios, acontecia uma experiência sinestésica em que os ouvintes se tornavam também espectadores das apresentações. Podemos pensar num público leitor-ouvinte-espectador para um texto verboaudiovisual.

O programa de auditório se tornaria um dispositivo que escaparia das ondas hertzianas de transmissão. Ele se firmou como um meio de expressão, um espetáculo audiovisual que acontecia e era presenciado no próprio auditório (palco decorado, radialistas e artistas com roupa de gala, plateia bem vestida e organizada em caravanas com faixas) e um acontecimento social que repercutia posteriormente nas revistas e jornais impressos, com fotos e textos escritos.

As textualidades que construíram esses programas escapavam do ato de ouvir, extrapolavam sentidos, de tal forma que os artistas e

com o Pânico no rádio (Rádio Jovem Pan), Silicone Show (Rádio 98FM), Grafitte (Rádio 98FM), entre outros.

radialistas precisavam ter boa aparência, desenvoltura na interação com o público presente, graça no palco e humor (Tinhorão, 1981).

No período, algumas características do circo popular de variedades (Magnani, 2003) já podiam ser notadas nos programas de auditório do rádio que continuariam anos mais tarde na TV: espetáculos movimentados com atrações variadas, ambiente alegre, ruidoso e animado, atmosfera de emoção (estética do risco), estrutura física composta por palco/picadeiro e arquibancada, linguagem popular, presença do humor e da música. A questão da música nos aponta para convergência e transformação dos dispositivos. A música do circo era predominantemente executada por uma banda que acompanhava os números, fato também presente desde os primórdios dos programas de auditório no rádio até os dias de hoje na televisão.

A televisão brasileira, diferentemente do rádio e fazendo uso da experiência desse meio, já nasceu com a preocupação de se popularizar. Assim, em 1950, Assis Chateaubriand, um dos pioneiros da TV no Brasil, acreditou nos programas de auditório para manter a atratividade do novo veículo junto à audiência. A TV Tupi já trazia no seu início dois programas de auditório, líderes de audiência e importados dos EUA: *O Céu é o Limite* e *Esta é a Sua Vida*.

Para o pesquisador Sérgio Mattos (2002), a televisão brasileira só se consolidou no país quando, nos anos de 1960, começou a competir fortemente pelo faturamento publicitário e, para tanto, começou a direcionar seus programas a grandes audiências. Os programas de auditório da televisão trouxeram do rádio essas grandes audiências e também suas interessantes possibilidades publicitárias: patrocínio direto com anúncios de formatos e de valores variados dentro e fora (intervalos) dos próprios programas, testemunhais dos apresentadores, utilização de "garotas/garotos propaganda", brincadeiras e competições com brindes envolvendo público, jurados e calouros, etc.

Os programas de auditório são um gênero ainda hoje em transformação, um dispositivo independente e multidimensional com mudanças e com rompimentos a partir de suas origens, com capacidade de articular-se com outros dispositivos. Enfrentaram momentos de crise no fim dos anos de 1960 e início dos anos de 1970. Contudo, eles não perderam algumas características básicas, algumas delas presentes desde os primeiros programas no rádio: linguagem acessível e alegre, plateia participativa, roteiro ágil e redundante, abordagem de assuntos atuais, apresentador carismático, presença de atrações artísticas diversificadas, uso de jargões diversos, disposição física bem definida com palco e arquibancada.

Também é marcante o fato de o programa de auditório ser constituído por uma espécie de diálogo interno entre diversos programas (do rádio, da TV) e outros tipos de manifestações culturais (como o teatro de revista e o circo), que consolidam uma cultura de referências intercruzadas, dispositivos que convergem e se transformam. Segundo Luiz Tatit (2004), a televisão brasileira pode ser considerada como uma mixórdia que, de certa forma, reflete uma característica da cultura brasileira de assimilação.

Se, num incipiente primeiro momento nos anos 1950, os programas de auditório da TV foram chamados por Tinhorão (1981) de "rádio filmado", sem grandes inovações, nos anos de 1960 a televisão se transforma. A TV começaria a sua consolidação no Brasil, que, em parte, aproveitaria o momento de explosão da música brasileira na própria televisão, culminando com os novos programas de auditório musicais criados para a TV, como "Jovem Guarda" (Roberto Carlos), "Fino da Bossa" (Elis Regina e Jair Rodrigues), os "Festivais da Canção" (Excelsior, Record e Globo), dentre outros.

A música foi um dos elementos sonoros importantes na construção das textualidades dos programas de auditório no rádio e na TV não foi diferente. A música continuaria fazendo parte dos programas de auditório, mas de forma diferente, pois a canção brasileira trazia novidades estéticas e outras estratégias de ocupação, como fez o movimento Tropicalista, por exemplo. Os tropicalistas apostavam suas fichas na diversidade cultural multicolorida e multisonora do Brasil – e os programas de auditório, desde a época do rádio e com as influências do teatro de revista e do circo, traziam essa diversidade e esse excesso como características marcantes.

O programa de auditório é constituído pela estética do excesso, que oferece uma profusão de estímulos ao espectador. O ritmo do *show* é ditado por desafios, surpresas, uma trilha sonora marcante e uma coreografia toda própria, que combina a dança das bailarinas e o gestual do apresentador – embalado pelo ritmo do auditório. A voz do apresentador tem o papel de reforçar o ritmo da cena, convocando o público a participar do diálogo estabelecido pelo apresentador.

Todos esses elementos fazem com que os programas de auditório promovam uma aproximação direta com as classes populares. Nesses espaços de festa, de alegria e de riso, e também de tensão, de risco e de esperança, tais classes se reconhecem, uma vez que, neles, se fazem presentes diversos elementos simbólicos, afetivos e estéticos que estão no cotidiano das pessoas. Todos são convocados a torcer, aplaudir, dançar, rir, sofrer, chorar. Nos quadros de variedades, o universo das celebridades se combina as histórias dramáticas de gente comum.

Assim, uma das razões do sucesso desses programas parece estar em sua capacidade de estabelecer interlocução com essas pessoas comuns, retrabalhando elementos de sua vida ordinária ao mesmo tempo em que dela participa, sendo lugar de experiências trocadas. Esses programas parecem brincar (e, às vezes, caricaturar) a realidade cotidiana, sendo que, ao fazê-lo, reiteram valores, normas e padrões estéticos profundamente enraizados. Os programas de auditório podem dizer tanto de nós mesmos como da nossa relação com o mundo, se tornando, assim, indicadores relevantes para se pensar a experiência humana.

Do rádio ao circo e à TV: Chacrinha, o velho guerreiro de dispositivos e textos diversos

Buscamos investigar as textualidades de um programa específico de auditório, o *Cassino do Chacrinha* dos anos 1980.[3] Acreditamos que

3. O programa de TV *Cassino do Chacrinha* era exibido aos sábados, às 16 horas, entre 1982 e 1988 na Rede Globo de Televisão. Entre 2012 e 2013, foi reprisado pelo Canal VIVA (pertencente à própria Rede Globo).

esse programa de auditório pode ser olhado como um dispositivo independente e multidimensional, que passou pelo rádio, TV e circo (caravanas), convergindo e transformando as suas diversas textualidades, vivenciando momentos de sucesso e de dificuldades. Chacrinha utilizava, nos seus programas, a mistura e a ambiguidade da irreverência, do humor e do caos, tão presentes na nossa identidade nacional e valorizados pelos tropicalistas, trazendo elementos do humor ligeiro do teatro de revista e do circo para os programas de auditório.

A força do Chacrinha na memória afetiva do público brasileiro é notada ainda hoje em outros produtos midiáticos, como a telenovela.[4] Contudo, o *Cassino do Chacrinha* e o próprio Chacrinha não começaram na TV. Sua trajetória é marcada por diferentes dispositivos midiáticos, o que repercute em sua maneira bem própria e marcante de se apresentar e de lidar com o auditório.

O pesquisador de circo Roberto Ruiz (1987, p. 37) considera o Chacrinha "o mais circense dos animadores de televisão", o que influenciou, inclusive, o apelido dado às dançarinas do circo: "cirquetes", referência direta às "chacretes". O próprio Ruiz também aponta para as características de *clown* do Chacrinha, ao chamá-lo de "*tony* Chacrinha", referência ao termo circense *tony*, que designa o palhaço que não é o principal do grupo. O *tony* é o palhaço que serve de escada para o palhaço principal, assim como o *compère* do teatro de revista servia como fio condutor do espetáculo e o apresentador de auditório serve como mestre de cerimônias do programa. Mas, no Brasil, a figura do *tony* sempre fez mais sucesso junto ao público do que o palhaço principal, com suas trapalhadas e fragilidade cativante. Para Ruiz (1987), no circo, tudo pode faltar: a lona pode estar furada, o chão pode ser de terra, a banda pode desafinar. O palhaço, no entanto, há de estar presente. Sem ele, não tem espetáculo.

Se, num primeiro momento, o rádio e a TV foram influenciados pelo humor ligeiro do teatro de revista e do circo, depois o próprio circo seria

4. No ano de 2008, na novela *Beleza Pura* da TV Globo, a atriz Zezé Polessa interpretou a cabelereira Ivete, que se orgulhava de ter sido a chacrete *Ivete Chiclete*. Recentemente, na novela *Amor à Vida* da TV Globo (2013-2014), a atriz Elizabeth Savalla viveu a personagem Márcia, também uma ex-chacrete.

também influenciado pelos programas de auditório do rádio e da TV (presença de cantores famosos, de dançarinas rebolantes e de calouros nos espetáculos). Um dispositivo não elimina o outro, mas eles se relacionam o tempo todo, e essa relação é tensionada na medida em que um pode modificar o outro. Trabalhando o rádio mais como um meio de expressão do que um meio de transmissão, o *Cassino do Chacrinha* na Rádio Difusora de Niterói (em 1940) se utilizava de efeitos sonoros que ajudavam na sua identificação, mas que também produziam um verdadeiro caos sonoro: ruídos, som ambiente, aplausos, movimentos de mesas, barulhos de chocalhos, copos, garrafas, pratos, talheres, panelas, etc. Tudo isso misturado aos *shows* de música e alegria, nos quais o apresentador conversava e entrevistava seus convidados (muitas vezes fictícios), ativando a imaginação dos ouvintes que ligavam para a emissora querendo reservar um lugar no tal cassino. Essa experiência sinestésica do programa *Cassino do Chacrinha*, provocada, inicialmente, a partir dos sons, bem como a capacidade e a característica de lidar com o caos sonoro, foram levadas pelo velho guerreiro para sua performance nas caravanas pelo país, onde era montado o seu circo e, anos mais tarde, na televisão, envolvendo outros elementos para a construção de textualidades marcantes.

No caso do velho palhaço, algumas marcas da mistura dos dispositivos (rádio, TV, circo, teatro de revista) permanecem no tempo: a buzina, o troféu abacaxi, o trono do calouro, o bacalhau da plateia, as fantasias mambembes do apresentador e da sua equipe de palco, as sensuais chacretes com seus maiôs coloridos, as frases inusitadas e aparentemente desconexas do Chacrinha, a sonoridade e o visual caóticos, o ambiente animado, o grotesco, a excentricidade das atrações, entre outras.

As textualidades sonoras do Cassino do Chacrinha: um exercício de análise

Como dispositivo composto por uma marcante textualidade sonora, tanto historicamente (origem radiofônica) quanto culturalmente (forte ligação com a música e com a fala), o programa de auditório *Cassino do Chacrinha* requer uma análise especial sobre a sua sonoridade. Para tanto, foram analisados os programas veiculados na década de 1980 pela Rede Globo. Apresentamos a seguir, os operadores analíticos e a síntese dos resultados obtidos ao observarmos a paisagem sonora de tais programas.[5]

Assim, a partir de Zumthor (2000), consideramos: a voz como lugar simbólico só definido pelo aspecto relacional que traz para a cena o ouvinte; a voz que funda o sujeito na sua palavra; a voz que é uma ruptura da prisão do corpo. Trabalhamos, ainda, com a ideia de paisagem sonora na perspectiva de uma metáfora metodológica que nos auxilie a tensionar o objeto e abrir questões. Propomos perceber essa paisagem sonora do programa a partir de dois pontos do mundo acústico de Arnheim (1979): sons (palavras/músicas) e ruídos diversos.

Para Arnheim (1979), a expressividade do tom da palavra seria mais importante do que o seu próprio significado. Ela seria a textualidade que escaparia do sentido fechado e nos abriria sensações na experiência estética do som. Antes da criação da linguagem, o homem já se comunicava por ruídos, expressões sonoras que ajudavam na sobrevivência e na evolução da espécie.

A partir da descrição desta paisagem sonora, é sempre importante lembrar que ela não é estática, ela é dinâmica e mediada, tem relevo, superfície e ocupa espaços. Arnheim (1979) também chama atenção para a importância da análise de outros elementos para a composição do espaço de uma paisagem sonora: sensação de cenas variadas e ampliadas com o uso do vetor perspectiva, determinando o perto e o longe (posicionamento de microfones no auditório); ressonância do som que leva o ouvinte a perceber a amplitude espacial da obra (ecos e ruídos do auditório); possibilidades de mudança de cenas por meio de cortinas de passagem acústica (vinhetas, buzinadas, jargões). Tais elementos e recursos sonoros também ajudam a entender a percepção acústica que serve de apoio para estimular a criatividade e abrir sentidos para

5. As análises completas foram desenvolvidas na ocasião da pesquisa de mestrado de Elias Santos sob orientação de Graziela Mello Vianna.

o público, investigando quais seriam as condições de significações e suas possíveis articulações.

Durante a abertura dos programas, a paisagem sonora é formada por sons que parecem competir uns com os outros pela atenção das pessoas, sem nenhum momento de silêncio, mas que, ao mesmo tempo, trazem uma dinâmica necessária ao ritmo do programa.

O relevo sonoro tem sons fundamentais que estão ao fundo da fala do Chacrinha como, por exemplo, a música tema que abre o programa e continua até o final da apresentação inicial. Essa música tema começa mais alta, a sua letra praticamente apresenta o programa: "Abelardo Barbosa, está com tudo e não está prosa, menino levado da breca, Chacrinha faz chacrinha com a buzina na discoteca. Ô Terezinha! É um barato o *Cassino do Chacrinha*!"

Nessa paisagem sonora do início dos programas veiculados na década de 1980, a voz do Chacrinha é a condutora do programa. Ela aparece antes mesmo de vermos o corpo do próprio Chacrinha, o que remete à proposição de Zumthor (2000), segundo a qual a força da voz individual funda o sujeito e rompe a prisão do corpo ao se performar na recepção. A voz do Velho Guerreiro é de uma pessoa mais velha. Está rouca e cansada; não é impostada. A dicção das palavras ditas pelo Chacrinha não é boa, fato que dificulta inclusive o entendimento completo das falas. Mas a sua voz é a sua marca, ela é autêntica, ela é a voz do Chacrinha, é o seu corpo, a sua presença mesmo quando a sua imagem não é mostrada ao telespectador. Nessa apresentação inicial do programa, a sua voz aparece antes da sua imagem marcando sua presença. Ela faz parte daquele corpo e, em várias situações, escapa do próprio corpo. Isso pode ser notado quando, em diversos momentos, o Chacrinha fala por cima das músicas e das próprias falas dos outros atores. Ouvimos sua voz, mas, muitas vezes, não o vemos. A imagem é do jurado, da chacrete ou da plateia.

Mais um signo sonoro aparece na sequência da abertura: uma sirene que toca anunciando que o *show* realmente começou com voz do Chacrinha cantando a música tema. Para ouvirmos sua voz é preciso microfoná-la, o que significa que Chacrinha tem um microfone próprio e está em algum lugar daquele auditório. O fato de a sua voz ser ouvida e ele não ser visto nas primeiras cenas cria a expectativa de que alguma cena nova vai nos trazer a imagem daquela voz que está livre do seu corpo. A cena aguardada finalmente aparece com o Chacrinha e o seu microfone preso ao corpo, mais uma marca registrada que lhe dá poder e autonomia para circular por diversos pontos do palco provocando a separação, a diversidade e a mudança de cenas a partir do áudio (Arnheim, 1979).

A microfonação nos dá a ver/ouvir a posição e a separação das cenas e dos seus atores (Arnheim, 1979). O comandante do circo tem o poder máximo de toda situação, o seu microfone é exclusivo, ele permanece aberto todo o tempo e é o mais alto de todos os microfones. Chacrinha trabalha com seu microfone como se fosse um prolongamento do seu corpo praticamente fazendo parte do figurino. Chacrinha é o dono da voz, ele pode intervir sonoramente a qualquer momento que achar necessário para marcar e separar as cenas. Ele parece resmungar expressões sem sentido apenas para dar ritmo ao programa e, assim, marcar sua presença por meio da voz que escapa do corpo, mas que faz parte deste.

No show de calouros, percebemos que a posição dos calouros é de submissão. O mesmo microfone deve ser utilizado por todos e o acesso a ele só é permitido por meio da condução pela chacrete auxiliar. A força desse microfone é tão impressionante que o ator calouro só é enquadrado em função do microfone, ou seja, o plano para a TV que inclui a performance do calouro é todo definido em função do posicionamento do microfone: o microfone está no centro da cena. Para que o calouro apareça em cena, deve se deslocar, conduzido pela chacrete auxiliar, até o microfone no centro do palco. O ajuste desse microfone se dará durante o diálogo do calouro com o Chacrinha, momento de tensão quando o Velho Guerreiro utiliza do humor ligeiro do teatro de revista e do rádio para ganhar tempo e demonstrar intimidade com o calouro. Nesse momento de ajuste, podem acontecer microfonias e falhas no direcionamento da boca do calouro, reforçando o caos sonoro do programa.

Os jurados disputam o poder pelo microfone, não há um microfone para cada um, mas, pelo menos, eles não precisam se deslocar até o microfone móvel, com flexibilidade para percorrer toda a mesa. Quanto mais tempo um jurado tiver a posse do microfone, mais aparecerá em cena, mas é o Chacrinha quem define esse tempo de posse.

A plateia também tem voz, mas é uma voz que representa uma força relativa. São dois microfones para mais de cem pessoas, ou seja, para ter voz, a plateia deve gritar e se esforçar bastante. O som da sua voz nos dá a noção de amplitude que um programa de auditório precisa: são ecos e ruídos indefinidos e gritados dentro de um grande ambiente. Assim, pela ressonância sonora (Arnheim, 1979) da paisagem, temos a impressão de um auditório lotado, quente e que pressiona o calouro. A paisagem sonora desenha um lugar de pressão extrema e reforça a ideia da estética do risco, da arena, do calouro fragilizado perante uma plateia ansiosa. A voz dessa plateia tem características marcantes: é feminina, não individualizada e obedece às ordens do Chacrinha para dar ritmo ao programa. A plateia aplaude, grita, canta, sussurra, ri, vaia; são diferentes expressões sonoras que ajudam a criar ritmo, "pintando" a paisagem sonora do programa com um "colorido" diversificado.

A paisagem sonora do show dos calouros tem um elemento diferente de outros momentos dos programas: a buzina. Ela está sempre a postos, acoplada ao corpo do Chacrinha, que pode acioná-la a qualquer instante. A buzina é "nervosa", ela é um signo sonoro que também dá ritmo ao *show*, mas que assusta o calouro e a plateia chamando atenção para algo. Mas ela também é um signo audiovisual que relembra aquela mesma buzina utilizada pelos vendedores ambulantes de rua, sempre presentes nas entradas dos teatros e dos circos e que a tocam para anunciar seus quitutes. A buzina do Chacrinha chama a atenção, é um objeto de destaque principalmente pelo seu estrondo audiofônico; geralmente, ela interrompe algo para fazer a passagem para o próximo número.

A cada calouro buzinado, entra um áudio dizendo em coro e em tom de deboche: "troféu abacaxi!". A mudança das cenas – aparição e ostracismo do calouro – se reforça com a movimentação sonora proporcionada por três entidades do texto: pelo estrondo da buzina, pela vaia da plateia e pelo deboche da vinheta. Todas essas entidades articuladas pelas performances dos diversos atores presentes nos remetem à textualidade do risco que o calouro corre nas interações do programa de auditório, semelhante ao risco do malabarista, trapezista ou do acrobata no picadeiro do circo.

A textualidade da interação por meio da canção de sucesso em outro momento dos programas, quando o artista popular entra em cena, é constituída por entidades dinâmicas, mais especificamente o som, a imagem e os objetos/corpos em cena. E a entidade som, que compõe a textualidade do programa *Cassino do Chacrinha,* é posta em questão: como um cantor pode cantar perante um auditório barulhento e caótico sem um microfone?

O som de um programa de auditório tem movimento. Ele não pode ficar estático, apesar das inúmeras tentativas de controle dessa situação por parte da produção do programa, por meio da instalação de pontos fixos de microfone. As mudanças de cenas do programa acontecem com o uso de cortinas de passagem acústica, como vinhetas sonoras gravadas, gritos da plateia, buzinadas e bordões do Chacrinha. Arnheim (1979) nos lembra também que, na construção do mundo acústico sonoro, o posicionamento dos microfones pode nos levar às diferentes sensações de cenas: cenas mais próximas, cenas médias ou cenas mais distantes do nosso ouvido. O artista é a estrela, é preciso que sua voz esteja próxima de todos os ouvidos (plateia e telespectador); a plateia acompanha a estrela. É preciso que a voz daquela esteja ao fundo dos ouvidos do telespectador, ou seja, logo atrás da voz do cantor. Assim, o telespectador que assiste em casa ao programa tem a sensação de que a plateia canta em um coro guiado pela voz principal do cantor, a canção é um sucesso popular tão grande que permite uma interação entre cantor e plateia através do canto – na realidade, canto esse gravado previamente e executado em *playback*.

As performances dos diversos atores amontoados e envolvidos pela música e pela dança na atração final dos programas apontam para uma marca dos programas de auditório populares. A força das interações vai aumentando gradativamente até chegarmos a um ápice final, no qual a temperatura é alta, "um baile de carnaval fumegante com alegria e irreverência" (Motta, 2009). É o calor da plateia que se manifesta através de entidades que ajudam a compor esta textualidade final inerente ao programa de auditório – gritos, cantos, ruídos, caras, bocas, gestos, pulos, cores, corpos rebolantes, cenário, figurinos e adereços. O caos sonoro e visual é intenso nesse final dos programas, forma-se o "formigueiro humano" no palco, sem distinção de quem é quem. Repete-se, aí, a sensação de massa de gente sem singularidades. Dinâmicas essas que compõem a textualidade de interação calorosa, típica de uma atração final do *Cassino do Chacrinha* e de outros programas populares de auditório.

Essas e outras entidades estão em movimento e em articulação o tempo todo, principalmente nesse final, em que pouco se pode distinguir além de uma multidão no centro da tela. "Sempre digo que a multidão é inumana porque não tem cara... E como o Chacrinha é amado pelo auditório e repito, ferozmente amado! Aquela massa faria, por amor, o que ele quisesse" (Rodrigues, 2007, p. 163).

À guisa de conclusão

Ao trabalhar no campo do relacional, podemos perceber como o *Cassino do Chacrinha* relê e ressignifica elementos do rádio, do circo, do teatro de revista e da TV.

A performance é um importante elemento nas pesquisas da comunicação a partir do paradigma relacional. Assim, investigamos os atores, sujeitos (apresentador, dançarinas, jurados, assistentes de palco, calouros, artistas, plateia) das diferentes performances do programa, e os textos performados por esses atores.

Para Arnheim (1979), a expressividade do tom da palavra que constitui as performances seria mais importante do que o seu próprio significado. Ela seria a textualidade que escaparia do sentido fechado e nos abriria sensações na experiência estética do som. A partir da observação da paisagem sonora do Cassino do Chacrinha, percebemos que ela não é estática, ela é dinâmica e mediada, tem relevo, superfície e ocupa espaços. Arnheim (1979) também chama atenção para a importância da análise de outros elementos para a composição do espaço de uma paisagem sonora: sensação de cenas variadas e ampliadas com o uso do vetor perspectiva, determinando o perto e o longe (posicionamento de microfones no auditório); ressonância do som que leva o ouvinte a perceber a amplitude espacial da obra (ecos e ruídos do auditório); possibilidades de mudança de cenas através de cortinas de passagem acústica (vinhetas, buzinadas, jargões). Tais elementos e recursos sonoros também ajudam a entender a percepção acústica que serve de apoio para estimular a criatividade e abrir sentidos para o público, investigando quais seriam as condições de significações e suas possíveis articulações.

É certo que esse dispositivo está sempre em construção, sofrendo mudanças de acordo com suas próprias dimensões apontadas aqui – tecnologia, linguagem e sociedade. Mas é certo também que o programa de auditório continua presente na nossa experiência no mundo, inclusive interpretando e reconfigurando essa própria experiência. O auditório está tanto nos tradicionais programas de Silvio Santos, Raul Gil e Faustão, como também em programas como CQC, Pânico na TV, Amor e Sexo e Encontro com Fátima Bernardes e nos *talk shows* de Danilo Gentili (SBT) e de Rafinha Bastos (TV Bandeirantes).

Essa permanência e essa renovação do programa de auditório como um dispositivo midiático que tem uma audiência consolidada ainda nos dias de hoje nos permitem afirmar que tal dispositivo merece a atenção de pesquisadores que se interessam por questões relacionadas aos textos midiáticos e a presença desses textos no cotidiano das pessoas. Acreditamos que nosso trabalho joga luz sobre alguns aspectos desses textos, mas não os esgota. Cabe a trabalhos futuros puxar outros fios desse emaranhado de textos que constitui o dispositivo programa de auditório.

REFERÊNCIAS

ABRIL, Gonzalo. *Análisis crítico de textos visuales*. Madrid: Editorial Síntesis, 2007.

ANTUNES, Helton; VAZ, Paulo Bernardo. Mídia: um aro, um halo e um elo. In: GUIMARÃES, CÉSAR; FRANÇA, Vera (org.). *Na mídia, na rua: narrativas do cotidiano*. Belo Horizonte: Autêntica, 2006.

ARNHEIM, Rudolf. *Estética radiofónica*. Barcelona: Editorial Gustavo Gilli, 1979.

ECO, Umberto. *Lector in fabula*. São Paulo: Perspectiva, 2002.

GOFFMAN, Erving. *A representação do eu na vida cotidiana*. Petrópolis: Vozes, 1996.

GRACIA, Jorge E. *Texts*: onthological status, identity, author, audience. Nova York: State University of New York Press, 1996.

KELLNER, Douglas. *A cultura da mídia*. Bauru: Edusc, 2001.

MAGNANI, José. *Festa no pedaço*: cultura popular e lazer na cidade. São Paulo: Hucitec/UNESP, 2003.

MATTOS, Sérgio. *História da Televisão Brasileira, uma visão econômica, social e política*. Petrópolis, RJ: Editora Vozes Ltda, 2002.

MOTTA, Nelson. *Noites tropicais*: solos, improvisos e memórias musicais. Editora Objetiva: Rio de Janeiro, 2009.

RODRIGUES, Nelson. *O óbvio ululante. Primeiras confissões crônicas*. Rio de Janeiro: Agir, 2007.

RUIZ, Roberto. *Hoje tem espetáculo? As origens do circo no Brasil*. Rio de Janeiro: INACEN, 1987.

SCHAFER, R. Murray. *A afinação do mundo*: uma exploração pioneira pela história passada e pelo atual estado do mais negligenciado aspecto do nosso ambiente: a paisagem sonora. São Paulo: Editora UNESP, 2001.

SCHAEFFER , Pierre. *Machines à COMMUNIQUER*. Genèse des simulacres. Paris: Seuil, 1970.

TATIT, Luiz. *O século da canção*. Cotia: Ateliê Editorial, 2004.

TINHORÃO, José Ramos. *Música popular*: do gramofone ao rádio e TV. São Paulo: Ática, 1981.

ZUMTHOR, Paul. *Performance, recepção e leitura*. São Paulo: Educ, 2000.

Como compreender as transfigurações digitais da mídia literatura? Trilhando o caminho dos afetos

Bruno Guimarães Martins
Mickael Braga Barbieri

Introdução

Há dois anos, um grande silêncio, tão inesperado quanto o fato que o motivou, provocou os amantes da arte literária em todo o mundo. O cantor estadunidense Bob Dylan, agraciado com o Prêmio Nobel de Literatura, manteve-se omisso por quase sete meses após o anúncio feito pela Academia Sueca, responsável pela "beatificação" de personalidades na área da Literatura e em diversas outras. Dylan foi laureado, segundo a Academia, por "ter criado novos modos de expressão poética no quadro da tradição da música americana", ainda que tendo publicado poucos e esparsos livros em toda sua carreira artística. Bob Dylan aceitou o prêmio, mas não compareceu à cerimônia em Estocolmo, enviando por escrito um discurso que foi lido pela embaixadora dos Estados Unidos na Suécia.

O Prêmio Nobel dado a Dylan revela a erosão de uma forma específica de mídia, o livro, para a identificação do "literário". Isso não passou despercebido pelo próprio músico, que, em seu discurso lido, chamou a figura do inglês William Shakespeare em sua defesa. Dylan (2017) disse que ele, o bardo inglês, apesar de grande figura literária, se consideraria um dramaturgo, não um escritor: "a ideia de que estivesse escrevendo literatura não podia ter lhe passado pela cabeça. Suas palavras eram escritas para o palco. Destinadas a ser pronunciadas, e não lidas". Ele completa, ao final da fala, comparando-se a Shakespeare, uma vez que, assim como ele, estaria ocupado lidando com a própria arte e projetos pessoais a tal ponto que "nem uma única vez eu tive tempo de me perguntar, 'Será que as minhas canções são literatura?'". Assim, a premiação de 2016 pode ser vista como exemplar de uma reação a tensionamentos e expansões do campo da literatura, resultantes não só de contínuas experimentações formais e novas configurações sociotécnicas, mas, também, de deslocamentos da crítica, que passou a considerar mais positivamente a imprecisão conceitual da experiência literária defronte suas dimensões contemporâneas de produção, circulação e recepção. Tal fluidez, que, simultaneamente, embaralha e caracteriza as formas artísticas contemporâneas, participa de amplas transformações, que foram nomeadas acertadamente como "modernidade líquida" (Bauman, 2001).

Tentaremos demonstrar, neste capítulo, como essas novas configurações, principalmente as impostas pela mídia digital, modificaram o sistema literário, lembrando a noção elaborada por Antonio Candido (1975), especialmente nas formas pelas quais as obras podem se encontrar com seus leitores, formando um circuito comunicativo literário. Nesse sentido, desejamos compreender a crítica em sua qualidade de mediação, sem esquecer de suas relações com o mercado editorial, pois, mesmo que algumas das tarefas de sua pressuposta autonomia tenham permanecido, as complexas sobreposições de filtros que, tradicionalmente, autorizavam suas posições ordenadoras e classificatórias parecem obedecer a lógicas distintas no ambiente digital.

Essas instabilidades produzidas pelas transfigurações literárias contemporâneas não passam ao largo do que vêm se discutindo quanto aos desafios de se pensar um sentido mais expandido para os processos comunicacionais. As experiências literárias aqui tratadas, assim como os textos que circulam verbal e não verbalmente pelo digital e fora dele, são vistas como componentes de uma extensa, complexa e heterogênea rede de práticas textuais sociodiscursivas situadas em um tempo histórico. E também a própria mediação dessas práticas, pelas mídias, pois, como pontua Bruno Leal (2018, p. 22), "os diferentes agentes e dimensões de cada processo de mediação têm importância, contribuindo para as características peculiares àquela situação comunicativa, inclusive em seus aspectos regulares e institucionais". Entendemos que os processos de comunicação foram ignorados pelo privilégio de uma noção imanente de texto que desconsidera aspectos relevantes para a emergência de sentidos no encontro do leitor com a literatura. Compreender a literatura contemporânea a partir da noção de textualidades midiáticas se apresenta como caminho para incorporar particularidades do momento histórico e de suas formas materiais em seus processos de produção e emergência de sentido. Desenvolver uma sensibilidade ao ambiente técnico-histórico nos permite destacar uma das qualidades mais caras ao discurso literário: a capacidade de afetar intimamente o leitor. Dessa forma, desdobram-se das textualidades, estéticas e afetos, que passam a orientar algumas das decisões metodológicas da pesquisa.

Inicialmente, esboçaremos como os estudos literários passaram a relevar a importância das transformações midiáticas em seus aspectos históricos e materiais. A partir dessa nova sensibilidade crítica, buscamos encontrar caminhos para compreender as reconfigurações contemporâneas da circulação da literatura em face às mídias digitais, aproximando então seus sentidos potenciais da comunicação literária. Os pressupostos teóricos que permitiram aproximações entre literatura e mídia introduzem opções metodológicas da pesquisa que desenvolvemos para compreender processos e estratégias comunicacionais utilizados por membros da chamada comunidade *booktube* com vistas a impulsionar o desejo de leitura a partir do compartilhamento de experiências. Para tanto, abordaremos os afetos e a autoexperimentação no dinâmico sistema que envolve a circulação da literatura na internet, especialmente no canal brasileiro mais antigo e longevo dedicado aos livros, *Tiny Little Things* (TLT), de Tatiana Feltrin.

A mídia literatura

Inspirado parcialmente pelas instigantes provocações elaboradas pela "estética da recepção", mas buscando por conceitos que permitissem observar a concretude da experiência literária diante da alteridade histórica, o medievalista Paul Zumthor (1993, 2010) foi capaz de identificar uma poética oral que caracterizou a "literatura medieval" antes da imprensa e da popularização do livro. Para tanto, ele se desviou habilmente das polarizações entre oralidade e escrita, descrevendo uma poética da voz e o corpo e desenvolvendo uma descrição da performance como conceito chave para apreender o literário. Foi a noção de performance que permitiu ao autor incluir, na recepção de uma determinada obra ou texto, aspectos sensíveis que constituem a experiência literária. Ao tomar o rock como exemplo de performance poética, o autor certamente estaria de acordo com a qualificação literária do trovador moderno Bob Dylan pela Academia Sueca. Nos interessa destacar que a amplitude temporal desse tipo de abordagem cunhou uma ampla noção de literatura que não se encontra vinculada a uma mídia específica ou a um leitor ideal, permitindo a Zumthor observar o literário considerando a forma pela qual afeta os agentes envolvidos.

Em sentido distinto, inspirado parcialmente por Michel Foucault, o historiador da mídia Friedrich Kittler (1990, 1999) dedicou-se longamente a descrever a complexidade de "redes discursivas" emaranhadas na comunicação literária especialmente no século XIX, quando o Romantismo alcançou seu ápice. O livro era então a principal mídia ao permitir, por meio do processamento e do registro da informação escrita, acesso a sofisticadas ilusões óticas e acústicas, especialmente para leitores extremamente proficientes. Quando gravar sons, filmar sequências e datilografar letras passaram a ser opções em outros dispositivos midiáticos, ou seja, diante do aparecimento das primeiras mídias técnicas na virada do século XX, a escrita (e a imaginação) literária defrontou-se com o fato de que algumas de suas qualidades expressivas tornaram-se obsoletas diante de aparelhos capazes de processar e registrar a informação como o gramofone, o filme e a máquina de escrever. Trata-se de aproximar história da mídia e história da literatura, considerando que as transformações midiáticas implicam diretamente nas formas artísticas. Por exemplo, ao traçar uma longa genealogia das mídias óticas que remonta à perspectiva da câmera obscura utilizada por pintores renascentistas, Kittler demonstrou como uma série de dispositivos pré-cinematográficos (lanternas mágicas, cosmoramas, dioramas) tiveram seus efeitos ilusórios reproduzidos pela literatura romântica. Diante do aparecimento do filme, a literatura questionaria sua capacidade de produzir tais ilusões representativas, caminhando em direção à iconoclastia que caracterizou grande parte das chamadas vanguardas modernas. De forma similar, acreditamos que para analisar criticamente o presente da literatura, não mais estabilizada em torno de sua principal mídia, o livro, torna-se necessário considerar uma complexa ecologia midiática que não pode ser separada de uma abordagem histórica, ou seja, "uma análise que procura identificar no campo histórico as interseções e fronteiras entre a cultura da escrita e a técnica das imagens é um preparo imprescindível para a pergunta insistente sobre o possível status da escrita e da literatura nos dias de hoje" (Kittler, 2016, p. 26). Nesse sentido, é sintomático que vídeos autogravados sejam a principal forma pela qual os chamados *booktubers* iniciam sua relação com suas comunidades.

Cada um a seu modo, Zumthor e Kittler defrontam-se com distintas alteridades históricas contribuindo para reconfigurar o conceito de Literatura e permitindo a emergência de uma nova atenção às "materialidades da comunicação" assim como formulado por Gumbrecht & Pfeiffer (1994). Como consequência do deslocamento da "centralidade da hermenêutica", questões relacionadas à presença dos leitores diante do texto literário permitiram reflexões que resultaram, por exemplo, no produtivo conceito de "mídia literatura" elaborado por Gumbrecht. Para tanto, o autor define mídia como algo "determinado pela convergência de um tipo (...) de 'presença à distância' com um feixe sempre determinado de 'relações de asseveração'"

> [...] em primeiro lugar, o que deve ser chamado de mídia torna presente, de modo sempre específico, objetos espacial e temporalmente ausentes, e

> [...], em segundo lugar, tais modos de tornar presente estão ligados a certas suposições (geralmente implícitas) sobre a confiabilidade e aplicabilidade do que assim foi tornado presente. (Gumbrecht, 1998, p. 298)

Essa ampla definição de mídia permite circunscrever a "mídia literatura" na história ocidental descrevendo-a como uma forma de comunicação que apresenta três características principais: 1) leitores estabelecem uma proximidade específica com os autores da literatura marcadamente desinteressada, estabelecendo uma relação de intimidade imaginada; 2) desviada de qualquer compromisso pragmático cotidiano, facilita-se, por parte do leitor, a aceitação da ficcionalidade ou a "suspensão da descrença"; e, finalmente, 3) pressupõem-se uma espécie de mais-valia da literatura em face aos outros discursos, o que geralmente se justifica criticamente por meio de suas qualidades formais e àqueles capazes de percebê-las, os mesmos que defendem sua suposta transgressividade social.

Há um conjunto de colocações e asseverações – a proximidade imaginada entre leitores e autores, a ficcionalidade como suspensão do ceticismo sistemático, a mais-valia da forma textual e a transgressividade social –, do qual não podemos necessariamente esperar (mas também não excluir peremptoriamente) que tenha se formado dessa maneira ou se formará fora das culturas ocidentais (Gumbrecht, 1998, p. 300). Para traçar uma genealogia da literatura como meio de comunicação, Gumbrecht situa como ponto de partida o fim da Idade Média, quando os manuscritos ainda carregavam vestígios do corpo na caligrafia do autor ou do copista, que foram apagados pela homogeneidade tipográfica institucionalizada pela imprensa. O livro moderno elimina da situação de comunicação a presença do corpo e estabelece a interpretação da superfície textual como caminho para que a leitura busque a profundidade espiritual supostamente manifestada pelas intenções do autor. Além disso, diferentemente de outras formas de se apreender a palavra escrita, ao adotar o conceito de "mímesis", imitação da realidade, como central para ler o escrito modificaram-se as expectativas em relação ao texto: "Os conceitos familiares para nós de autoria, de intenção de autor e leitura, de reflexo de mundo, de ficção e de identificação são (...)

grandezas que se tornam constitutivas da mídia 'literatura' somente a partir do início da era moderna" (Gumbrecht, 1998, p. 307). Tal percepção condicionou ao longo da modernidade a recepção da literatura como representação ficcional ou não ficcional do mundo.

No século XIX, o caráter quase religioso da leitura solitária tornou-se uma atividade central do lazer, o que contribuiu decisivamente para que a literatura oferecesse uma imagem normativa da vida social e individual. Por sua vez, muitos autores sustentaram a imparcialidade e a objetividade na possibilidade de apreensão e representação do mundo, abrindo então um espaço para a contradição entre aquele status quase transcendental da literatura e sua função mediadora entre as imagens exemplares que oferecia e a experiência social cotidiana. Tal contradição foi solucionada por uma excentricidade social duplamente incorporada por autores e leitores, o que explica parcialmente a frenética compulsão pelo novo no alto modernismo. Além disso, como reação à transformação epistemológica identificada por Michel Foucault por volta de 1800 como "crise de representação", o gesto criativo passaria a dificultar uma função representativa dos textos, o que foi amplamente exercitado em movimentos artísticos como o dadaísmo e o surrealismo, ou como é o caso de uma pintura "não figurativa". Dessa forma, a excentricidade social e o bloqueio da função representativa transformaram a literatura no século XX em um "meio de comunicação esotérico". Mesmo ao considerar reações e variações, Gumbrecht especula sobre o fim da mídia literatura nos moldes como se estabeleceu até hoje.

> Apesar dos notáveis sucessos do realismo mágico ou de determinados gêneros de discursos pós-modernos, não se deveria encobrir com um tabu a questão de saber se a mídia literatura [...], não se aproximou, nesse meio tempo, de seu fim histórico. Pois alguns dos componentes que, no transcorrer dos séculos, foram cunhadores de identidade e de função para a literatura, parecem ter perdido, na cultura de nossa época, seus pontos de referência extraliterários. As sociedades ocidentais de tal modo se dessensibilizaram diante de diversas formas de transgressão que a provocação efetiva só pode ser suscitada por 'efeitos especiais' com uma intensidade que um meio ligado à leitura solitária não pode produzir

> [...]. Se é verdade, [...] que as imagens produzidas hoje pelo cinema e pela televisão são cada vez menos classificadas como 'reais/irreais' e 'verdadeiras/falsas' e que a percepção da diferença entre as imagens televisivas e a experiência visual primária desaparece cada vez mais, então é possível prever também a obsolescência da ficcionalidade enquanto dimensão pragmática. (Gumbrecht, 1998, p. 318)

Trata-se então de compreender quais seriam as condições para a sobrevivência da mídia literatura diante da mitigação dos pressupostos que a caracterizaram, especialmente diante de novas mídias que, desde fins do século XIX, produzem formas de presença à distância com as quais o livro impresso não pode concorrer. Gumbrecht (1998, p. 319) sugere uma guinada anti-iluminista como saída: "Poderia a literatura (...) num sentido intensificado e concretizado em relação ao século XIX, se tornar um substituto para a religião?". Curiosamente, nas imagens audiovisuais em que os *booktubers* se apresentam, o livro é sistematicamente ostentado para a câmera como uma espécie de objeto mágico. Tantas vezes ameaçado pelos avanços tecnológicos, o livro impresso passa a ser também o objeto de fetiche de uma comunidade que se formou no ambiente digital, cujos membros produzem e assistem vídeos no YouTube, algumas vezes, apenas para falar de seus aspectos materiais como a capa, o papel, a textura etc., como demonstram os populares vídeos de *unboxing*, quando os livros são desempacotados em frente à câmera.

Afetação e ressonância

Por mais que o livro físico esteja ocupando um papel central na comunidade *booktube*, apenas o contato material com esse objeto não bastaria para incitar qualquer desejo de leitura. A antropóloga francesa e pesquisadora do *Centre National de La Recherche Scientifique*, Michèle Petit (2009, p. 154), diz ser necessária a mediação interpessoal de leitores experientes para que esse estímulo surja e seja construído socialmente, pois "a dimensão do encontro com um mediador, das trocas, das palavras 'verdadeiras', é essencial". A autora dedica-se a detalhar os processos de apropriação que ocorrem na mediação de um leitor para outro, afirmando que "os leitores apropriam-se dos textos, lhes dão outro significado, mudam o sentido, interpretam à sua maneira, introduzindo seus desejos entre as linhas: é toda a alquimia da recepção" (Petit, 2009, p. 24). Destacamos então que a comunidade permite que o gosto pela leitura seja transmitido, antes de tudo, por um leitor apaixonado a outro.

Muito nos interessa as formas pelas quais os leitores se relacionam com as obras literárias e as trazem para o cotidiano, o que Petit (2009) chamou de "apropriação". Essa forma de enxergar no texto literário uma maneira de lidar com as questões do mundo e refletir sobre temas complexos a partir da perspectiva pessoal tem sido estudada pela neuropsicologia. O dinamarquês Uffe Seilman elabora o conceito de ressonância pessoal da leitura para assinalar a face emotiva e a memória autobiográfica da vivência afetiva dos leitores. Em *Personal Resonance to Literature,* Seilman e Larsen (1989) descrevem o processo de ressonância pessoal como um aspecto da leitura literária que produz uma profunda percepção de verossimilhança entre a obra e a vivência do leitor. Segundo eles, essa experiência pode não ocorrer muito frequentemente, além de, às vezes, ocorrer apenas quando se lê obras de não-ficção; mas, fenomenologicamente, é um importante ingrediente para a experiência literária". Importante ressaltar que a ressonância é definida pelo *background* de cada indivíduo, sendo que mesmo dois irmãos criados em um mesmo ambiente familiar podem sentir uma mesma obra ressoar de formas diferentes, uma vez que podem construir molduras cognitivas particulares.

Baseados no que afirmou Abelson (1987), Seilman & Larsen (1989, p. 2, tradução livre) diferenciam a compreensão de um texto ordinário e a apreciação de um texto literário, mais pessoal e profundo. Para eles, a "apreciação, ao contrário da compreensão ordinária, provavelmente não poderia ser simulada por um computador porque a ele falta experiência emocional, corpórea e memória autobiográfica". Por isso, seria diferente a relação de um leitor frente a textos que exigem apreciação, como no caso as obras literárias, daqueles que pedem apenas compreensão, como o que eles chamam de textos explanatórios.

Os apontamentos de Seilman sobre a ressonância pessoal encontram eco também em pesquisas que se preocupam com o atual estado das teorias, pois não deixar de fora da crítica os próprios leitores parece estar no cerne de um problema que toca diferentes faces da recepção contemporânea de Literatura, especialmente em sua capacidade de produzir efeito estético. Em *A economia das emoções na crítica e teoria da literatura*, Heidrum Krieger Olinto (2009) reivindica a inclusão da questão dos afetos, uma vez que também compõem o complexo circuito comunicativo do fenômeno literário. Para a autora, é preciso considerar que os leitores são induzidos a convergir o modelo de mundo formado pela sua experiência de vida e pelo mundo ficcional dos textos literários.

> A partir da construção de molduras cognitivas e contextos abrangentes que orientam a apropriação dos mundos ficcionais de obras literárias [...]. Esses quadros mistos – cognitivos e emotivos – que dependem, portanto, de conteúdos iniciais na leitura de textos, permitem compreender divergências culturais, sociais e pessoais na interpretação de conteúdos semânticos realizada por diferentes leitores. (Olinto, 2009, p. 151)

Também Tzvetan Todorov (2009), em seu ensaio *Literatura em Perigo*, aponta que a teoria literária e os estudos sobre Literatura dedicam-se a ajuizar sobre a qualidade das obras, deixando de lado a emoção vivida pelo leitor no encontro com os livros, sobrepondo-se ao que seria, afinal, a tarefa do educador: disseminar o amor pelos textos literários. O historiador búlgaro defende que um estudante, ou leitor iniciante, deva entrar em contato com uma obra fora do meio disciplinar, dessa forma, a literatura poderia ser um meio para a realização pessoal, e não um fim em si mesma. Nesse sentido, pouco interessa a um leitor comum conhecer as obras literárias para dominar um método de ensino qualquer, o que verdadeiramente lhe interessaria é encontrar um sentido que o permita compreender melhor o homem e o mundo que o rodeia, para, assim, descobrir formas que possam enriquecer – ou questionar – a existência. Para tanto, "devemos encorajar a leitura por todos os meios – inclusive a dos livros que o crítico profissional considera com condescendência (...)" (Todorov, 2007, p. 82, grifos nossos). Dessa forma, aquele que ensina ou critica a Literatura deveria considerar, antes de tudo, em converter o sentido de cada obra em uma linguagem comum de seu tempo.

Contrariando a sobrevalorização de uma crítica que segue certos aspectos da tradição romântica, muitas vezes no reduto acadêmico o discurso crítico autonomiza-se e sobrepõe-se à obra, ou seja, a elaboração teórica torna-se mais relevante que a própria literatura, reduzindo sua verdadeira potência de apresentar alteridades na experiência da leitura. Nesse sentido, é necessário olhar com atenção para o florescimento dos canais, blogs e conteúdos literários no ambiente digital, pois, a despeito dos já identificados ímpetos estratégicos e autoritários identificados com a floresta de algoritmos da internet, esses discursos podem mediar encontros potencialmente transformadores da obra com os leitores justamente por favorecerem a formação de comunidades que tem como um dos principais ingredientes o "senso comum".

> Todos participam do que Kant, no famoso capítulo da Crítica da Faculdade do Juízo, considerava como um passo obrigatório no caminho para o 'senso comum', ou seja, para nossa própria humanidade: 'Pensar colocando-se no lugar de todo e qualquer ser humano'. Pensar e sentir adotando o ponto de vista dos outros, pessoas reais ou personagens literárias, é o único meio de tender à universalidade e nos permite cumprir nossa vocação. É por isso que devemos encorajar a leitura *por todos os meios* – inclusive a dos livros que o crítico professional considera com condescendência [...]. (Todorov, 2007, p. 82, grifos nossos)

Nem sempre considerados pela crítica literária mais convencional, ressonância pessoal, afetos e emoções parecem formar a base da comunidade *booktube* que se interessa por compartilhar não só experiências de leitura, mas também discutir a intimidade do leitor. Dentro da comunidade, não são raros os vídeos do tipo "Fatos sobre mim", em que o *booktuber* se dispõe a falar sobre sua vida pessoal ou apresentar detalhes do seu dia a dia, estejam eles ligados a leituras ou não. Isso sinaliza que o trabalho dos *booktubers* pode estar no vão entre a crítica e a ressonância pessoal, entre o afeto e a resenha literária.

Recortar a plataforma

A aglutinação *booktube* surge para definir as pessoas que postam vídeos tendo as leituras literárias como assunto principal. Afinal, na internet, já existiam sites e blogs especializados em moda, beleza, arquitetura, arte, música e também em livros. Essa forma de classificar um determinado tipo de usuário da internet transparece uma estratégia de segmentação de público, que existe desde que a web passou a se tornar mais participativa. Em outras palavras, é o que Tim O'Reilly (2005) nomeou Web 2.0 ao exaltar a potência desse ambiente midiático para o desenvolvimento de uma "inteligência coletiva". Tal concepção recebeu diversas críticas, especialmente por seu caráter mercadológico: "a Web 2.0 tornou-se a lógica cultural para o comércio eletrônico, com uma série de práticas empresariais que buscam captar e explorar a cultura participativa" (Jenkins, 2014, p. 79).

As origens do que já é chamado de comunidade *booktube*, designando um conjunto de relações construídas a partir de um canal literário no YouTube com seus seguidores e agrupamentos, são incertas. Alguns pesquisadores das áreas de Comunicação, Biblioteconomia, Literatura e Educação vêm delineando alguns marcos que ajudam a vislumbrar um início dessa prática no Brasil. Jeffman (2017, p. 190) realizou uma etnografia virtual da comunidade brasileira e afirmou que a professora e tradutora Tatiana Feltrin, fundadora do canal Tiny Little Things (TLT) em 2007, foi a primeira *booktuber* brasileira, porque "seu primeiro vídeo deu início a um canal dedicado à cultura literária". Em sua tese, a autora aponta o aspecto global do *booktube*, registrando exemplos no Chile, México, Estados Unidos, Reino Unido e França. Balverdu (2014, p. 25) salienta o fato de que a comunidade ganhou visibilidade no Brasil aos poucos e de forma independente "até que em agosto [de 2014] foi realizado o primeiro Encontro de *booktubers* na 23ª

Bienal Internacional do Livro de São Paulo". Sem regras ou definições muito precisas, o *booktube* no Brasil alcança hoje números expressivos, como no caso do canal de Tatiana Feltrin, que possui mais de 270 mil inscritos e mais de 26 milhões de visualizações para os mais de 900 vídeos postados durante a primeira década do canal no ar dentro da plataforma.

As incertezas sobre a comunidade, a escassez de publicações consistentes sobre o tema no Brasil, a dificuldade de se verificar concretamente a popularidade dos canais, bem como a oscilação da audiência e a dificuldade de registrá-la, são desafios que buscamos enfrentar com a definição de nossas metodologias de pesquisa. Nos primeiros meses, decidimos participar como espectadores da comunidade para deixar que ela "falasse" algo para nós. Além disso realizamos uma investigação bibliográfica buscando compreender se o que os *booktubers* faziam poderia ser classificado como crítica literária, ou não. Além disso, percebemos que os vídeos realizavam uma certa performance crítica defronte a câmera, que não poderia ser ignorada. Essa performance autogravada é a forma pela qual o *booktuber* constitui sua comunidade e pode interferir em seus hábitos de leitura, ou seja, decidimos focar a pesquisa em como os afetos da experiência literária podem ser encenados e compartilhados por meio do YouTube. Para tanto, decidimos pesquisar a trajetória da primeira *booktuber* brasileira, Tatiana Feltrin. Contrariando a sobrevalorização de uma crítica que segue certos aspectos da tradição romântica que pode autonomizá-la e sobrepor-se à obra, acreditamos que a crítica realizada pelos *booktubers* potencializa os afetos que animam a experiência de leitura.

Afetos e autoafetação

Logo no trabalho de campo exploratório inicial da pesquisa, sempre tendo como objeto empírico o canal TLT de Tatiana Feltrin, notamos a dificuldade existente para escolher qual caminho seguir. Em meio à escassa bibliografia especializada, embora algumas pesquisas já tivessem sido realizadas sobre a plataforma de vídeos nos últimos anos, optamos por apostar no processo de exploração livre do objeto. Depois de muita navegação, surgiu como um primeiro impulso a necessidade de descrever a comunidade, como o que foi feito por Jeffman (2017); em um segundo momento, imaginamos um estudo de recepção diretamente com os espectadores dos canais, para entendermos qual seria a real importância do *booktube* para os leitores conectados à internet. Entretanto, não poderíamos abrir mão de analisar as imagens, cuja produção e transmissão eram o princípio de formação das comunidades, além de serem o meio pelo qual seus espectadores poderiam ser afetados.

Após assistir aos vídeos produzidos por Tatiana Feltrin e ler os comentários relacionados, destacamos alguns aspectos: 1) espectadores que haviam lido os livros comentados por Feltrin publicavam comentários efusivos; 2) espectadores que não leram o livro realizaram comentários tanto sobre o livro quanto sobre o vídeo, demonstrando que a leitura prévia do livro não é requisito obrigatório para a apreciação dos vídeos produzidos para o canal; 3) a forma como Tatiana Feltrin apresenta o livro nos vídeos pode seduzir ou afastar o espectador para a leitura, indicando a influência da *booktuber*, o que certamente não é ignorado pelo mercado editorial e que pode ser comparado não só ao crítico, mas também ao livreiro; 4) segurar o livro nas mãos junto ao rosto e ostentá-lo para a câmera são os enquadramento e movimentos mais comuns na performance de Tatiana Feltrin, sendo então livro e corpo as principais imagens para explicitar suas opiniões acerca da obra e do autor, assim como um padre que segura a Bíblia, estabelecendo uma relação algo religiosa com o livro e com os espectadores; 5) é recorrente que Tatiana Feltrin descreva aspectos íntimos do ato de leitura compartilhando sua experiência estética (Dewey, 2005, 2012; Gumbrecht, 2010), abrindo-se a possibilidade de afetar seus espectadores (Stewart, 2007). Atribuir elementos dos afetos e compartilhá-los com o público, produzir percepções além de apenas textos simbólicos e crus, pode ser parte do que torna o material produzido pelos *booktubers* tão atraente para os que se envolvem com Literatura na contemporaneidade, pois afetos “não nos oferecem um novo modelo, mas nos convidam a reviver a investigação, a imaginar outras maneiras de ver, a reexaminar a justiça e equidade do curso normal ou invocar uma experiência singular" (Moriceau & Mendonça, 2017).

Diante da experiência com o objeto e as dificuldades apontadas, concentramos o problema de pesquisa em verificar e descrever formas pelas quais o espectador pode ser impulsionado a ler depois de assistir vídeos, ou seja, como o encontro com as obras e o gosto pela Literatura pode ser alimentado pela plataforma digital. Para isso, 10 vídeos serão selecionados entre os mais de 800 publicados nos primeiros dez anos de canal para que possa ser analisada a performance de Tatiana Feltrin em consonância aos comentários dos vídeos, nos quais esperamos residir reflexos dessa influência da *booktuber* nos hábitos de leitura do público que a segue. Os vídeos do corpus qualitativo devem ser os mais populares, não só em visualizações, como também em comentários, estando restrita essa escolha aos vídeos que sejam do tipo de resenha/crítica de livros em detrimento de outros. Decidimos por esse caminho após iniciar uma catalogação de todos os vídeos postados na primeira década do canal TLT, a fim de coletar informações como: número de obras citadas durante os 10 anos, qual o tipo de vídeo mais produzido, os mais curtidos, os mais refutados pelo público, etc. Esse gesto metodológico foi abandonado pois uma certa discrepância entre os vídeos não permitiam a criação de um padrão que pudesse resultar em dados úteis para a pesquisa.

Percebemos transformações na qualidade da produção técnica e nos conteúdos considerando que, nos últimos 10 anos, Feltrin se profissionalizou a ponto de abandonar seu posto como professora para se dedicar apenas ao seu canal. Também notamos modificações de sua postura junto aos espectadores, antes mais ríspida e hoje mais moderada, além de mapear diferentes formas de falar sobre os livros, inclusive mudanças no tom de voz e comportamento performático frente à câmera. Infelizmente, não nos foi concedida uma entrevista para que pudéssemos questionar diretamente sobre sua percepção do momento atual do *booktube* no Brasil, quais mudanças o canal trouxe para sua vida, a maneira como esse trabalho mudou sua forma de encarar e apreciar a Literatura, qual a sua relação com os vídeos antigos, o que ela espera dos próximos anos para a comunidade, etc.

Autoexperimentação

Abriu-se outro caminho metodológico com a autoexperimentação empenhada pelo pesquisador Mickael Barbieri, que também se tornou um *booktuber* por se identificar com a comunidade. Esse gesto, de início apenas paralelo ao estudo, resultou nas postagens semanais de vídeos no canal "Sobre o escrito",[1] publicado no YouTube em agosto/2017, e que já conta com mais de 900 inscritos superando as 12 mil visualizações. Também faz parte das estratégias de divulgação do canal a criação de uma conta no Instagram, tal como fazem outros membros da comunidade. A inserção e a apreensão do *ethos* da comunidade que se desenvolve no YouTube nos possibilita, assim, apreender detalhes que passariam despercebidos por um olhar de fora. Mauriceau e Mendonça (2016, p. 85) destacam a importância de aproximar a experiência do pesquisador ao objeto para que a experiência permita uma afetação mútua.

> Para saber algo da experiência devemos, antes de mais nada, vivê-la, deixá-la agir em nós. Precisamos deixar a posição de observador distanciado, permitir que alguns de seus aspectos nos afetem, em ambos sentidos: transformar-nos e dar origem a certos efeitos. O afeto é um sinal de que alguma coisa nos chega e o efeito da experiência. Ele demonstra que estamos em contato com a experiência e o que isso nos ensina.

Para concretizar essa autoexperimentação na dissertação de mestrado a ser concluída em março de 2019, decidiu-se elaborar um diário semanal com as impressões relacionadas às publicações do canal. Nesse diário, constam detalhes que chamaram a atenção e que mostram como o compartilhamento de experiências pessoais por meio do YouTube tem se mostrado propulsor para leituras no cotidiano de outras pessoas, tratam-se de comentários e confissões feitas pelo

1. Disponível em: <https://www.youtube.com/sobreoescrito>.

público do canal, que são documentados, além de registros sobre os desafios e aprendizados advindos do que significa ser um *booktuber* hoje no Brasil, desde o contato com a plataforma, passando por questões de parcerias com editoras e um termômetro dos gostos de leitura do brasileiro. Como exemplo do material colhido, citamos na íntegra um comentário recebido no canal Sobre O Escrito em fevereiro/2018:

> Seguidor: Acabei de descobri seu canal e amei. Adoro a maneira como você descreve os livros e o fato de você ser gente como a gente kkk Pessoas que trabalham, estudam e nos tempos vagos se esforçar para ler mais. É um pouco chato no booktube de hoje em dia ver que um booktuber lê 200, 150 livros por mês e acaba por desestimular aqueles que pretendem enveredar pelo caminho literário. Surge uma competição de leitura e vejo que a quantidade muitas vezes sobrepõe a qualidade das leituras. Parabéns pelas escolhas e vou continuar acompanhando e trocando figurinhas

Mauriceau & Mendonça (2016, p. 87) deixam claro que o pesquisador, após se deixar levar pelas sensações provocadas pelo processo de abrir-se ao objeto subjetivamente, não pode permanecer o mesmo e insistir em uma escrita dotada do que eles pontuam como sendo "um jogo de conceitos frio e torpe", até porque a própria reflexão se torna contaminada, no sentido explicitado anteriormente, pela experiência e vice-versa.

A saída para que os afetos não se percam no trabalho final da dissertação consiste no pesquisador se abrir também para uma escrita performativa e sensível, que também provoque sensações em quem lê, e não apenas em quem escreveu. Não para codificar ou listar os afetos, mas para que a escrita possa "se dedicar a uma única restituição do tecido dos afetos, das percepções e conceitos, deixando o leitor criar em si mesmo um tipo de aprendizado" (Mauriceau & Mendonça, 2016, p. 95). É preciso tentar levar também ao leitor essa experiência afetiva, e não apenas uma representação desse tecido de sensações e afetos.

Considerações finais

Para percorrer os caminhos que nos permitem compreender um determinado fenômeno comunicacional considerando-se suas textualidades midiáticas, faz-se necessário recorrer a um olhar histórico capaz de abarcar as imbricações que se apresentam. Dessa forma, um dos modos contemporâneos da crítica debruça-se sobre o livro impresso, mas se apresenta como uma mensagem audiovisual publicada por meio de uma plataforma digital a uma comunidade de leitores-espectadores. Tal complexidade de mídias e linguagens deve ser percebida e experimentada pelo pesquisador.

A autoexperimentação é uma possibilidade de considerar a própria experiência do pesquisador como parte da pesquisa. É importante ressaltar que esse percurso afetivo apresenta riscos desviantes, todavia, assim como pontuado por Mauriceau & Mendonça (2016), tal escolha contribui para construir um conhecimento contaminado pela experiência, o que nos parece relevante para o discurso das Humanidades, especialmente no campo da comunicação.

A comunidade que se reúne em torno dos *booktubers* produz um espaço de discussão complexo e instigante, que vai além dos limites da plataforma, por meio da qual podemos observar lugares de poder e de fala; o mercado editorial e o fetiche da mercadoria; os conflitos de classificações entre alta e baixa literatura; a disseminação da leitura; entre outros. Ler não significa apenas abrir um livro, mas, antes disso, encontramos uma série de práticas e conflitos que afetam os implicados no processo, sejam autores, editores ou leitores e os *booktubers* com seu público sob influência. Nesse sentido, a plataforma digital é um potente meio de comunicação, pois a comunidade que ali se forma compõe, ao menos parcialmente, uma contemporânea esfera pública literária.

REFERÊNCIAS

BALVERDU, Andressa Machado. *Comunidade Booktube como alternativa de incentivo à leitura.* Monografia (Graduação em Ciência da Informação) - Departamento de Ciência da Informação, Universidade Federal do Rio Grande do Sul, Porto Alegre, 2014.

BAUMAN, Z. *Modernidade líquida.* Rio de Janeiro: Jorge Zahar, 2001.

CANDIDO, Antonio. *Formação da Literatura Brasileira.* Momentos decisivos. Belo Horizonte, Ed Itatiaia; São Paulo, Ed. da Universidade de São Paulo, 1975, 2 v.

DEWEY, John. *Arte como experiência.* São Paulo: Martins Fontes, 2012.

DYLAN, Bob. *Discurso de aceitação do Prêmio Nobel de Literatura 2016.* Tradução de: Caetano Galindo. Disponível em: <http://www.blogdacompanhia.com.br/conteudos/visualizar/O-discurso-de-Bob-Dylan>.

FAILLA, Z (org.). *Retratos da leitura no Brasil 4.* Rio de Janeiro: Sextante, 2016.

FOUCAULT, M. *As palavras e as coisas.* Uma arqueologia das ciências humanas. São Paulo: Martins Fontes, 2002.

GARRAMUÑO, F. & KIFFER, A. (orgs.). *Expansões contemporâneas.* Literatura e outras formas. Belo Horizonte: Editora UFMG, 2014.

GUMBRECHT, H. U. "A mídia literatura". In: *Modernização dos sentidos.* São Paulo: Ed. 34, 1998.

______. *Produção de presença*: o que o sentido não consegue transmitir. Rio de Janeiro: Contraponto, Ed. PUC-Rio, 2010.

GUMBRECHT, H. U. & PFEIFFER, K. L. (orgs.). *Materialities of Communication.* Translated by William Whobrey. Stanford: Stanford University Press, 1994.

JEFFMAN, T. *Booktubers*: performances e conversações em torno do livro e da leitura na comunidade booktube. Tese (Doutorado em Comunicação Social) - Programa de Pós-Graduação em Ciências da Comunicação, Universidade do Vale do Rio dos Sinos, São Leopoldo, 2017.

JENKINS, H. *Cultura da Conexão*: criando valor e significado por meio da mídia propagável. São Paulo: Aleph, 2014.

KITLLER, Friedrich A. *Discourse Networks 1800 / 1900*. Stanford: Stanford University Press, 1990.

______. *Gramophone, Film, Typewriter*. Stanford: Stanford University Press, 1999.

______. *Mídias óticas*. Curso em Berlim, 1999. Rio de Janeiro: Contraponto, 2016.

LEAL, B. "Do texto à textualidade na comunicação: contornos de uma linha de investigação". In: ALZAMORA, G; CARVALHO, C. e LEAL, B. (Orgs.). *Textualidades midiáticas*. Belo Horizonte: PPGCom/ UFMG, 2018.

MORICEAU, Jean-Luc & MENDONÇA, C. "Afetos e experiência estética: Uma abordagem possível". In: MENDONÇA, Duarte & CARDOSO, Filho (orgs.). Comunicação e Sensibilidade: Pistas Metodológicas. Belo Horizonte: PPGCOM / UFMG, 2016. p. 78-98.

PETIT, M. *Os jovens e a leitura*: uma nova perspectiva. São Paulo: Editora 34, 2009.

SEILMANN, U; LARSEN, S. F. *Personal Resonance to Literature*: A Study of Remindings while Reading. North-Holland: Poetics, 1989.

SILVA, Débora Damasceno. *Booktube*: o livro e a leitura na cultura da convergência. Brasília: Trabalho de conclusão de curso (Bacharelado em Biblioteconomia), Universidade de Brasilia, Brasília, 2016.

SONTAG, Susan. *Contra a interpretação*. Porto Alegre: L&PM, 1987.

STEWART, Kathleen. *Ordinary Affects*. Durham: Duke University Press, 2007.

OLINTO, H. "A economia das emoções na crítica e teoria da literatura". In: *Literatura e crítica*. OLINTO, H & SCHØLLHAMMER, K. Rio de Janeiro: 7Letras, 2009.

OLINTO, H. & SCHØLLHAMMER, K. E. (orgs.). *Literatura e mídia*. Rio de Janeiro: Ed. PUC-Rio, São Paulo, Loyola, 2002.

OLINTO, H.; SCHØLLHAMMER, K. & SIMONI, F. (orgs.). *Literatura e artes na crítica contemporânea*. Rio de Janeiro, Ed. PUC-RIO, 2016.

TODOROV, T. *A literatura em perigo*. Rio de Janeiro: Difel, 2009.

WELLBERRY, D. “Post-hermeneutic criticism”. In: KITTLER, F. *Discourse Networks 1800/1900*. Stanford: Stanford University Press, 1990.

ZUMTHOR, P. *A letra e a voz*. A “literatura” medieval. São Paulo: Companhia das Letras, 1993.

______. *Performance recepção leitura*. São Paulo: Educ, 2000.

A capa em camadas
pensando a materialidade da primeira página das revistas

Elton Antunes
Paulo Bernardo Vaz
Vanessa Costa Trindade

Introdução

Na orelha da obra *Era uma vez uma capa: história ilustrada da literatura infantil* (2008), Fernando Paixão diz que, num livro, a capa representa o "rosto". Em suas palavras, "é através da capa (ou da face) que dispara a primeira impressão de simpatia, ou não, por aquilo que depois vamos encontrar nas páginas internas". Na introdução, o autor do livro complementa: "A capa, sem dúvida, cumpre um papel no processo de envolvimento físico com o livro, pois, embora não se possa olhá-la enquanto se lê, ela o define como objeto a ser apanhado, deixado de lado e talvez conservado ao longo do tempo" (Powers, 2008, p. 7).

Com as capas de revistas, acreditamos, não é diferente. Elas também se configuram como lugar de destaque:

> Vitrine de qualquer publicação, a capa de revista tem como principal objetivo seduzir o leitor à primeira vista. Logo na primeira mirada, ela deve encantá-lo, como se propusesse um flerte, deixando-o enamorado, e o convencesse a levar a revista para casa. Cada capa é como se fosse um rosto, exposto em meio a centenas de outros rostos – não só de revistas, mas também de jornais, almanaques, apostilas para concursos, livros e

> afins –, que busca a todo o momento fisgar os olhares daqueles que passam pelas bancas de revistas. (Trindade, 2012, p. 17)

Certamente, as bancas e variados outros estandes de exposição de revistas vão se modificando ao longo do tempo e alguns deixando de existir. Nem por isso, a capa recua de seu propósito em traduzir as intenções, o posicionamento e a identidade da publicação. Embora nem sempre a revista seja comprada ou mesmo tocada, ela não deixa de ser apreendida, justamente por conta dessas características. A capa, acreditamos, apresenta-se em camadas entrelaçadas que se configuram como um prolongamento, ao mesmo tempo dilatado e abreviado, da revista. Trata-se de um modo de apresentação material que diz tanto da relação que a capa estabelece com a publicação quanto de sua existência destacada dela – em função de sua forma e do modo como circula, a capa faz parte da revista, mas também se demarca dela. É uma dobra, faz um gesto para dentro e outro para fora da publicação.

Nas cidades, a capa funciona como um cartaz (Vaz; Trindade, 2013). Além disso, pode ganhar os ambientes virtuais em incontáveis reproduções e comentários (Jenkins; Ford; Green, 2014). Nesse sentido, não só o ambiente urbano é mediado, mas também as novas mídias são "urbanizadas" na medida em que, por exemplo, podemos ter contato com esse tipo de material a todo o momento via *smartphone*.

Percebida nas versões impressa e digital, a capa confere grande visibilidade ao que veicula e se apresenta como um lugar profícuo para analisarmos as forças culturais que produzem a mídia e o conteúdo imaterial e simbólico que circula por ela. Posto que, cada vez mais, muito de nossas experiências se dá pela mídia (Hepp, 2014) e que ela tanto fala da experiência do mundo quanto faz parte dessa mesma experiência (Antunes; Vaz, 2006), procuramos pensar a capa como um lugar que fala do mundo, faz parte dele e que atua na sua constituição.

Nossa proposta, então, é tomar a capa de revista como um dispositivo midiático (Antunes; Vaz, 2006; Mouillaud, 2002; Traversa, 2009) que inscreve textos verbo-visuais que sofrem implicações decorrentes do mundo no qual estão inseridos, mas, ao mesmo tempo, também oferecem implicações a esse mesmo mundo. Para tanto, sugerimos observar a capa a partir das dimensões do texto visual propostas por Abril (2007; 2013): a *visualidade* (conjunto de significantes que conformam o plano da expressão de um texto visual e que constroem sua coerência), a *mirada* (olhar que se dá a partir de lugares de enunciação construídos e assimilados em função das posições sociais dos sujeitos) e a *imagem* (parte e resultado dos imaginários sociais, atua na criação de certo sentido de realidade, do comum).

A ideia é abordar esse texto em sua dimensão processual, inserido na cultura, historicamente situado, tomado reflexivamente e discursivamente. Aqui, o texto é pensado enquanto textualidade, cujo inacabamento lhe é constitutivo e sua emergência se dá em um processo comunicacional.

As camadas entrelaçadas

Verbovisualidades

A capa de revista, observada sob a perspectiva de operar como dispositivo midiático, inscreve um texto. Considerando que cada dispositivo articula "uma forma específica de manifestação material dos discursos, de formatação de textos" (Antunes; Vaz, 2006, p.47), estes vão variar em função do dispositivo em que estão inscritos. Conforme Mouillaud (2002), o dispositivo "prepara para o sentido" ao impor uma forma ao texto e, ainda, um modo de estruturação do espaço e do tempo. Assim, capas de revistas diferem-se das capas de outras publicações, trabalham com determinada noção de território (têm circulação local, regional, nacional, internacional) e apresentam periodicidade específica (semanais, mensais, bimestrais, semestrais, anuais, etc.). Tais definições que formatam o texto, embora possam passar por alterações em decorrência dele, vão dizer, em alguma medida, como ele pode ser, além de sugerirem leituras. A noção pode até rememorar a algo rígido, porém, adverte Mouillaud, texto e leitor não são passivos. Desse modo, capas formatam textos e orientam leitores, mas também são formatadas por eles (Trindade, 2015).

Para abordar os textos das capas de revistas – que normalmente intercalam elementos majoritariamente visuais a alguns elementos verbais –, recorremos a Abril (2007; 2013), para quem o texto vai além desses aspectos verbais. Nesse sentido, as capas são tratadas por nós como textos verbo-visuais, segundo nomenclatura do autor.

> Entendemos que 'texto' deve designar qualquer unidade de comunicação, geralmente multissemiótica (ou 'multimodal', segundo o vocábulo da moda), sustentada por uma prática discursiva e inserida em uma(s) rede(s) textual(is), que pode integrar ou não elementos verbais, e que, portanto, não deve identificar-se restritivamente com eles.[1] (Abril, 2013, p. 46, tradução nossa)

Nesse caso, lembra o autor (2007), assim como Bakhtin mostrou, ao longo de toda sua obra, que a palavra é depositária de vozes socioculturais, algo análogo pode ser dito acerca das atividades e criações da visão: o olho humano também pode ser considerado como um órgão social e coletivo. Logo, numa capa importam tanto os elementos verbais quanto os visuais. E além desse relevante aspecto da multimodalidade, destinatários não recebem mensagens particulares, diz Abril, mas conjuntos textuais, trata-se de um texto sempre atrelado a uma rede. Rede esta que não se refere a uma trama reticular qualquer. Ela outorga sentido aos nódulos textuais que a constituem; apresenta propriedades globais e locais (determinadas pela posição e/ou distância do observador em relação ao objeto) não comensuráveis entre si, de tal modo que o sentido local do texto não é redutível ao seu sentido relacional ou global na rede, e vice-versa; seus limites (bem como os limites do texto) são determinados em função das práticas sociais do ler e das condições particulares da leitura, mais que de propriedades formais permanentes do texto (Abril, 2007, p. 83-84).

1. Do original: *Entendemos que "texto" ha de designar cualquier unidad de comunicación, generalmente multisemiótica (o "multimodal", según el vocablo de moda), sustentada por una práctica discursiva e inserta en una(s) red(es) textual(es), que puede integrar o no elementos verbales, y que por ende no debe identificarse restrictivamente con ellos.*

Essas possibilidades de relações, diz o autor, evidenciam as inconveniências metodológicas do imanentismo, a pretensão de evitar que a análise aborde elementos extratextuais. As capas da revista feminina *Tpm*,[2] por exemplo, sempre se relacionam a elementos que extrapolam o que está nelas estampado. Quando a publicação traz uma capa (em três versões) com a manchete "#precisamos falar sobre aborto" (FIG.1 – edição 148, novembro de 2014)[3] ela remete, ainda que indiretamente, a pesquisas sobre o assunto, ao número de mulheres que realizam o procedimento, às mulheres que morrem em decorrência dele, aos movimentos sociais relacionados ao tema, às políticas públicas para mulheres, entre inúmeros outros aspectos a depender da leitura que se realiza. E pela própria forma da chamada, iniciada por uma *hashtag*,[4] remete também a um circuito de discussão que é o das redes sociais.

Figura 1 – *Tpm* – as três opções de capa da edição 148, novembro de 2014

2. Revista que integra o *corpus* da pesquisa de Vanessa Costa e que tem como questão orientadora: "como a revista feminina *Tpm*, a partir dos corpos que traz verbal e visualmente estampados em suas capas, institui continuamente modos de ser mulher no Brasil hoje?".
3. Disponível em: <https://revistatrip.uol.com.br/revista/tpm/148>.
4. A *hashtag* é uma palavra-chave, antecedida pela cerquilha ou jogo da velha "#", utilizada para identificar determinado conteúdo compartilhado. A *hashtag* é transformada em *hiperlink* e, numa pesquisa, é possível localizar tudo o que foi marcado com aquela palavra-chave específica.

Partindo de uma perspectiva sociossemiótica, Abril propõe que textos verbo-visuais sejam analisados nos termos da sua significação cultural, relacionados às práticas sociais e às relações de poder em que estão envoltos, o que supõe lê-los *contextualmente* (considerando o marco das instituições, práticas, modelos textuais e entornos técnicos em que são objetivados e trocados) e interpretá-los *reflexivamente* (referenciando os efeitos que produzem sobre seu próprio contexto e lembrando que nossa perspectiva também terá um caráter contextual e reflexivo, histórico-culturalmente determinada) e *discursivamente* (produzido por um sujeito individual ou coletivo, que atua no texto e se constitui como agência enunciativa em relação a agências enunciatárias, ou seja, destinatários reais ou virtuais).

Tais premissas são asseguradas se tomamos os textos a partir de três dimensões – visualidade, imagem, mirada – que mantêm entre si uma relação de mediação possibilitando não só que elas estejam em inter-relação, mas que uma seja condição de efetuação das outras, sem ordem ou caminho necessário. De forma mais específica, podemos assim caracterizar tais dimensões:

1) *Visualidade*: refere-se à "trama visual", ao conjunto de significantes que conformam o plano da expressão de um texto visual, constroem sua coerência e preparam o conjunto de seus efeitos simbólicos. Envolve um tecido de elementos bastante heterogêneos como cor, textura, relações topológicas, etc. Ademais, as imagens visuais não se esgotam no visível. Nelas, sempre há o invisível, marcas do visível reprimido, pressuposto ou postergado.

> O visual, 'o que se vê', se relaciona sempre com o que não se vê, com distintos fenômenos que não pertencem propriamente ao reino do visível, mas sem os quais seríamos cegos à imagem, não veríamos nada ou veríamos sem ver. Assim, não falamos de qualquer relação do visível com o invisível, mas de certos fenômenos que não sendo propriamente visíveis têm efeitos no que se vê, no *sentido* do que se vê.[5] (Abril, 2013, p. 54, tradução nossa, grifos do autor)

5. Do original: *Lo visual, "lo que se ve", se relaciona siempre con lo que no se ve, con distintos fenómenos que no pertenecen propiamente al reino de lo visible, pero sin los cuales seríamos ciegos a la imagen, no veríamos nada, o veríamos sin ver. Así que no hablamos de*

Quando Abril menciona que o visual se relaciona com o invisível, ele explica que o visual se relaciona com o que se deseja ver, com o que se sabe e o que se crê e com o que se faz com o que se vê.

2) *Mirada* (ou *olhar*): trata-se da dimensão da enunciação. Os textos visuais existem porque alguém os olha, num espaço e tempo determinados, no contexto de uma prática sociodiscursiva. Conforme o autor, nossa mirada está contida nos textos, que, quando são olhados, também nos olham – o texto visual prevê nossa mirada, nosso lugar como espectadores, nosso papel e atitudes frente a ele. Segundo Abril, a mirada comporta relações de poder e se institui como forma de poder. Vemos através dos olhos da nossa cultura e também de nossa experiência como leitores de textos visuais; com isso, o olhar se dá, de forma consciente ou não, a partir de lugares de enunciação que são construídos e assimilados em função das posições sociais ocupadas pelos sujeitos.

> A dimensão da mirada concerne à conformação do tempo e do espaço no discurso visual, aos lugares da subjetividade e às formas de subjetivação que possibilita, dando lugar a determinados regimes de direitos e deveres, a modos de apropriação simbólica e a modalidades de exercício do olhar.[6] (Abril, 2013, p. 64, tradução livre)

3) *Imagem*: conforme adverte Abril, imagem não coincide, obrigatoriamente, com algo visual. Quando fala em imagens, o autor refere-se a algo da ordem do experimentável. Trata-se, segundo ele, de um posicionamento frente ao mundo. As imagens, explica, fazem parte e resultam de imaginários sociais (que consistem, por sua vez, em matrizes de produção e reprodução de imagens). Partindo de Rancière, Abril afirma que a imagem atua na criação de sentido da realidade, na criação de um sentido comum. Imagens seriam dados sensíveis compartilhados. E

la relación de lo visible con lo invisible sin más, sino con ciertos fenómenos que no siendo propiamente visibles tienen efectos en lo que se ve, es decir, en el sentido de lo que se ve.

6. Do original: *La dimensión de la mirada concierne a la conformación del tiempo y del espacio en el discurso visual, a los lugares de la subjetividad y a las formas de subjetivación que posibilita, dando lugar a determinados regímenes de derechos y deberes, a modos de apropiación simbólica y a modalidades de ejercicio del mirar.*

justamente por se constituírem e por serem apresentadas segundo os imaginários sociais, as imagens são sempre históricas.

A noção de texto verbo-visual trabalhada por Abril (2007; 2013), bem como suas dimensões de observação, permitem abordar o texto inscrito nas capas de revistas considerando sua riqueza de detalhes e relacionando de forma complexa os elementos que o compõem. Importa cada elemento que integra a capa *em relação* com os demais que estão ali e, ainda, com os outros textos da(s) rede(s) das quais este texto participa. Rede a ser determinada a partir do que vai sendo observado numa ou noutra situação de pesquisa. Além disso, dentro dessa perspectiva sociossemiótica em que trabalha Abril, importa menos saber o que significa determinado texto do que através de que meios, processos interpretativos e recursos é atribuído um ou outro sentido ao texto em questão. O pesquisador, sua memória e pressupostos ideológicos devem ser acionados nessa explicação.

Partir dessas dimensões textuais elencadas por Abril parece-nos um caminho produtivo para pensar em conjunto os elementos verbo-visuais que compõem as capas das revistas. O que está implicado nessa forma de disposição desse primeiro texto com que temos contato quando nos deparamos com uma revista? Não é por acaso que o nome da publicação é disposto num ou noutro local da capa ou que suas cores possam variar em função da edição. A escolha das chamadas e o maior ou menor destaque dado a elas também não são aleatórios. Tampouco é acidental escolher retratar uma personalidade na capa. Cada elemento eleito para aparecer na primeira e mais importante página de qualquer revista (Cardoso, 2006) é minuciosamente selecionado, respondendo a critérios que são responsáveis tanto por aproximar quanto por distinguir uma publicação das demais disponíveis no mercado editorial. A escolha e disposição desses elementos diz não só de uma busca por oferecer capas que sejam esteticamente interessantes, com conteúdos que sejam atrativos, buscando chamar atenção para a revista, mas diz, ainda, de uma busca pela sua consolidação, pelo estabelecimento de relações com leitores, pela instauração de uma conversa sobre e com o mundo. E esses procedimentos vão se dar de uma ou outra maneira conforme a revista e o momento em que ela é publicada – tudo tendo início logo na primeira página.

Para Kopp (2008), não seria necessário nem mesmo folhear as revistas para saber do que elas falam e de que modo falam. Conforme o autor, cabe à capa dizer das intenções e do posicionamento da revista e conferir uma identidade à publicação. A capa da revista funcionaria, então, como sua vitrine, "como a síntese da sua proposta, como o apelo capaz de fazer o público pretendido entender que ela está falando com ele, que quer ser desejada, levada, tocada e ostentada por ele" (Kopp, 2008, p. 218). Se pensarmos nos livros, trata-se de algo muito semelhante ao proposto por Haslam (2007, p. 160) quando defende que o ditado popular que sugere não julgar o livro pela capa acaba sendo uma crítica às habilidades do designer e do ilustrador. "Uma capa de livro se torna uma promessa feita pela editora, em nome do autor, para o leitor. A capa funciona como uma arma de sedução para que o livro seja aberto e/ou comprado". Com analogia distinta, mas apontando para perspectiva semelhante, Traversa (2009) e Cingolani (2008) refletem sobre a capa como objeto que permite cruzar distintas dimensões enunciativas em operações que indicam divisão e fechamento ao mesmo tempo que passagem, abertura, interconexão. Vanessa Trindade (2012), por sua vez, fala em um rosto que busca fisgar os olhares de qualquer um que se depara com ela. "Destinada a seduzir o leitor à primeira vista, a capa sempre foi, por isso mesmo, o grande desafio dos editores: como criar um 'rosto' que, entre centenas de outros, tenha o poder de fisgar quem vai a uma banca de revistas?" (Abril, 2000, p. 24). Ainda nesse caminho, Scalzo (2008, p. 62) trabalha com a proposta de que a capa seria "o resumo irresistível de cada edição". Independentemente da nomeação adotada – vitrine, uma espécie de porta/janela, rosto, resumo –, ela tende a ser associada a algo que apresenta a publicação e seu conteúdo e informa sobre a revista como um todo.

Toda essa variedade de "papéis" atribuídos à capa são alimentados pela própria configuração histórica que tal elemento vai adquirindo em seu diálogo/tensionamento com variadas formas comunicacionais, na esfera daquilo que Compagnon (1996, p. 70) nomeou como perigrafia, zona intermediária entre o fora do texto e o texto e que é parte do paratexto. Lugar de transição e de transação do sentido, essa perigrafia reúne o conjunto das produções que circundam o texto (capa, formato da página, prefácios, dedicatórias, assinaturas, títulos etc.), funcionalmente atua sempre subordinada ao seu texto e tem não só significados econômicos, mas significações culturais.

Assim, em vários momentos, trazemos reflexões sobre as capas de livros para observar as capas de revistas, pois é interessante perceber que estudos sobre outros elementos paratextuais de tal materialidade, tomados em sua historicidade, também nos parecem relevantes na exploração da capa em camadas. Turrer e Muzzi (2017, p. 46), por exemplo, retomam a função do paratexto – "constituído por elementos como título e subtítulos, prefácio, dedicatória, epígrafe, notas, ilustrações, nome do autor, do editor, ensaios introdutórios, enfim, por tudo o que faz de um texto um livro" – que consiste exatamente em orientar a recepção. E é sob tal perspectiva que o trabalho dessas autoras sobre a folha de rosto nos interessa.

Conforme Turrer e Muzzi, por meio do enquadramento decorrente da encadernação, o livro dá a ler o mundo em perspectiva. Com o aparecimento da folha de rosto, o livro "passa a conter os ingredientes necessários à exteriorização do texto iniciada no século XV" (2017, p. 22). A folha de rosto é, para as autoras, o "lugar onde se criam os dispositivos enunciativos, espaço exterior de visibilidade texto, que, ao delimitá-lo como uma moldura, mostra-o, encena-o, para colocá-lo em circulação. A folha de rosto abre ao leitor, por um enquadramento, uma paisagem escrita" (2017, p. 22). Essa abertura, explicam, se dá tanto para dentro quanto para fora do livro e antecipa o lugar de onde vem o livro (informações sobre produção e circulação). E por reproduzir o aparato da edição do livro, a folha de rosto pode contar sua história em diferentes épocas. As autoras mencionam, inclusive, o precursor da folha de rosto, o colofão (que também registrava as circunstâncias de produção do livro). A diferença, segundo elas, estaria no fato de que à folha de rosto cabe, além dessa antecipação de informações, a orientação acerca do modo de leitura.

A própria disposição espacial dos componentes da página de rosto produz denotações e conotações. Nela, o título é codificado, o nome do autor isolado, o emprego dos tipos se hierarquiza segundo a importância das menções. É também na página de rosto que se inicia um tipo específico de associação entre os elementos verbais e não verbais, texto e imagem, em que o critério visual se sobrepõe ao lógico (Turrer; Muzzi, 2017, p. 54).

Somado a uma forma específica de disposição dos elementos na página, algumas folhas de rosto traziam frontispícios, ilustrações que acabavam integrando o protocolo de leitura. Lyons corrobora a informação de que o aparelho introdutório dos primeiros livros impressos era bastante rico:

> No início, havia um frontispício gravado, muitas vezes com rica ornamentação e, às vezes, com a forma de um arco dando boas-vindas ao leitor. Um retrato gravado do autor podia vir em seguida: por causa dessas imagens, os retratos de Lutero e Erasmo tornaram-se bem familiares. Os livros muitas vezes tendiam a ter títulos longos, que eram uma espécie de anúncio do seu conteúdo, com o acréscimo de uma citação latina ou bíblica. (Lyons, 2011, p. 75)

Grande parte das características desse paratexto perduram nos livros – o Ministério da Educação, por exemplo, ao definir os critérios para avaliação dos livros didáticos, indica, inclusive, os elementos que devem constar na capa e na folha de rosto das obras a serem selecionadas para utilização nas escolas (FAE/MEC, 1994) – e ainda nos permitem pensar características atuais das capas de revista.

Por conta, principalmente, das tecnologias disponíveis, as primeiras revistas publicadas no Brasil, no início do século XIX, pareciam-se muito com os livros, e um dos poucos recursos gráficos com que contavam era a alternância do tamanho dos tipos nos títulos. Em meados desse mesmo século, elas passaram a ser ilustradas por artistas, mas a cor só aparece no início do século XX. À época, antes de qualquer coisa, as capas deveriam ser belas e não eram associadas ao conteúdo que traziam, tinham uma vida independente. Foram as revistas *O Cruzeiro*, nos anos de 1940, e *Manchete*, na década seguinte, as primeiras a saírem atrás do furo jornalístico e, com isso, trazerem capas que passaram a apresentar a revista e dizer o que ela traz no seu interior (Abril, 2000). Interessante ver também Hurlburt (1910; 1976), que traz um bom panorama acerca das mudanças gráficas percebidas em jornais e revistas (tanto no miolo quanto em suas capas) em função de avanços no design gráfico e das condições socioeconômicas de produção, e Martins (2001), que faz um trabalho parecido ao estudar as revistas brasileiras publicadas no final do século XIX e início do século XX sob o viés dos hábitos associados à cultura do impresso na ocasião.

A capa continua sendo a página de maior prestígio numa publicação e, como abordaremos no tópico seguinte, extrapola os limites do impresso. A capa segue querendo vender, seja uma ideia, seja a revista em si. Então, é preciso que ela se destaque. García (1984, p. 56), ao pensar a primeira página do jornal, traz proposições que também são úteis quando falamos de capas de revistas. Para ele, a primeira página segue desempenhando um papel estelar como vitrine do jornal e de seu conteúdo. Segundo o autor, quem faz a capa tem um duplo objetivo: captar a atenção do leitor no momento em que ele vê a página e, ainda, criar o interesse visual necessário para que os olhos do leitor não se afastem dela. A capa de *Tpm*, da qual temos mais proximidade por conta de nossas incursões de pesquisa, permite a emergência de várias das características aqui levantadas referentes a outras capas e às folhas de rostos (que, nos livros, nem sempre eram antecedidas por capas): por meio do texto verbo-visual que estampa, ela aponta para dentro e para fora da revista, apresenta suas ideias, diz de seu contexto de produção, do que o leitor pode esperar da edição, do que a revista espera de seu leitor.

Kopp defende que a revista escolhida para leitura está associada a um modo de vida no qual cada leitor acredita, faz parte ou deseja fazer. A identidade proclamada pela publicação em sua primeira página, as ideias e posicionamentos defendidos por ela dizem do seu leitor, de quem se interessa por comprá-la ou mesmo perscruta sua capa nos pontos de venda, nas telas de computadores, *tablets* e celulares ou em quaisquer outros lugares onde as visualiza.

Ao tratarmos as capas enquanto dispositivos midiáticos, tentamos escapar de uma abordagem midiacêntrica da comunicação que acaba priorizando o estudo dos meios e minimizando a intervenção dos interlocutores. É uma busca por não ignorar o lugar que a mídia assume hoje e, ao mesmo tempo, não tomá-la pela integralidade do processo comunicativo (Antunes; Vaz, 2006). As capas estão, pois, no âmbito dos processos de midiatização na acepção proposta por Hepp (2014, p. 51, grifos do autor):

> Levando em conta a pesquisa discutida até aqui, podemos definir a midiatização como o conceito usado para analisar a inter-relação (de longo prazo) entre a mudança da mídia e da comunicação, por um lado, e a mudança da cultura e da sociedade, por outro, de uma maneira crítica. Com tal orientação geral, o termo midiatização sugere tanto aspectos quantitativos quanto qualitativos. Em relação aos aspectos quantitativos, a midiatização refere-se à propagação temporal, espacial e social cada vez maior da comunicação midiática. Isso quer dizer que, com o tempo, temos nos tornado cada vez mais acostumados a nos comunicar pela mídia em vários contextos. Em relação aos aspectos qualitativos, a midiatização se refere ao papel da especificidade de certas mídias no processo de mudança sociocultural. Isso significa que importa o tipo de mídia usada para cada tipo de comunicação.

Nesse sentido, explicam Antunes e Vaz, a mídia, por um lado, pode ser vista como um lugar de agendamento, apontamento de sentidos, estabelecimento de interações, compartilhamento de experiências e, por outro, apresenta um caráter de transmissividade, um modo de estabelecer contratos e estruturar o mundo. São relevantes as características materiais e formais, bem como as relações que decorrem delas. E, da mesma forma, no contexto contemporâneo, o fato de que lidamos com a coexistência de diferentes mídias. Hepp lembra que a história da comunicação não é um processo de mudança de uma mídia a outra. Trata-se de um processo cumulativo em que diferentes mídias existem em espaços e tempos semelhantes. Cada mídia vai sendo caracterizada e conceitualizada no horizonte de outras. A midiatização atual é marcada por uma variedade de mídias ao mesmo tempo, acopladas e em rebatimento. Os impressos, por exemplo, foram modificados, mas não substituídos pelos dispositivos conectados à internet.

A circulação da capa como forma de prolongamento da revista

Antes de mais nada, as capas de revistas, como quaisquer outras capas, revestem a publicação. Diante de todas as suas características, a mais banal (porém, não menos importante) é envolver a edição impressa. Mas a capa também circula sozinha – ela aparece comentada em outros impressos e materiais de áudio e/ou vídeo e também em diferentes ambientes *online* – redes sociais, blogs, sites institucionais ou não. Nos dois casos, sua apropriação independe da leitura do miolo. A capa parece valer por si só.

Aqui, achamos relevante determo-nos um pouco sobre a forma de circulação da capa que é catalisada pela internet. Mas não se trata, vale destacar, do processo de transformação da capa impressa em *home-page* na internet. Vários estudiosos ensaiaram a compreensão desse movimento característico na expansão da rede, observando a capa na sua transposição para o ambiente das redes digitais focando, em especial, nas mudanças do suporte e na introdução de novos elementos técnico-discursivos (títulos atualizáveis, *hiperlinks*, áudio, vídeos, etc.) nas chamadas páginas iniciais dos *sites* a elas associados. No nosso caso, porém, visamos a capa, anteriormente fixada no impresso, em seu prolongamento de sentidos ou modificação do modo de existência no ambiente das redes digitais.

O trabalho de leitura sempre possibilitou atribuir diferentes sentidos às capas, todavia, o ambiente *online* e o contexto de midiatização em que vivemos favorecem o compartilhamento desses sentidos elaborados pelos leitores. Conforme Alzamora (2012), trata-se de uma forma ativa de audiência, que, além de conferir valor às informações que replica, também adiciona conteúdo a elas.

> Quanto mais a informação compartilhada se inscreve intermidiáticamente nos interstícios da rede, mais visibilidade alcança e mais relevância adquire na construção social da realidade. Tal como proposto por Sodré [2002], a midiatização implica uma qualificação particular da vida, uma espécie de *bios midiático*, no qual emerge uma nova forma de consciência coletiva. A dinâmica intermidiática contemporânea não apenas configura boa parte dos acontecimentos que permeiam essa esfera da vida, como propaga outros tantos que nela se inscrevem. (Alzamora, 2012, p. 53, grifos da autora)

D'Andréa e Careta (2013) discorrem sobre essa grande integração e complementariedade que se dá entre as mídias atualmente, a partir, em especial, da noção de "intermídia". O conceito de intermidialidade refere-se à continuidade entre os diferentes formatos midiáticos, atém-se às articulações e às rearticulações da mídia em contextos de transformações sociais e culturais. Os autores atentam para a complementaridade dos ambientes midiáticos e para a hibridização e a integração entre as variadas mídias que acabam interferindo na presença ou ausência de um determinado assunto na pauta do dia. Em artigo posterior, D'Andréa (2015) distingue intermidialidade – que diz dessa continuidade e articulação entre os formatos midiáticos –, de convergência – relacionada à integração de diferentes tecnologias em uma mídia única. Tal diferenciação é significativa para pensarmos nas capas de revista que têm seu epicentro no impresso, mas que se propagam em inúmeros outros ambientes *online* e *offline*. Há uma continuidade de abordagem da capa nesses diferentes meios, não uma convergência segundo o sentido da distinção apresentada.

Interessante observar, ainda, que a configuração da rede intermídia contemporânea, de acordo com Alzamora, privilegia exatamente a mistura entre os processos centralizados de mediação social, característicos das mídias tradicionais, e processos diversificados de mediação social, comuns à hipermídia e às mídias móveis. Quando pensamos nas revistas, percebemos que algumas publicações compartilham suas capas em suas redes sociais e/ou sites institucionais, exercendo certo controle sobre seus *posts*. Esses mesmos *posts*, e também outras imagens digitalizadas da capa produzidas pela própria audiência, são compartilhados e ressignificados por ela. O resultado é um material inédito, resultante da bricolagem de sentidos partilhados tanto pela revista quanto por quem se apropriou deles.

Especificamente sobre a audiência, Alzamora argumenta que, nas mídias de massas, ela vai decorrer preferencialmente de estratégias de mercado que são fundadas em centros privilegiados de emissão, já nas mídias sociais, da diversificação das mediações, do compartilhamento e da apropriação da informação. Entretanto, na integração entre mídias de massa e mídias sociais, centros provisórios são estabelecidos. "Esses novos centros não se contrapõem aos velhos centros de massa. Pelo contrário, a eles se acoplam e os potencializam pela dinâmica intermidiática de conexão em rede" (Alzamora, 2012, p. 57). De acordo com a autora, trata-se de uma audiência fragmentada e provisória, contudo, mais sofisticada e potencializada pela dinâmica da rede intermídia.

Segundo D'Andréa (2015), é nesse contexto de tensionamento entre grandes modelos de comunicação – de um lado, um modelo massivo de produção, do outro, uma lógica colaborativa que preza a autopublicação e o compartilhamento em rede – que se encontra essa audiência que compartilha, molda, reenquadra e remixa conteúdos de um modo não imaginado anteriormente.

Jenkins, Green e Ford (2014, p. 24), inclusive, diferenciam a circulação da mera distribuição midiática. Conforme os autores, a circulação trata-se de um fenômeno híbrido e emergente no qual "um mix de forças de cima para baixo e de baixo para cima determina como um material é compartilhado, através de culturas e entre elas, de maneira muito mais participativa (e desorganizada)". De modo distinto do que ocorre na distribuição, o público deixa de ser visto como um grupo de consumidores de mensagens pré-construídas. São pessoas que se reapropriam e alteram os conteúdos, configurando o que os autores denominam "cultura participativa".

Importante mencionar que, conforme esses três autores, a emergência desse fenômeno não deve ser explicada pela infraestrutura tecnológica. As tecnologias viabilizam determinadas atitudes, servem como catalisadoras para reconceituar alguns aspectos da cultura, mas, para eles, o enfoque deve ser na lógica social e nas práticas culturais que popularizam essas novas plataformas.

Pensando na existência apenas impressa das capas de revistas, compartilhá-la com alguém implicaria num encontro presencial ou no envio pelos Correios, por exemplo. Hoje, podemos tirar uma foto do exemplar e enviar por e-mail ou mensagem em aplicativos como o WhatsApp. Também é possível simplesmente compartilhar o *post* que a própria publicação fez na rede social do Facebook na linha do tempo de algum amigo. E isso pode ser feito antes mesmo de a revista impressa chegar aos pontos de venda, uma vez que é comum que as editoras compartilhem a capa assim que ela é produzida, alguns dias antes de efetivamente distribuir a edição. Um modo de compartilhamento não elimina o outro, mas novas possibilidades passam a existir.

Conforme Jenkins, Green e Ford, não há uma causa única que leva as pessoas a propagarem informações. Contudo, quando encaminham um texto, elas o ressignificam. E com essas possibilidades de propagação, conteúdos que circulariam apenas em um mercado limitado ganham uma visibilidade muito maior que no passado. É possível que o público altere a circulação mesmo dos produtos provenientes da mídia de massa. Falar em "propagabilidade", dizem os autores, "preserva o que houve de útil nos modelos anteriores de comunicação: a ideia de que a eficiência e o impacto de mensagens são aumentados e expandidos por sua movimentação entre pessoas e entre comunidades" (Jenkins; Green; Ford, 2014, p. 46), permite pensar no papel ativo desse público – que reformata os materiais recebidos e os molda segundo sua conveniência. Nesse sentido, complementam, a prática de ouvir o público tornou-se uma prioridade no ambiente de mídia propagável.

Quando o material é produzido segundo um modelo "tamanho único", ele corresponde com imperfeições às necessidades de determinada audiência. Por outro lado, os membros dessa audiência devem reformatar esse material para que ele atenda melhor aos seus interesses. Quando o material é propagado, ele é refeito: seja literalmente, ao ser submetido aos vários procedimentos de mixagem e sampleamento, seja figurativamente, por meio de sua inserção em conversas em andamento e através de diversas plataformas. Esse contínuo processo de transformação do propósito original e de recirculação está corroendo as divisórias percebidas entre produção e consumo (Jenkins; Green; Ford, 2014, p. 54).

Na mencionada edição de *Tpm* sobre o aborto, a publicação disponibilizou um cartaz de página dupla em que reproduzia a manchete da capa utilizando a mesma tipografia e cores. A proposta era que as leitoras tirassem fotos com esse cartaz e compartilhassem usando a manchete como *hashtag*. Houve fotos com esse cartaz da revista (FIG.2),[7] mas também com cartazes que trouxeram a manchete em letra cursiva (FIG.3)[8] e até bordada (FIG.4).[9]

É possível que a mídia de massa exista sem se preocupar com o desenvolvimento de conteúdos facilmente propagáveis, e a produção desse tipo de conteúdo, por sua vez, não é garantia de propagabilidade. Contudo, quando uma revista demonstra esse tipo de preocupação, há uma chance muito maior de que as ideias que partilha cheguem a um público mais amplo do que aquele que efetivamente compra a edição impressa.

Para Jenkins, Green e Ford, as pessoas só vão se engajar em atividades que sejam significantes para elas, por isso é tão importante tentar entender as motivações do público para criar textos mais prováveis de causarem interesse e serem propagados. Não basta pedir que elas ajudem na circulação do material disponibilizado.

7. Disponível em: <http://revistatrip.uol.com.br/tpm/nao-estamos-sozinhas> (galeria de fotos publicada pela revista *Tpm* em seu site.
8. Disponível em: <https://www.instagram.com/p/vi8ZVmA2yq/>.
9. Disponível em: <https://www.instagram.com/p/vOqgjoA2_G/>.

Figura 2 – Foto com o cartaz da revista.

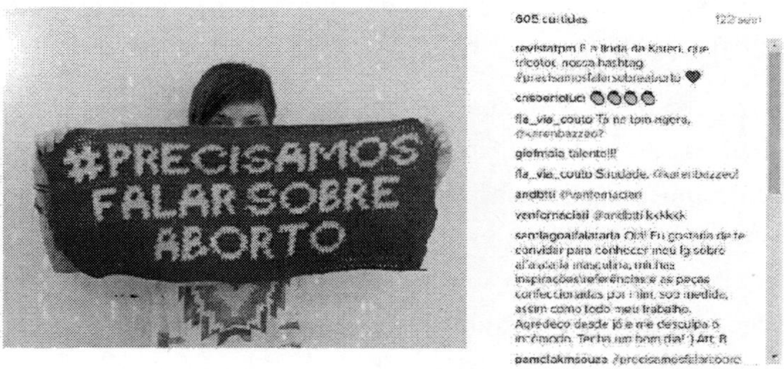

Figura 3 – Foto com cartaz em letra cursiva

.Figura 4 – Foto com o cartaz bordado

Nesse sentido, o desenvolvimento do conceito de circulação ajuda a pensar a midiatização da sociedade (Braga, 2012) e, no nosso caso, compreender processos sociodiscursivos renovados que envolvem e emergem com a capa de revista. Se antes a circulação referia-se a passar algo do emissor para o receptor, agora, diz o autor, é vista como espaço do reconhecimento e dos desvios decorrentes da apropriação. Importa o fato de que o receptor partilha, faz seguir adiante as reações às mensagens que recebe. Segundo o autor, o esforço interacional se desloca do modelo conversacional para um processo de fluxo contínuo, que segue sempre adiante. Em tais circunstâncias não é simples distinguir produção e recepção como instâncias separadas. Ademais, conforme Braga (2012, p. 41),

> [...] a rigor, não é 'o produto' que circula – mas encontra um sistema de circulação no qual se viabiliza e ao qual alimenta. O produto, entretanto, é um momento particularmente auspicioso da circulação – justamente porque, consolidado em sua forma que permanece (e que se multiplica, na sociedade em midiatização), pode continuar circulando e repercutindo em outros espaços. O produto, por sua permanência e também porque se molda ao mesmo tempo em que busca moldar os ambientes em que se põe a circular, torna-se um especial objeto de observação para inferências sobre os processos mais gerais em que se inscreve.

Assim, pensamos, quando a primeira página de uma revista circula impressa e/ou digitalizada, na íntegra ou desmembrada, a revista se prolonga nesse processo de espalhamento e reapropriação. A revista e o que ela discute ganham novas camadas e novos modos de existência, atuando na transformação dos ambientes em que circulam. Pensar a capa como essa materialidade que não se restringe a um suporte de informações, ajuda a entendê-la como produto da mídia e enquanto um fenômeno social. Nesse fluxo contínuo de circulação, a capa é uma materialidade que se configura como um gesto vivo – um gesto que diz do mundo, que é por ele conformado, mas também um gesto de construção e elaboração da cultura, do social e da história.

Algumas considerações

Mais que um invólucro da publicação, a capa de revista é percebida por nós como um dispositivo vivo, composto por várias camadas que acabam se configurando como um prolongamento da revista. Sob essa perspectiva, a capa inscreve um texto que não se restringe ao que se passa por ela de imediato. Ela apresenta algo inacabado e, a partir dela, as pessoas vão esculpindo o que chamamos de texto da revista – que pode emergir sem sequer passar pela edição.

Pelo que escolhe destacar, certamente, a capa sugere sentidos preferenciais. E ainda que esses sentidos sejam inevitavelmente modificados pelo trabalho de leitura, de acordo com a visibilidade conferida a um ou outro assunto e o modo de abordá-lo, capas orientam determinada forma de experienciar o mundo. Como Brighenti (2010), acreditamos que é preciso considerar que a visibilidade conferida pelas mídias molda ideias globais, a imaginação pública, afeta locais, a discussão dos assuntos. Ela não deve, portanto, ser reduzida à sua dimensão visual, mas pensada no âmbito de uma ecologia das atenções mais amplas.

Nesse sentido, essa capa viva, em camadas, passa a ser materialidade e imaterialidade que constitui regimes de visibilidade no espaço urbano com sua circulação impressa e digital. Ela compõe a paisagem, funda territórios, demarca espaços.

A capa chama a atenção de seus públicos para os sentidos que deseja privilegiar em detrimento de outros. Esse público, por sua vez, se apropria da capa e negocia novos sentidos tendo em vista suas próprias necessidades e crenças. O texto da revista, dessa maneira, não será somente o que se passa por ela de imediato. Será uma bricolagem de sentidos decorrente de seu encontro com os leitores. Compõem esse texto comentários e leituras que não esbarram necessariamente na revista, embora tenham sido por ela desencadeados. Por isso é tão importante pensá-la em sua condição inacabada e processual, que ganha vida apenas na interação comunicativa.

REFERÊNCIAS

ABRIL, Gonzalo. *Análisis crítico de textos visuales*. Madrid: Editorial Sintesis, 2007.

______. *Cultura visual, de la semiótica a la política*. Madrid: Plaza y Valdés, 2013.

ALZAMORA, Geane. Especificidades da rede intermídia contemporânea: considerações sobre a audiência em contextos reticulares. *Revista Alaic*, São Paulo, n. 17, 2012.

ANTUNES, Elton; VAZ, Paulo Bernardo. "Mídia: um aro, um halo e um elo". In: GUIMARÃES, César; FRANÇA, Vera (orgs.). *Na mídia, na rua*: narrativas do cotidiano. Belo Horizonte: Autêntica, 2006.

BRAGA, José Luiz. "Circuitos versus campos sociais". In.: JANOTTI JUNIOR, Jeder; MATTOS, Maria Ângela; JACKS, Nilda (orgs.). *Mediação & Midiatização*. Salvador: EDUFBA; Brasília: Compós, 2012.

BRIGHENTI, Andrea Mubi. "Media Visibilities". In: ______. *Visibility in Social Theory and Social Research*. London: Palgrave Macmillan UK, 2010.

CARDOSO, Carla Rodrigues. *As capas de newsmagazines como dispositivo de comunicação* (*Newsweek*, *Veja*, *L'Express* e *Visão* - Janeiro a Março de 1999). 274 f. Dissertação (Mestrado em Ciências da Comunicação) - Vertente em Estudo dos Media e do Jornalismo, Departamento de Ciências da Comunicação, Faculdade de Ciências Sociais e Humanas, Universidade Nova de Lisboa, 2006.

CINGOLANI, Gastón. Tapas de semanarios argentinos en el siglo XX: historia discursiva de un dispositivo y dos medios. *Letra. Imagen. Sonido. Ciudad Mediatizada.*, n. 1, p. 83-92, 2008.

COMPAGNON, Antoine. *O trabalho da citação*. Belo Horizonte: Editora UFMG, 1996.

D'ANDREA, Carlos; CARETA, Isabela Campanha. Agendamento intermidiático nas eleições 2012: relações entre redes sociais online e webjornais regionais em duas capitais brasileiras. *Revista da Associação Nacional dos Programas de Pós-Graduação em Comunicação* | E-compós, Brasília, v. 16, n. 2, mai./ago. 2013.

D'ANDREA, Carlos. Conexões intermidiáticas entre transmissões audiovisuais ao vivo e redes sociais online: possibilidades e tensionamentos. *Revista Comunicação Midiática* (online), Bauru, v. 10, n. 2, mai./ago. 2015.

EDITORA ABRIL. *A Revista no Brasil*. São Paulo: Abril Ed., 2000.

FAE/MEC. *Definição de critérios básicos para avaliação dos livros didáticos*: 1ª a 4ª séries – Brasília: FAE, 1994.

GÁRCIA, Mário R. *Diseño y remodelación de periódicos*. Pamplona: Ediciones Universidad de Navarra, S.A., 1984.

HASLAM, Andrew. *O livro e o designer II*. Como criar e produzir livros. São Paulo: Edições Rosari, 2007.

HEPP, Andreas. As configurações comunicativas de mundos midiatizados: pesquisa da midiatização na era da "mediação de tudo". *Revista MATRIZes*, São Paulo, v. 8, n. 1, 2014.

HURLBURT, Allen. *The grid*: a modular system for the design and production of newspapers, magazines and books. Nova Iorque: Van Nostrand Reinhold Company, 1910.

______. *Publication design*. Nova Iorque: Van Nostrand Reinhold Company, 1976.

JENKINS, Henry; FORD, Sam; GREEN, Joshua. *Cultura da Conexão*: criando valor e significado por meio da mídia propagável. São Paulo: Aleph, 2014.

KOPP, Rudinei. "Design para capas de revistas: padronização e flexibilização". In: FELIPPI, Ângela; SOSTER, Demétrio de Azeredo; PICCININ, Fabiana (org.). *Edição de imagens em jornalismo*. Santa Cruz do Sul: EDUNISC, 2008. P.210-240.

LYONS, Martyn. *Livro*: uma história viva. São Paulo: Editora Senac São Paulo, 2011.

MARTINS, Ana Luiza. *Revistas em revista*: Imprensa e Práticas Culturais em Tempos de República, São Paulo (1890-1922). São Paulo: Editora da Universidade de São Paulo: Fapesp: Imprensa Oficial do Estado, 2001.

MOUILLAUD, Maurice. “Da forma ao sentido”. In: MOUILLAUD, Maurice; PORTO, Sergio Dayrell; PORTO, Sérgio Grossi. *O Jornal*: da forma ao sentido. Brasília: Ed. UnB, 2002.

POWERS, Alan. *Era uma vez uma capa*: história ilustrada da literatura infantil. São Paulo: Cosac Naify, 2008.

TRAVERSA, Oscar. Por qué y cómo estudiar las tapas de las revistas: el papel de la noción de dispositivo. *Revista Figuraciones* [on-line], ATCA-IUNA, Buenos Aires, v. 6, s.n. (41 PAr.), dez. 2009 (b). Disponível em: <http://www.revistafiguraciones.com.ar>

TRINDADE, Vanessa Costa. A capa de revista como dispositivo midiático. In.: XXXVIII Congresso Brasileiro de Ciências da Comunicação - Anais. Rio de Janeiro: Intercom – Sociedade Brasileira de Estudos Interdisciplinares da Comunicação, 2015.

______. *Capa de revista e produção de sentidos*: possibilidades de leitura a partir do acontecimento Serra X Dilma. 127 f. Dissertação (Mestrado em Comunicação Social) - Programa de Pós-Graduação em Comunicação Social, Faculdade de Filosofia e Ciências Humanas, Universidade Federal de Minas Gerais, Belo Horizonte, 2012.

TURRER, Daisy Leite; MUZZI, Eliana Scotti (orgs.). *Dom Quixote*: encenações tipográficas. Belo Horizonte: Editora UFMG, 2017.

VAZ, Paulo Bernardo; TRINDADE, Vanessa Costa. “Capas de revistas e seus leitores: um novo texto em cartaz”. In: TAVARES, Frederico de Mello B; SCHWAAB, Reges (orgs.). *A revista e seu jornalismo*. Porto Alegre: Penso, 2013.

Sobre os autores

Amanda Chevtchouk Jurno é doutoranda do Programa de Pós-Graduação em Comunicação da UFMG, onde estuda mediações algorítmicas, jornalísticas e institucionais na plataforma *Facebook*. É pesquisadora do Núcleo de Pesquisa em Conexões Intermidiáticas (NucCon), graduada em Comunicação Social/Jornalismo pela UFMG e mestre em Comunicação pela mesma instituição.

Bárbara Lopes Caldeira é jornalista, doutoranda do Programa de Pós-Graduação em Comunicação Social da Universidade Federal de Minas Gerais, Mestra pela mesma instituição e especialista em Processos Criativos em Palavra e Imagem pela Pucminas (2013). Integrante do Núcleo de Estudos Tramas Comunicacionais: Narrativa e Experiência; do Grupo de Pesquisa em Historicidades das Formas Comunicacionais (ex-press).

Bruno Fonseca é jornalista graduado e mestre pela Universidade Federal de Minas Gerais, pesquisou a produção de conteúdos no Instagram durante as manifestações de rua de 2013 a 2015. Atualmente trabalha como repórter multimídia para Agência Pública de Jornalismo. Teve reportagens publicadas no El País, UOL, Terra e Revista Trip, dentre outros. Foi premiado nos Prêmios Petrobrás de Jornalismo, Vladmir Herzog, República, MPT de Jornalismo, Direitos Humanos de Jornalismo da OAB e Délio Rocha de Jornalismo de Interesse Público.

Bruno Guimarães Martins possui graduação e mestrado em Comunicação Social na UFMG (1995, 2005), doutorado em Literatura na PUC-Rio (2013). Autor de “Tipografia popular: potências do ilegível na experiência cotidiana” (2007). Pesquisador da história dos meios de comunicação, estética e processos criativos. Participa do Grupo de Pesquisa em Historicidade das formas comunicacionais (Ex-press). Professor no departamento de Comunicação Social na UFMG desde 2006 e do Programa de Pós-graduação em Comunicação desde 2016.

Bruno Souza Leal é doutor em Estudos Literários pela Universidade Federal de Minas Gerais (UFMG). Professor do Departamento de Comunicação e do Programa de Pós-Graduação em Comunicação da UFMG, na Linha de Pesquisa Textualidades Mediáticas. Pesquisador do Núcleo de Estudos Tramas Comunicacionais: Narrativa e Experiência.

Camila Alves Mantovani é professora do Departamento de Comunicação Social da UFMG, Doutora e Mestre em Ciência da Informação (ECI/UFMG). Graduada em Comunicação Social/Jornalismo (UFMG). Coordenadora do Afetos: Grupo de Pesquisa em Comunicação, Acessibilidade e Vulnerabilidades.

Carlos d'Andréa é professor do Departamento de Comunicação Social da Universidade Federal de Minas Gerais (UFMG), Brasil. Doutor em Estudos Linguísticos (Poslin / UFMG), Mestre em Ciência da Informação (ECI/UFMG) e graduado em Jornalismo (UFMG). Em 2017/2018, pesquisador visitante no Departamento de Media Studies da Universidade de Amsterdam (UVA), Holanda (CAPES Fundação bolsa de pós-doutorado, Processo 88881,119913 / 2016-01). Pesquisador do Núcleo de Pesquisa em Conexões Intermidiáticas (NucCon). Suas pesquisas contam com o apoio da Fapemig (demanda Universal 2016) e CNPq (edital Universal 2016). Entre seus tópicos de pesquisa estão: jornalismo contemporâneo, métodos digitais, estudos de plataforma, esportes e controvérsias.

Carlos Magno Camargos Mendonça é professor do Programa de Pós-Graduação em Comunicação (PPGCOM) da Faculdade de Filosofia e Ciências Humanas - Fafich/UFMG. Doutor em Comunicação e Semiótica pela Pontifícia Universidade Católica de São Paulo. Pós-Doutor em Comunicação pela Universidad Complutense de Madrid. Bolsista de Produtividade em Pesquisa CNPq. Co-coordenador do Núcleo de Estudos em Estéticas do Performático e Experiência Comunicacional (UFMG). As pesquisas desenvolvidas abordam estudos de gênero, performance, experiência estética, corpo, homossexualidade masculina e propaganda. Pesquisador Bolsista de Produtividade em Pesquisa do CNPq, nível 2, pesquisa apoiada pela FAPEMIG - Edital Universal (Processo: APQ-02363-14).

Elias Santos é mestre em Comunicação Social pela UFMG, especialista em Gestão de Projetos Culturais (SENAC MG). Presidente da Empresa Mineira de Comunicação (Rádio Inconfidência e TV Minas), desde janeiro/2018. Diretor Artístico da Rádio

Inconfidência de 2015 à 2017. Coordenador Executivo/Locutor/Produtor da Rádio UFMG Educativa/FM 104,5 de 2004 a 2015. Professor universitário nas áreas de Rádio e TV no Centro Universitário UNA desde 2013, no Centro Universitário Newton Paiva desde 2006 e na Universidade Federal de Minas Gerais de 2010 a 2012.

Elton Antunes é doutor em Comunicação e Cultura pela Universidade Federal da Bahia, pós-doutor pela Universidade do Minho, professor do Departamento e do Programa de Pós-Graduação em Comunicação Social da UFMG. Integra o Grupo de Pesquisa em Historicidades das Formas Comunicacionais (ex-press) e o como pesquisador associado o Núcleo de Estudos Tramas Comunicacionais: Narrativa e Experiência, da UFMG.

Ettore Stefani de Medeiros é doutorando e mestre do Programa de Pós-Graduação em Comunicação (PPGCOM) da Faculdade de Filosofia e Ciências Humanas (Fafich/UFMG). Participante do Núcleo de Estudos em Estéticas do Performático e Experiência Comunicacional (UFMG). Interessa-se pelos seguintes temas de pesquisa: homossexualidade masculina, homofobia, performance, mídias digitais e publicidade e propaganda.

Geane Alzamora é jornalista, mestre e doutora em Comunicação Semiótica pela PUC SP. Professora do Departamento de Comunicação Social da UFMG. Membro do corpo docente permanente do PPGCOM/UFMG (PROAP/CAPES). Bolsista de Produtividade em Pesquisa/CNPq (Processo: 311914/2016). Pesquisadora do Programa Pesquisador Mineiro/FAPEMIG (Processo: PPM-002562-18) do Núcleo de Pesquisa em Conexões Intermídia/Centro de Convergência de Novas Mídias (UFMG). E-mail: geanealzamora@ufmg.br . Agradeço ao CNPq, FAPEMIG, CAPES e PRPQ/UFMG por apoio a pesquisas aqui mencionadas.

Graziela Mello Vianna é doutora em Comunicação pela ECA-USP. Professora Adjunta do Departamento de Comunicação Social da Universidade Federal de Minas Gerais (Brasil) onde coordena o grupo de pesquisa e extensão GRISsom e leciona disciplinas relacionadas ao som, ao rádio, à linguagem sonora, às paisagens urbanas e à memória na graduação e na pós-graduação. Publicou recentemente o livro *Imagens sonoras no ar: a sugestão de sentido na publicidade* *radiofônica*. Atualmente, desenvolve pesquisa de pós-doutoramento na França e em Portugal.

Joana Ziller é professora do Programa de Pós-Graduação em Comunicação Social e pesquisadora do Núcleo de Pesquisa em Conexões Intermidiáticas (NucCon/UFMG), é graduada em Comunicação Social, mestre e doutora em Ciência da Informação. Participou da criação da Formação Transversal em Gênero e Sexualidade e compõem seu colegiado. Pesquisa questões relativas a comunicação digital a partir da perspectivas das pessoas comuns e do gênero.

José Antônio Ferreira Cirino é doutorando em Comunicação e Sociabilidade (UFMG), mestre em Comunicação (UFG), especialista em Gestão de Projetos (IPOG), graduado em Publicidade e Propaganda (IESRIVER) e em Gestão de Marketing (UNIP). É consultor, professor e pesquisador.

José Cristian Góes é jornalista, doutor em Comunicação (UFMG), com a tese "O jornalismo e a experiência do invisível: identidades, lusofonias e a visível herança colonial brasileira". Realizou doutorado sanduíche na Universidade do Minho, em Portugal. É mestre em Comunicação (UFS). Tem especialização em Gestão Pública (FGV) e em Comunicação na Gestão de Crise (UGF). Foi repórter de revistas e jornais, assessor de Comunicação e presidente do Sindicato dos Jornalistas de Sergipe. Participa da equipe do Museu Virtual da Lusofonia.

Lorena Tárcia é jornalista. Pós-graduada em Marketing, Publicidade e RP, na Inglaterra. Mestre em Educação pela PUC Minas. Especialista em Convergência de Mídias pela Universidade da Carolina do Sul, EUA. Doutora em Comunicação Social pela UFMG. Pós-doutora em Comunicação pela UFMG. Pesquisadora do Núcleo de Pesquisa em Conexões Intermídia/Centro de Convergência de Novas Mídias (UFMG).

Luciana Andrade Gomes Bicalho é jornalista, mestre em Teoria da Literatura (UFMG), doutoranda em Comunicação Social pela UFMG (Bolsa CAPES/PROEX). Pesquisadora do Núcleo de Pesquisa em Conexões Intermídia/Centro de Convergência de Novas Mídias (UFMG).

Luiza Lages é mestre em Comunicação Social, na Linha de Pesquisa Textualidades Midiáticas pelo PPGCOM/UFMG, jornalista e radialista pela UFMG (2011). É bolsista do Programa de Comunicação Científica, Tecnológica e de Inovação da Fapemig. Tem interesse em pesquisas sobre comunicação da ciência.

Maiana Abi é graduada em Design Gráfico e mestre em Comunicação Social pela UFMG (2017). Tem interesses de pesquisa voltados para práticas e objetos digitais, redes textuais na internet, memória gráfica e análise de imagem. Atua profissionalmente na área de programação visual com ênfase em identidades corporativas, e em pesquisa qualitativa integrada a processos de design.

Marcelle Louise é mestre em Comunicação Social pela Universidade Federal de Minas Gerais, na linha de pesquisa Textualidades Midiáticas. Graduada em Comunicação Social/Jornalismo pela Universidade Federal de Viçosa. Estuda as relações entre comunicação e ciência através da narrativa e possui interesse em pesquisas sobre Comunicação Pública da Ciência. Atua na área de comunicação institucional e assessoria.

Maria Aparecida Moura é professora titular da Escola de Ciência da Informação da UFMG. Doutora em Comunicação Semiótica pela PUC-SP (2002). Coordenadora do Núcleo de Estudos das Mediações e Usos Sociais dos Saberes e Informações em Ambientes Digitais (NEMUSAD). Bolsista de Produtividade em Pesquisa pelo CNPq.

Mauro Sérgio Francisco da Silva é mestrando do Programa de Pós-Graduação em Comunicação (PPGCOM) da Faculdade de Filosofia e Ciências Humanas (Fafich/UFMG) e bacharel em Comunicação Social pela Universidade Federal de Minas Gerais (UFMG). Participante do Núcleo de Estudos em Estéticas do Performático e Experiência Comunicacional (UFMG). Os interesses de pesquisa abarcam discussões sobre performance, afetos, homossexualidade masculina e propaganda.

Mickael Braga Barbieri possui graduação em Jornalismo na Universidade Federal de Ouro Preto - UFOP (2013). Mestrando do Programa de Pós-Graduação em Comunicação da Faculdade de Filosofia e Ciências Humanas da Universidade Federal de Minas Gerais. Previsão de defesa: março/2019. Experiência em radiojornalismo diário, com passagem pela rede BandNews FM Belo Horizonte. Mantém o canal no YouTube "Sobre O Escrito", com impressões e ressonâncias pessoais sobre Literatura em geral (YouTube.com/SobreOEscrito).

Nuno Manna é jornalista, doutor em Comunicação Social pela Universidade Federal de Minas Gerais, professor adjunto da Faculdade de Educação da Universidade Federal de Uberlândia, integrante do núcleo de Educação, Comunicação e Tecnologia, docente no curso de Jornalismo e do Programa de Pós Graduação em Comunicação e Educação (PPGCE/UFU).

Phellipy Jácome é jornalista, doutor em Comunicação Social pela Universidade Federal de Minas Gerai, professor do Departamento de Comunicação da UFMG. Pesquisador Permanente do Programa de Pós-graduação em Comunicação Social (PPGCom/UFMG), na Linha de Pesquisa Textualidades Mediáticas, e do Núcleo de Estudos Tramas Comunicacionais.

Silvia Dalben é mestranda Programa de Pós-Graduação de Comunicação da Universidade Federal de Minas Gerais (UFMG) (bolsista Fapemig). Pesquisadora do Núcleo de Pesquisa em Conexões Intermidiáticas (NucCon). Formada em Comunicação Social/Jornalismo pela Universidade Federal de Minas Gerais.

Sônia Caldas Pessoa é professora do Departamento de Comunicação e do PPGCOM/UFMG. Doutora em Estudos Linguísticos (Poslin/UFMG), com estágio doutoral na Université Paris Est-Crèteil / Le Céditec (Centre d'étude des discours, images, textes, écrits, communication (Paris, França). Mestre em Estudos Linguísticos (Poslin/UFMG) e graduada em Comunicação Social/Jornalismo (FAFI-BH). Coordenadora do Afetos: Grupo de Pesquisa em Comunicação, Acessibilidade e Vulnerabilidades.

Stephanie Boaventura é mestre na linha de pesquisa Textualidades Midiáticas (PPGCOM/UFMG), integra o Afetos – Grupo de Pesquisa em Comunicação, Acessibilidade e Vulnerabilidades e é bolsista do CNPq. É graduada em Artes Visuais (UFMG - 2011) e atua como fotógrafa e artista visual. Tem interesse em pesquisas sobre Movimentos sociais; Feminismo; Abordagens etnográficas em ambientes digitais; Redes sociais online.

Verônica Soares da Costa é doutoranda em Comunicação Social na Linha de Pesquisa Textualidades Midiáticas (PPGCOM / UFMG), integrante do Núcleo de Estudos Tramas Comunicacionais. Jornalista (UFJF – 2007) e Mestre em História, Política e Bens Culturais (CPDOC / FGV - 2011). Atua no Programa de Comunicação Científica, Tecnológica e de Inovação da Fapemig e tem interesse em pesquisas sobre Comunicação Pública da Ciência.

Vitória Barros de Oliveira é publicitária, mestranda em Comunicação Social pela UFMG (Bolsa CAPES/PROEX). Pesquisadora do Núcleo de Pesquisa em Conexões Intermídia/Centro de Convergência de Novas Mídias (UFMG).

1ª EDIÇÃO [2019]

Esta obra foi composta em Chronicle Text e Sentinel
sobre papel Pólen Soft 80 g/m² para a Relicário Edições.